新编高职高专旅游管理类专业规划教材

谢彦君　总主编

DAO YOU SHI WU

导游实务

胡　华　主编

旅游教育出版社

新编高职高专旅游管理类专业规划教材编委会

主　任　谢彦君
委　员　（按音序排列）
　　　　　狄保荣　　韩玉灵　　计金标
　　　　　姜文宏　　罗兹柏　　王昆欣
　　　　　张广海　　张新南　　朱承强

总 序

经过将近三年的策划与组织,旅游教育出版社的"新编高职高专旅游管理类专业规划教材"终于要整体付梓印行了。本套丛书不管是在编写宗旨的确立还是在撰著者的遴选方面,都经历了一个较为严谨而细致的过程,这也为保证丛书的质量奠定了一个良好的基础。

中国的高等旅游教育和旅游产业发展,已经度过了三十多个春秋。从20世纪70年代末的筚路蓝缕到今天已蔚为大观的局面,这当中包含了几代学人和业者共同努力、共同创业的艰辛。在今天看来,尽管在这个知识和行业共同体中曾经并依然存在着观点、思想和认识上的碰撞和摩擦,但一路前行的步伐却始终没有停止过。这也是中国旅游教育界、旅游产业界呈现于世人的最令人鼓舞的风貌和景观。

在整个高等旅游教育体系中,职业教育的发展,只是在最近的十几年中才真正被政府纳入到大力发展的战略框架当中,并在今天形成了占据旅游高等教育半壁江山的势头。如果站在整个旅游高等教育的视野来审视旅游职业教育和普通教育在整个旅游高等教育中的局面,大家会有一个基本的共识:旅游高等职业教育在人才培养方面,无疑更加体现了专业细分、供需对接、学为所用的人才培养效率和效果,并不像旅游本科教育那样,每年的毕业生有70%以上流入其他行业或领域,从而造成社会教育资源的极大浪费。这个问题学界多有认识、阐述和呼吁,并一致认为,其根源在一定程度上是由本科专业目录管理过于僵化的行政机制所造成。值得欣慰的是,最新的本科专业目录调整方案中,已经增设了饭店管理专业,这一举措借鉴了旅游专业高等职业教育按照旅游大类进行专业细化的成功方面,昭示了旅游大类下设专业(二级学科)进一步有限度细化的趋势。

不过，尽管旅游专业的高等职业教育有其成功的地方，但也不是没有问题。在专业格局有了科学摆布的前提下，人才培养的质量就取决于具体的人才培养方案了。在这当中，各个学校所拥有的教学资源、师资队伍、教材、教学法等方面的准备，就成为关键的教育因素。如果仔细盘点目前我国旅游专业高等职业教育在这一方面的家底，其实还很不容乐观。在我看来，由于我们对职业教育在认识上还不够成熟，准备上还不够充分，操作上还有待完善，加之旅游职业教育向来多以接待服务为教育的主体内容，缺乏硬技术、高门槛，因此，中国的旅游职业教育，依然显得离岗位培训距离不远、差异不大。在知识体系和职业技能的衔接方面，始终没有找到最好的途径和策略。因此，旅游职业教育在培养人的职业深度发展空间方面，始终有浅薄无力的缺欠。这是一个需要警觉，同时也是一个需要时间才能加以解决的问题。

旅游教育出版社在策划本套丛书的初期，就曾意识到这个问题，并有努力解决这一问题的想法。在本套丛书的书目确定、作者遴选、写作宗旨的厘定等方面，都试图对上述问题作出回应。从各位作者所做的努力来看，本套丛书还是在一定程度上解决了这个问题。整套丛书中，不乏在这方面做得很好的，也有在其他方面展现了充分特色的著作。因此，希望本套丛书的面世能够给旅游职业教育提供一套比较适用的教材资源。

本套丛书的作者都来自职业教育工作的教学与科研第一线，他们在各自所长的学科领域也都多有建树。作为本丛书的主编，我十分感谢他们在编写过程中所作出的巨大努力以及展现出来的合作与奉献精神。

由于水平所限，加之本人对旅游职业教育的理解缺乏深度，因此，本套丛书还是会存在总体架构、基本思想和具体编写工作方面的诸多不足甚至错谬。希望广大读者和其他人士对本书的缺欠不吝赐教，以图再版时予以修正，避免贻误学生。

是为序。

谢彦君
2011 年 7 月 22 日于灵水湖畔

前言

旅游业是国家的战略性产业。随着我国旅游业的快速发展,国家明确提出要深化专业教学改革,大力发展旅游职业教育,提高教育水平,其中又特别提出要提高导游员的专业素质和能力。《导游实务》正是针对这一要求编写,重点阐述了导游员必须具备的基本理论和职业技能,注重配合"以实践教学为基础,以能力培养为中心"的教学思想和课证融合的教学模式,有利于培养适应旅游行业发展需要的实用型人才。

本书主要包括:导游服务、导游员、导游服务程序、导游带团技能、常见问题与事故的预防和处理、导游讲解技能、导游业务相关知识等内容。具体来看,本书突出了以下特色:

第一,权威性。旅游行业的发展日新月异,本书在编写过程中参照了最新的国家标准《导游服务规范》,力求教材内容的准确,避免脱离实际和知识陈旧等问题的出现。

第二,针对性。在保证学生具备基本理论基础的前提下,本书把重点放在导游服务程序和技能的学习与训练上,在相关内容后面有针对性地设计了实训内容,以便于巩固所学专业理论知识,解决实践技能问题,强化动手能力训练;特别是在导游讲解技能一章,增加了现场导游考试情景实训内容,以河南导游员资格考试为例,按照现场导游考试的标准,针对考试流程进行了室内模拟情景实训,并对考试中易出现的问题进行了重点纠正。

第三,实用性。本书的编撰人员都是具有丰富的导游实务教学和旅游行业从业经验的双师型教师,并长期受聘于河南省旅游局,从事导游员资格考试培训并担任评委工作。编者把这些经验融入到了编写过程中,使本书的内容更具有实用性和可操作性。因此《导游实务》一书不仅是旅游院校学生的专业教材,也可作为导游员资格考试培训用书。

本书具体编写人员分工:郑州旅游职业学院胡华编写第四章和第五章,陈凌凌编写第六章的前三节和第七章,张颖编写第一章和二章,李娟编写第三章,刘依依编写第五章的后四节。全书由胡华主编并统稿。

《导游实务》编写过程中参考了国内外有关专家的文献,并得到了原郑州市旅游局局长现郑州旅游职业学院党委书记岳俊华、河南省旅游局人教处处长张建洲、河南省中国旅行社董事长兼河南省旅行社协会会长唐伟平等专家的指导,在此深表谢意。也真诚地希望读者在使用本书的过程中能够及时反馈不足,以便于本书的完善与提高。本书编者的电子邮箱是 lyxyhh@163.com,欢迎读者来信提出宝贵意见和建议,谢谢!

编　者
2012 年 6 月

目 录

第一章　导游服务 ... 1
第一节　导游服务的产生与发展 ... 1
第二节　导游服务的类型与范围 ... 5
第三节　导游服务的性质和特点 ... 7
第四节　导游服务的基本原则 ... 13

第二章　导游员 ... 18
第一节　导游员的分类 ... 18
第二节　导游员的职责 ... 20
第三节　导游员的素质要求 ... 22

第三章　导游服务程序 ... 34
第一节　地方导游服务程序 ... 34
第二节　全陪导游服务程序 ... 52
第三节　出境旅游领队服务程序 ... 57
第四节　散客导游服务 ... 60
第五节　导游服务程序实训 ... 66

第四章　导游带团技能 ... 79
第一节　处理好各种合作关系 ... 80
第二节　与旅游者交往的技能 ... 82
第三节　导游促销技巧 ... 92
第四节　重点旅游者的服务 ... 95

第五节　旅游者个别要求的处理……………………………………101
　　第六节　导游带团技能实训…………………………………………110

第五章　常见问题与事故的预防和处理……………………………………128
　　第一节　漏接、空接、错接的预防和处理…………………………128
　　第二节　旅游计划和日程变更的处理………………………………131
　　第三节　误机（车、船）事故的预防与处理………………………134
　　第四节　证件、钱物、行李遗失的预防和处理……………………135
　　第五节　旅游者走失的预防和处理…………………………………138
　　第六节　旅游者患病、死亡问题的处理……………………………140
　　第七节　旅游安全事故的预防和处理………………………………143
　　第八节　旅游者越轨言行的处理……………………………………148
　　第九节　常见问题和事故的预防与处理实训………………………150

第六章　导游讲解技能………………………………………………………157
　　第一节　导游语言……………………………………………………157
　　第二节　口头语言……………………………………………………162
　　第三节　体态语言在导游服务中的作用……………………………167
　　第四节　交际语言在导游服务中的运用……………………………172
　　第五节　导游讲解常用方法…………………………………………177
　　第六节　导游词的撰写………………………………………………182
　　第七节　导游讲解技能实训…………………………………………189

第七章　导游业务相关知识…………………………………………………203
　　第一节　入出境知识…………………………………………………203
　　第二节　交通知识……………………………………………………211
　　第三节　邮电通信知识………………………………………………220
　　第四节　货币知识……………………………………………………222
　　第五节　旅游保险常识………………………………………………224
　　第六节　旅游应急处理与救护常识…………………………………226
　　第七节　礼貌、礼节常识……………………………………………231
　　第八节　其他知识……………………………………………………237

附录一　2010年河南省(全国)导游人员资格考试《导游综合知识》试题 …… 242
附录二　2011年河南省(全国)导游人员资格考试《导游综合知识》试题 …… 257
附录三　导游服务规范 …………………………………………………… 272
参考文献 ……………………………………………………………………… 283

第一章 导游服务

引言

本章是导游实务的基础部分,通过对导游服务的发展史、导游服务的类型与范围、导游服务的性质和特点,以及导游服务应遵循的基本原则进行全面的介绍,使学生能够全面、系统地认识和理解导游服务,为树立正确的导游服务理念打下良好的基础。

学习目标

- 了解导游服务的发展史。
- 熟悉导游服务的性质和特点。
- 掌握导游服务应遵循的基本原则。
- 树立正确的导游服务理念。

第一节 导游服务的产生与发展

导游服务作为一种服务形式,在社会历史中经历了一个漫长的产生和发展过程,从古代的向导服务发展为现代的导游服务。

一、古代向导

在人类历史上,早在原始社会末期,旅行活动便已开始。那时,人们外出旅行主要是出于生存和经济目的,如游牧部落的迁徙,商人来往于不同部落之间专事商品的交换。他们以经商为目的四处奔走,开创了旅行的道路,并且商品交换越发达、交换的范围越大,人们就越要离开常住地,到异地他乡去经商。所以,最早的旅行是建立在经商贸易基础上的一种经济活动。但是,在古代并没有现代意义的旅游,这个时期的旅行活动并没有产生导游服务。

随着人类社会由原始社会进入奴隶社会,私有制的出现使社会财富集中在少数奴隶主手中,他们除了生活上的奢华享受外,还开始了以巡视、巡游为名义,以消遣为目的的享乐旅行。到了封建社会,随着社会生产力的进一步发展和交通条件的改善,旅行的形式更加多样,如意大利旅行家马可·波罗为经商来到中国,著名意大利航海家哥伦布发现美洲新大陆,麦哲伦绕地球一周证明了地圆说,等等。这些旅行活动中,有的由侍从相随,有的在途中雇用了向导。

中国是一个幅员辽阔、历史悠久的文明古国,旅游的历史也非常久远。我国最早的一部游记是战国时期的《穆天子传》,又名《周穆王游记》。除此之外,古代帝王为了维护统治的需要,更为了消遣娱乐而进行的巡游,如秦始皇、汉武帝泰山封禅,隋炀帝凿运河、造龙舟、畅游江南,等等,都是古代旅行中最具规模、最为显赫的旅游活动。帝王出游时必有陪臣、侍从同游,其中一些人就充当了帝王出游的实际向导者。

除了帝王的巡游之外,我国进入封建社会后,历朝的旅行活动中涌现了一批在世界旅游发展史上占有重要地位的人物。如春秋战国时期孔子等士大夫的周游列国;西汉张骞两次出使西域,开辟了"丝绸之路";东晋法显赴印度留学求法;唐朝玄奘印度取经、鉴真东渡日本传教;李白、杜甫等文人士子的漫游大江南北;明朝的郑和七下西洋、杰出的旅行家徐霞客30多年遍游诸省进行旅行考察,写出了地理科考巨著《徐霞客游记》,等等。在这些旅行活动中,往往都配有熟悉路途的人做向导,向导是古代对旅行活动中充当类似导游角色的一些人的称谓,其主要职责是指引道路,避免险情。

由此可见,在古代时期的各种旅行活动中,已产生了向导服务。只不过在古代,这种向导服务并不具有普遍的社会意义。因此,尽管在古代的旅游活动中产生了向导,提供了初期的向导服务,但是并不能形成一种社会化的职业。

二、商业性导游服务的产生

18世纪60年代在英国,19世纪40年代在美国、法国、德国等国家和日本相继完成的产业革命,大大促进了生产力的发展,不仅给人类社会带来了巨大的变化,而且这一时期的旅游活动也有突破性发展。

1841年7月,英国人托马斯·库克通过多方努力,精心组织和安排了一次特殊的火车短途旅行,他利用包租火车的形式组织了570人从莱斯特前往拉夫巴勒参加禁酒大会,往返行程22英里,每人收费1先令。这是世界上公认的第一次商业性团体旅游活动,标志着近代旅游活动的开端。在这次活动中,托马斯·库克本人自始至终随团陪同照料,可以说是近代旅游活动中全程陪同的最早体现。1845年,他在英国正式成立了"托马斯·库克旅行社",开始专事旅行代理业务,这是世界上第一家专事旅游活动组织和经营的商业性旅行社,旅行社的问世标志着近代旅游业的诞生。

1846年,托马斯·库克亲自带领一个旅行团乘火车和轮船到苏格兰旅行,旅行社为每个成员发了一份活动日程表,还为旅行团配置了向导,这是世界上第一次有商业性导游陪同的旅游活动。1865年托马斯·库克与儿子约翰·梅森库克成立父子公司及通济隆旅游公司。此后,他又组织了一系列从英国赴欧洲、北美、非洲和环球的旅游活动,在这些活动中均配有全程导游服务。随着国际旅游业务的拓展,国际导游员应运而生。此外,托马斯·库克在1892年还创造性发明了一种流通证券,凡持有流通证券的国际旅游者可在旅游目的地兑换等价的当地货币,从而更加方便了旅游者进行跨国旅游和洲际旅游。

第二次世界大战后,大规模的群众性旅游活动兴起并得到发展,使导游队伍迅速扩大。到目前,几乎世界各国都拥有数量不等的专职和兼职导游员队伍。

三、中国导游服务的发展

中国的旅行史悠久而漫长,但由于历史原因,我国导游队伍的形成和发展相对于国外较为滞后,中国第一代导游员在20世纪20年代出现,经历了四个发展阶段。

(一)起步阶段(1923—1949)

20世纪初期,外国的一些旅行社,如英国的通济隆旅游公司、美国的运通旅游公司、日本的国际观光局等开始在中国境内的一些城市设立旅行机构,经营中国的旅游业务。中国人自己经营的第一家旅行社是由爱国企业家陈光甫先生创办的。1923年8月,上海商业储备银行总经理陈光甫先生在其同人的支持下,在该银行下创设了旅游部,1927年6月,旅游部从该银行独立出来,成立了中国旅行社,其分支遍布华东、华北、华南等15个省。此后,我国其他一些主要城市也相继成立了旅行社或旅游组织。1935年,中外人士组成了中国汽车旅行社,1936年筹组了国际旅游协会,1937年出现有声旅行团、精武体育会旅行部等。在这一时期出现了中国第一批导游员。只是由于近代中国社会风云变幻、动荡不安,所以旅游业虽已作为一种独立的产业出现,但却未能迅速地发展起来。导游服务队伍也没能形成规模。

(二)初创阶段(1949—1978)

1949年11月19日,厦门市有关部门接管了旧华侨服务社,经过整顿,于同年12月正式开业,创立了新中国第一家旅行社——华侨服务社。1957年4月22日,在北京成立"华侨旅行服务总社"。此后,广州、泉州等十几个城市也相继成立了华侨服务社。

1954年4月15日,中国国际旅行社(CITS)在北京成立,成为我国第一个从事接待外国旅游者的机构。其任务主要是负责承办除外国政府代表团之外的外宾接待工作,为外宾在中国的食、住、行、游等提供服务,后又开始接待外国自费旅游者。1960年开始,随着西方旅游者的增多,我国的旅游事业有所开拓和发展。1964年6月,国务院批准成立"中国旅行游览事业管理局"作为国务院直属机构,加强对旅游事业的组织和领导。在此期间,我国的导游队伍逐渐形成,这时导游服务的主要内容是外事接待,周总理对此提出了"三过硬"的要求,即思想过硬、业务过硬、外语过硬。在此时期我国形成了一支优秀的国际导游队伍。1974年,经国务院批准,成立了中国旅行社,并与华侨旅行社合署办公,统称中国旅行社(CTS)。

(三) 大发展阶段(1978—1989)

1978年,"中国旅行游览事业管理局"改名为"管理总局"。1980年6月,中国青年旅行社在北京成立。1988年,我国三大全国性旅行社——国旅、中旅、青旅,承揽了绝大部分入境旅游者的招徕和接待工作,以及国内旅游者的旅游业务。全国导游员扩大到2.5万多人,形成了一批优秀的导游队伍,但是由于导游员数量增长过快,也出现了鱼龙混杂的局面,整体导游队伍的素质不如从前。

(四) 全面建设导游队伍阶段(1989至今)

改革开放以来,我国旅游业快速、全面发展。1989年3月,国家旅游局在全国范围内组织进行了一次规模空前的导游资格证考试。自此,每年举行一次全国性的导游资格考试。同年,《中国旅游报》等单位发起了"春花杯导游大奖赛",以后又举办了多次全国导游大赛,这些工作标志着我国开始迈入全国建设导游队伍的阶段。

1994年国家旅游局决定对全国持有导游证的专职及兼职导游员等分级,划分为初级、中级、高级、特级四个级别;同年,国家旅游局联合国家技术监督局发布了《导游员职业等级标准》(试行);1995年发布《中华人民共和国国家标准导游服务质量》。1999年5月国务院颁发的《导游员管理条例》标志着我国导游队伍的建设迈上了法律进程。

2001年,国家旅游局颁发《导游员管理实施办法》,决定启用新版导游证,试行导游计分制管理。2002年,国家旅游局开展整顿和规范市场秩序活动,全面整顿了导游队伍,促进了导游工作的规范化和导游队伍的建设。

至2010年年底,我国纳入统计的旅行社达到了22 784家,全国导游员总数为590 181人,目前,我国已形成一支由职业导游和兼职导游组成的专业队伍。这支队伍总体上具有较高的文化素养和工作热情。

至2010年年底,全国共有高等旅游院校及开设旅游系(专业)的普通高等院校和中等职业学校共计1968所,其中高等院校967所,在校生59.6万人;中等职业学校1001所,在校生49万人,全国旅游院校在校生首次突破100万人。

第二节　导游服务的类型与范围

一、导游服务的类型

导游服务的类型是指导游服务的各种方式。现代导游服务方式多种多样,大致可归纳为图文声像导游方式和实地口语导游方式两大类。

(一)图文声像导游方式

图文声像导游方式,也称为物化导游方式。随着科学技术的飞速发展,图文声像导游的方式也更加丰富多样。目前主要分为图文导游方式、声像导游方式和多媒体导游方式三种。

1. 图文导游方式

这种导游方式包括:各种导游图、交通图、旅游指南、景点介绍册页、宣传册、画册、旅游产品介绍、有关旅游活动的宣传品、广告、招贴等印刷资料。图文导游方式能给人创造一种身临其境的感觉,携带方便、制作快捷、成本低廉,因而是一种良好的导游方式。

2. 声像导游方式

这种导游方式包括:有关国情介绍和景点介绍的录音带、录像带、影片、幻灯片,等等。这种导游方式主要是作为旅游者成行前及旅行期间的旅游指导,通过声音影像给旅游者以深刻的感官印象,帮助旅游者了解旅游目的地的基本概况,起到导游的作用。同时,这种方式也是招徕宣传品和旅游纪念品。声像导游方式一般多用于重大参观项目、旅游博览会和大型旅游活动中。并且在一些环境相对封闭的旅游景区、景点(如博物馆、教室、游船等)也多装备有先进的声像设施,以便于游人参观游览。

3. 多媒体导游方式

这是一种利用计算机和现代信息技术开发的导游方式,在旅游业中已获得广泛的应用。多媒体导游方式充分利用各种传输媒介,方便、迅捷地与旅游者进行双向交流。例如旅游咨询处和公共场所的多媒体信息查询系统,以及旅游景区内的电子导游系统,旅游者可以通过电脑键盘、触摸屏等与旅游信息数据库进行查询、交流。广义地讲,因特网上众多的旅游网站,也是不错的多媒体导游系统。

(二)实地口语导游方式

实地口语导游方式,也称为讲解导游方式,是指导游员在旅游者旅游过程中对旅游者进行介绍、讲解、交谈和问题解答等导游方式。

一直以来,实地口语导游方式居于主导地位,这是因为与图文、声像导游方式相比,它具有以下特点:

1. 导游服务的对象是有思想和目的的旅游者

导游员在进行讲解导游服务时,直接面对社会背景和地位不同、需求与目的各异的旅游者,通过对其言行举止的观察,且通过与其接触和交谈,可以了解不同旅游者的出游动机和想法,然后在参观游览中进行必要介绍的同时,有针对性、有重点地进行讲解,以满足旅游者的不同需求。

2. 现场导游复杂多变

现场导游的情况纷繁复杂,在旅游过程中,旅游者随时都有可能提出各自感兴趣的问题和要求,一些事先无法预料的事情也可能随时会发生,这就需要通过导游员的实地讲解服务,有针对性、有重点地解答旅游者的各种提问,迅速、灵活地处理旅游者提出的各种要求,妥善解决各种突发事件。这是图文、声像导游方式所无法替代的。

3. 旅游是一种人际交往和情感交流关系

旅游不仅是一种经济活动,更是一种社会文化活动。人们到异域他乡观光游览,通过对当地社会文化的了解来增长知识,通过与旅游目的地居民的接触来了解当地人民的生活方式,在人际交往中增进友谊。而导游员是旅游目的地居民的代表,且是旅游者首先接触到和接触时间最长的当地居民,通过导游员的言谈举止、讲解和服务,可以使旅游者产生对目的地居民的直接印象。而且通过与目的地居民、特别是导游员的接触,很自然地会产生一种情感交流,而这种情感正是增进相互了解和友谊的纽带。这也同样是高科技导游方式难以做到的。

二、导游服务的范围

导游服务范围,是指导游员向旅游者提供服务的领域。涉及范围很广,但大致可以归纳为三大类:

(一)导游讲解服务

导游讲解服务,主要包括沿途讲解服务、参观游览现场的导游讲解,以及座谈、会见、交流、参观访问等情况下所提供的口译服务等。

导游员的讲解服务,需要导游员在引领旅游者参观游览过程中,运用自己掌握的知识、导游技能和语言艺术,对旅游目的地的风光名胜、风俗民情、古今文化、艺术和建设新貌等进行准确而又生动的介绍,使旅游者在游览观光时的审美情趣和求知需求得到满足。通过导游讲解服务,帮助旅游者认识一个国家或地区的历史、文化和现代文明,进而了解当地人民的精神风貌和道德水准。因此,导游讲解服务质量的高低直接影响旅游者在目的地的观赏感受。

(二)旅行生活服务

旅行生活服务,是由导游员根据合同约定的内容和标准为旅游者在旅途生活中提供的相应服务,是导游服务的重要组成部分。其主要包括:迎送服务;旅途中的旅游者食、住、行、游、购、娱的具体安排实施;安全服务;帮助旅游者处理旅途中遇到的各种问题。

旅行生活服务,是整个导游服务的不可缺少的一环。认真做好生活服务,使旅游者在旅游期间的生活舒适、愉快、丰富多彩,从而对导游员产生好感和依赖感,使双方关系变得融洽和谐,这就为导游员的讲解服务取得良好效果创造了有利的环境条件。这不仅会使旅游者增加对旅游目的地的认识和了解,使旅游产品的形象极大丰富,质量大大提高,而且会给旅游者留下美好的印象。

(三)市内交通服务

市内交通服务,是指导游员同时兼任驾驶员为旅游者在市内和市郊旅游时提供的开车服务。这种服务在西方旅游发达的国家比较普遍,目前在我国还不多见。

第三节 导游服务的性质和特点

一、导游服务的性质

世界各国的导游服务除不同的政治属性外,还具有以下共同的基本属性。

(一)服务性

导游服务属于非生产性劳动,是导游员通过向旅游者提供一定的劳务活动(如导游讲解、翻译、旅行安排、生活服务等)来创造价值和特殊使用价值的劳动。导游服务作为旅游服务的核心组成部分,是一种无形的服务,是在与旅游者的接触中进行的。导游员通过向旅游者提供活劳动为旅行社带来效益,并获取相应报酬。旅游者通过导游员提供的服务来满足自己游览、审美的愿望和安全、舒适的旅行需要。然而,导游服务不是一般的和简单的技能服务,而是一种较为复杂的高智能、高技能的服务。因此,导游服务对导游员有很高的要求,必须具备相当高的智能和技能才能胜任。

(二)文化性

旅游者来自世界各地,因而旅游者同旅游目的地之间往往存在很大的文化差异,导致形成交流和欣赏的障碍。为了加强旅游的美感和愉悦程度,旅游者们迫切地需要导游的引导和服务,需要导游跨越不同的文化范畴,弥合文化差异。只有加上导游员的解说、指点,再穿插动人的故事,才能引起旅游者更浓厚兴趣,让旅游者享受到审美的乐趣。导游服务的文化性主要体现在以下两个方面:

1. 导游服务是传播文化的重要渠道

导游员的讲解翻译、与旅游者的日常交流,一言一行都在影响旅游者,都在扩大一个国家(或地域)及其民族的传统文化和现代化文明的影响。导游员为来自世界各国、各民族的旅游者服务,通过引导和生动、精彩的讲解给客人以知识、乐趣和美的享受。同时也对各国、各民族的传统文化和现代文明兼收并蓄,有意无意间传播异国文化。

2. 导游服务是审美和求知的媒介

旅游者要通过旅游去认知过去不曾接触或不曾了解过的事物,以期得到求知欲望的满足,导游讲解服务能循循善诱地指导旅游者以最佳方式,或最合适的角度去欣赏某一名胜古迹、历史故事、神话传说,能妙趣横生地向旅游者介绍当地的习俗、掌故趣谈、风味特产等,使旅游者得到自然美和艺术美的享受。由此可见,导游服务起着沟通和传播精神文明、为人类创造精神财富的作用,直接或间接地起到传播一个国家(或地区)及其民族的传统文化和现代文化的作用。

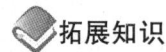
拓展知识

导游文化——提升景物品质的关键

山西大院近年来声名远播,许多旅游者都曾慕名前往参观游览,但回去后的反映却截然不同。一种说法是:没有什么特别,无非是些高墙大院、雕梁画栋,到处都一样,看过一个就足够了。另一种说法是:虽然大院林立,但每一个都有各自的特点,黄土灰瓦也能建起如此恢弘的建筑,木刻瓦雕中蕴涵着本地不同的文化风物。

其实,从上述两种不同的观点中就可以看出文化在景物中的重要性了。对于普通旅游者来讲,不了解当地的传统文化,且不了解当地某一特定时期的历史风貌,参观游览就只能从事物的外表看起,想深入其中就必须有一个引导者,这个引导者就是导游员。

以王家大院为例,大院内精品荟萃,多种文化会聚于此,这种文化的品位散见于大院的各个角落:建筑文化、官文化、商文化、谱谍文化直至装饰文化、民俗文化。而把诸多文化传播给旅游者的导游员,也即是文化的传播者。通过导游这一传媒,才让游人领悟到诸多文化深层次的蕴涵。

(资料来源:武藏.导游文化——提升景物品质的关键.中国旅游报)

(三)社会性

导游服务的社会性来源于旅游活动的社会性。旅游活动已成为当今世界上规模最大、最具活力的社会活动之一。在大众旅游活动中,旅游者对导游服务存在着大量的需求。导游员作为导游服务的实际承担者,要接待来自五湖四海的众多旅游者,并为他们提供范围广泛的各种服务。同时,为满足旅游者的需要,在服务过程中,导游员还要与社会诸多方面和相关人员发生社会联系。因此,导游服务本身就是一种社会面很广的工作,具有很强的社会性。而且随着旅游活动的发展,旅游业成为社会经济中的一个行业,导游服务已经被世界许多国家列为社会诸多职业之一。因而导游工作又是一项社会职业,能够容纳一定数量的社会就业。对绝大多数导游员而言,它成为一种谋生的手段。

(四)经济性

旅游业已经成为世界上发展最为迅速的产业之一。国际旅游收入成为世界上最大的外汇收入领域,且是许多国家保持收支平衡的重要因素。进言之,旅游业在许多国家已成为国民经济的重要部门。在我国,随着旅游业的蓬勃发展,许多地方都把旅游业作为支柱产业加以培育和扶持。导游服务作为旅游业各项服务中最为重要的部分具有明显的经济属性,并且其经济意义和地位越来越重要。导游服务的经济性主要体现在以下四个方面。

1. 直接创收

旅游活动的六大要素中每一要素的妥善安排都离不开导游服务。通过导游员为旅游者提供导游讲解服务、语言翻译服务、旅行生活服务及各种代办服务,收取服务费和手续费,因此,导游服务本身就可以创造利润。在此过程中,旅行社通过导游员实施旅游接待计划,完成旅游产品的销售,为企业最终获取利润;导游员通过为旅游者提供导游服务,创造特殊的使用价值而获取应得的报酬。由此可见,导游服务本身就可为国家建设创收外汇、回笼货币、积累资金。所以导游服务的经济性首先就体现在可直接创收上。

2. 间接创收

对于旅游业来讲,客源市场意味着生存和发展。为吸引旅游者的到来,加大投入进行宣传促销是非常必要的。然而,还有另一种更为有效的宣传方式——旅游者的口头宣传,即通过旅游者的口头传播获得良好的宣传效果。如果导游服务质量高,旅游者在旅游目的地获得了良好的旅途感受,满意而归的旅游者回去后就会发挥他们的口碑作用,成为旅游目的地和旅游企业的义务宣传员,这对于提高旅游目的地和旅游企业的知名度与美誉度是非常有利的,从而在一定程度上影响到潜在旅游者的流向,不仅会使旅游目的地回头客的比例增加,而且会吸引更多的旅游者来此旅游。在此,导游员以自己的优质导游服务对旅游者进行实际的、形象的宣传招徕工作,从而在扩大客源也就是财源方面起到积极的作用。

3. 促销商品

对于旅游业来讲,旅游购物是增加旅游收入的重要手段;对于旅游者而言,旅游购物甚至成为他们外出旅游的动机之一。因此,许多国家和地区对旅游商品的开发、生产和促销都非常重视。据统计,在世界国际旅游总消费中,用于旅游购物消费的部分约占旅游消费总额的50%,在有些国家或地区,这项比例更高,已成为支撑当地旅游业的主要部分。在促销商品过程中,导游员起着举足轻重的作用。

导游员在进行商品促销时,需要有一定的推销技巧。导游员首先应对商品知识有尽可能多地了解,在旅游者需要购物、愿意购物的基础上,主动热情地做好旅游者的购物参谋,因势利导地促进旅游商品的销售,而绝不应该做违反导游员纪律和职业道德的事情。

4. 促进经济交流

我国正在进行大规模的社会主义经济建设,各地都需要资金和先进的科学技术。在海内外大量的旅游者中,有相当一部分人是经济界人士、专家学者或其他专门人才,他们当中有许多人希望借旅游之机与同行或有关方面接触,进行信息交流、学术交流或投资等活动。随着专业旅游、会议旅游、商务旅游的发展,这种交流活动会更加频繁。导游员应做有心人,了解旅游者的意愿,积极牵线搭桥,为促进中外及地区间的科技、经济交流作出应有的贡献。

(五)涉外性

据世界旅游组织预测,到2020年,中国将成为世界上最大的旅游目的地国和第四大旅游者源国。我国旅游业的发展目标是经过20年的奋斗,由现在的旅游大国发展成为世界旅游强国。目前,我国已形成入境旅游、国内旅游和出境旅游三大市场,无论是为入境旅游还是为出境旅游提供的导游服务,都具有明显的涉外性。在为海外旅游者服务或在与境外居民接触中,帮助他们正确地了解和认识中国是导游员义不容辞的责任。导游员以自身对祖国和家乡的深刻了解与热爱,通过导游讲解,通过与旅游者的交谈,以及通过自己的言行和优质服务向旅游者宣传中国,宣传家乡,宣传我国人民的传统美德和现代精神风貌。因此,导游员作为旅行社、地区和国家形象的代表,其言行举止都关系到国家和人民的荣誉。不仅担负着宣传新中国、帮助旅游者认识新中国的职责,而且在增进中国人民与世界各国人民之间的了解和友谊方面,起到重要的桥梁作用。导游员提供的涉外导游服务的政治意义和所起到的民间外交作用主要表现在以下两个方面:

1. 宣传社会主义中国

目前,中国接待的海外来华旅游者中,绝大多数人都希望了解中国,并了解中国的社会制度、建设情况和各族人民的生活,其中也不乏希望深入了解和研究中国的旅游者。因此,帮助来自四面八方的海外旅游者正确认识中国是导游员义不容辞的责任。同样,导游员陪同中国公民出境旅游时,目的地的人民也希望从中国导游员那里了解中国的发展情况。所以,导游员的导游讲解,甚至一举一动都是在宣传中国。作为社会主义中国的导游员,在进行涉外导游服务时,应有鲜明的政治立场,要以积极的姿态,努力将对外宣传寓于导游讲解、日常交谈和参观游览娱乐当中。

2. 发挥民间大使的作用

旅游活动,是当今世界最大规模的民间外交活动,从这个意义上讲,旅游促进了国家之间、地区之间的人际交往,增进了各国、各地区、各民族之间的相互了解和友谊,消除因相互隔绝而造成的误解、猜疑,对加强世界各国人民之间的团结,维护国家安定和世界和平具有重要的意义,在这一方面,导游员起着极为重要的作用。

导游员要以其高尚的思想品德、渊博的知识、精湛的导游技艺、热情的服务态度,为来自五湖四海的旅游者提供不同凡响的导游讲解服务和富有人情味的旅行生活服务,帮助旅游者认识和了解中国,增进中国与各国人民的相互了解,为中国赢得友谊和朋友方面作出重要的贡献,履行"民间大使"的重任。

3. 调查研究

导游服务的涉外性,还体现在导游员对海外有关情况进行调查研究,特别要了解外国旅游者的需求及其变化,了解外国旅游企业的运作和经营管理模式。了解外国旅游者的需求及其变化,既是导游员的基本职责之一,也是导游员做好导游服务工作的需要。

在同外国同行的接触中,导游员可以了解外国旅游企业的经营方式、旅游产品的组合、销售运作和管理模式,有助于中国旅游企业吸取外国先进的管理经验和经营手段,改善和提高中国旅游企业的经营管理水平。

二、导游服务的特点

导游服务,作为一种高智能、高技能的服务工作,以其独有的鲜明特点,成为旅游业中富有挑战性和创造性的工作。

(一)独立性强

导游服务是独当一面的工作。导游员带领旅游团队外出旅游,在整个旅游活动过程中,往往只有导游员与旅游者终日相处。导游服务的完成往往是独立进行的。因而导游服务是一种流动性大、单兵作战的工作方式。这就决定了导游员必须独立地开展工作。另外,导游讲解具有相对的独立性,在同一景点,导游要根据不同旅游者的不同个性、不同时机进行有针对性的讲解,以满足他们的精神享受。

(二)脑体高度结合

导游服务是一项脑力劳动和体力劳动高度结合的服务性工作。一方面,导游服务面对的是各种各样的旅游者,其需求各不相同。导游服务是以旅游者的需求为出发点的,导游员在服务过程中必然会涉及许多方面的知识。这就要求导游员应具有丰富而广博的知识,古今中外、天文、地理、政治、经济、历史、文化、教育、医疗卫生、法律、宗教、民俗等均需了解,音乐、舞蹈、美术、建筑、心理学、美学等也需涉猎。导游员的知识越丰富,知识面越宽,在进行景观讲解和解答旅游者提出的问题时,越能够从容应对,越容易满足旅游者的各种精神需求。而要做到这一点,导游员需要付出很大的努力。另一方面,导游服务也是一项流动性强、工作量大、体力支出较大的工作。在旅游过程中,导游员要带领旅游者一起游览并进行讲解和介绍,还要随时随地帮助旅游者解决出现的各种问题。尤其是旅游旺季时工作连轴转,工作难度加大,体力消耗大,往往无法正常休息。这种智力与体力相结合的服务工作特点在其他行业是很少见的。导游员须具有高度的责任心和健康的体魄才能胜任工作。

(三) 复杂多变

导游服务是按照一定的程序进行的,但是在实际的服务过程中却需要面对许多不确定因素。因此,导游服务是一项复杂多变的工作。

1. 服务对象复杂

导游服务的对象是来自不同国家和地区的旅游者,他们有各自的职业、性别、年龄、宗教信仰和受教育的情况。他们的兴趣爱好、性格习惯更是千差万别。导游员在提供服务时,需要面对的是一个复杂的服务对象群体,并且由于接待的每一批旅游者都互不相同,因此,这又是个不断变化着的复杂群体。

2. 旅游者的需求多种多样

导游员不仅要按照接待计划安排和落实旅游者在旅游过程中的食、住、行、游、购、娱等基本活动,还有责任满足或帮助旅游者解决其随时提出的各种个别要求,以及解决或处理旅游过程中随时出现的问题和情况。而且由于对象不同、时间场合不同、客观条件不同,即使是同样的要求或问题往往也会出现不同的情况,这就需要导游员根据具体情况准确判断并妥善处理。

3. 人际关系复杂

导游员除了与旅游者接触之外,在安排和组织旅游活动时,还要与许多相关部门和工作人员进行接洽与交往。虽然导游员与这些部门和工作人员之间的关系是建立在共同目标基础上的协作关系,但这些部门和工作人员都分别代表不同单位和个人的利益,如果不能协调好各方面的关系,就会产生各种各样的矛盾,给导游服务的进行形成障碍,影响到导游服务的质量。因而导游服务中所需处理的关系相当复杂。作为导游员,本身具有双重身份,既代表旅行社的利益,同时又是旅游者利益的代表者与维护者。导游员以此双重身份与各方面打交道。因此导游员处在一种工作关系和人际关系都十分复杂的关系网的中心。

4. 要面对各种物质诱惑和"精神污染"

导游员在工作中要跟海内外形形色色的人员打交道,常常会受到一些不健康的思想意识和生活作风的影响,还会面临金钱、物质、色情和名利的诱惑,因此,导游服务的复杂性还在于导游员处在一个复杂的工作环境中,直接面对多种诱惑。导游员处在这种氛围中,面对不同的意识形态、价值观念和生活方式,耳濡目染各种精神污染,如果意志不坚、自制能力不强,往往容易受其影响,甚至沦为俘虏。因此,导游员应充分认识这一工作特点,提高思想政治觉悟和修养,始终保持清醒头脑,提高抵制"精神污染"的能力。

(四)跨文化性

导游服务是传播文化的重要渠道,起到沟通和传播文明、为人类创造精神财富的作用。旅游者来自不同的国家和地区、不同的民族、不同的文化背景。我们的导游员必须在各种文化的差异中,甚至在各民族、各地区文化的碰撞中工作,应尽可能多地了解中外文化之间的差异,圆满完成文化传播的任务。

第四节 导游服务的基本原则

导游员向旅游者提供服务,应该遵守导游服务的基本原则。这些服务原则是在长期导游实践活动的基础上科学总结而形成的,具有一定的普遍性,因而具有一定的指导意义。

一、"宾客至上"原则

"宾客至上"是服务行业的座右铭,在导游服务中,具体体现为"旅游者至上"。客源是旅行社生存和发展的首要条件,没有旅游者,导游员就没有服务对象,也就失去了存在的价值和意义,导游服务也就无从谈起。因此,导游员要把满足旅游者的合理需求作为导游服务的出发点和归宿,真心实意地为旅游者服务。

"宾客至上"表现在旅游服务人员与旅游者关系上,就是要尊重旅游者,全心全意地为旅游者服务;表现在导游员在处理某些问题时,就是要以旅游者利益为重,不能过多地强调自身的困难,企业的利益,更不能以个人的情绪来对待或左右旅游者,而应尽可能地满足旅游者的合理要求。

二、维护旅游者合法权益原则

1985年世界旅游组织通过的《旅游权利法案》,对旅游者的权利和在旅游目的地应受到的保护作了相应的十条规定。我国颁布的《中华人民共和国消费者权益保护法》和国家旅游局发布的《旅行社管理条例实施细则》,以及《导游员管理条例》,都对消费者和旅游者的权益保护作出了明确规定。明确了哪些内容属于旅游消费者的合法权益,应加以保护,旅行社以及导游员在招徕和接待旅游者过程中必须予以遵守。概括起来,旅游者的合法权益主要有:

1. 旅游自由权

旅游自由权包括旅行自由权和停留权,旅行自由权是指旅游者在不违背有关法律规定和履行了必要手续的前提下,可以根据自己的意愿前往各地旅行,其旅行方式、旅行时间和旅行地点均不受任何不合理的干预;停留权是指旅游者在旅游目的地或中途地有合法停留的权利,其停留的时间、地点和方式不应受到不合理的干预。

2. 旅游服务自主选择权

旅游服务自主选择权是指旅游者有权自行选择从事旅游经营的企业、旅游路线、旅游项目和服务等级等,不受任何部门、企业、单位和个人的干预。

3. 旅游获知权

旅游获知权是指旅游者在接受旅游服务时,享有获得包括服务内容和其他相关信息的权利;旅游经营企业有向旅游者提供真实情况和信息的义务。

4. 旅游公平交易权

旅游公平交易权是指旅游经营企业在同旅游者签订旅游服务合同或进行交易时,应遵循公正、平等、诚实、信用的原则,不得有强制、欺诈、违反公平的内容和行为。旅游者对交易的旅游商品和服务不满意时,有拒绝购买或签约的权利。

5. 依约享受旅游服务权

依约享受旅游服务权是指旅游者有享受旅游合同约定的服务的权利。旅游经营企业和导游员有按约定提供符合标准的服务的义务。旅游者对强加的计划外的项目有拒绝权。

6. 人身和财物安全权

在旅游活动中,旅游者享有其人身和财物安全不受侵犯的权利。旅游经营企业和导游员有义务采取一切有效措施,防止盗窃、暴力、交通事故和食物中毒等事故的发生,为旅游者提供安全的服务和旅游环境。

7. 医疗、求助权

旅游者在旅游期间如有患病、受伤等情况发生,有权享有与当地居民同等待遇的医疗服务权。旅游者在旅游期间遇到困难时,有请求获得帮助的权利。

8. 求偿权和寻求法律救援权

旅游者在合法权益受到损害或侵犯时,有向有关部门进行投诉和要求有关旅游企业或保险公司赔偿的权利。若旅游者的要求得不到满足,有权在当地寻求各种可行的法律支持或直接向法院提出诉讼。

综上所述,维护旅游者的合法权益,是导游服务的基本原则之一。导游员作为直接为旅游者提供接待服务的一线人员，应将维护旅游者的合法权益作为自己义不容辞的责任，在带团旅游过程中，根据维护旅游者的合法权益这一原则处理各种有关问题。

三、合理而可能的原则

合理而可能的原则，已成为导游员处理具体问题时的一个重要尺度。导游服务应以满足旅游者的需要为出发点，但是在"宾客至上"的前提下，对于旅游者提出的种种要求，导游员应遵循"合理而可能"的原则进行综合分析。如果是合理而又可能实现的情况，应尽量给予满足，使旅游者更加满意；如果是不合理的要求，或者是合理但不可能实现的要求，也不可断然拒绝，而要实事求是、合情合理地耐心进行解释，使旅游者心悦诚服。

所以，导游服务应遵循满足旅游者需求的原则，尊重旅游者，礼貌服务，平等待客，规范化服务与个性化服务相结合，并且在合理而可能的情况下，尽量满足旅游者的要求，以保证导游服务工作的顺利进行。

四、经济效益和社会效益相结合的原则

导游活动是一种经营性质的服务活动，同时又是一种具有很强的社会性和文化性的服务活动，导游服务的目标就是要追求经济效益和社会效益的结合。这也是导游服务遵循的基本原则之一。

导游服务创造的经济效益表现在两个方面：一是由导游服务产生的直接经济效益。如团费、代办费、手续费、服务费等，是通过导游员为旅游者提供讲解服务、旅行生活服务等活动而直接创造的经济效益；二是导游服务的间接经济效益。主要包括三方面：一是通过导游员的购物促销等所引起的旅游目的地其他部门、单位和个人增加的收入，旅游购物收入在旅游目的地旅游总收入中往往占有较大比重，是旅游产业链的重要环节；二是通过导游服务牵线搭桥促进外资投入、经济、科技交流和馈赠等带来的经济效益；三是通过优质的导游服务使一个国家或地区的形象和声誉大大提高并被广泛传播，因此为旅游目的地和旅行社赢得了更多的客源，从而创造经济效益。导游服务创造的经济效益已成为旅行社乃至我国旅游业的重要收入来源，为经济的繁荣和发展作出了积极贡献。

社会效益，是指由导游服务所引起的对社会各方面的影响和作用。导游服务创造的社会效益，是通过优质导游服务体现出一个国家或地区良好的精神风貌和文明程度，从而有助于改善和提高旅游目的地国家或地区的声誉与形象。导游员向旅游者提供精彩而丰富的讲解服务，向旅游者宣传、介绍我国壮丽的河山、悠久的历史、灿烂的文化，使旅游者不仅充分领略我国多姿多彩的旅游景观，还充分感

受到中华民族源远流长的灿烂文化和文明程度。通过导游员的优质服务,弘扬民族文化,使不同国家、不同民族、不同肤色的人们增进文化和科技交流,增进友谊,促进世界和平和社会进步。

本章小结

本章对导游服务的基本理论进行了阐述。导游服务由古代偶然性的向导服务到现代成为一种普遍性、规范性的社会职业,经历了漫长的发展历程,是随着旅游活动和旅游业的发展而不断向前发展的。导游作为一种社会职业,与近代旅游业同源。导游服务在旅游服务中处于非常重要的中心地位,因为它不仅将旅游产品诸要素组合起来,使旅游产品的销售得以实现,而且它本身也是旅游产品生产中重要的一环;同时它以自身在旅游活动中全方位、全过程的引导功能将旅游者需要的各种服务链接起来,因而在各种服务中处于中心位置。导游服务有别于其他服务的四个特点与导游员的职业特征和旅游者的需要密不可分。导游服务的四项基本原则是导游员进行导游服务时必须遵守的准则。

由本章的讨论可知:导游服务的特殊性使导游服务在旅游接待活动中具有独特的地位,需要专门的部门和高素质的人员来承担此项工作。所以,人们把导游服务称为旅游行业的代表性工种。

案例分析

A市的十名旅游者参加了当地一家旅行社组织的"B市豪华六日游"的旅游活动,但到B市的第三天,A市组团社与B市地接社之间因付款问题产生纠纷,该地接社中止了对这些旅游者的旅游接待,地接社的导游员通知饭店不再为他们付住宿费,并且中断了这些旅游者的导游接待服务,致使这批旅游者困在饭店的大堂内,等候两家旅行社协商。后因协商未果,无人负责,这些旅游者只好自找一家饭店临时住下。

思考:
这两家旅行社的做法错在何处?作为地陪,在此情况下应如何正确处理?

 思考与练习

1. 填空题

(1)导游服务的性质可以归纳为以下几个方面:_____、服务性、_____、_____和涉外性。

(2)旅游公平交易权是指旅游企业在同旅游者签订旅游服务合同或进行交易

时,应遵循_____的原则,不得有_____的内容和行为。

2. 选择题

(1)1954年4月15日,在北京成立了_____。

　　A. 华侨服务社　　　　　　B. 中国旅行社
　　C. 中国青年旅行社　　　　D. 中国国际旅行社

(2)近代旅游活动开始的标志,是_____英国人托马斯·库克组织的世界上公认的第一次商业性旅游活动。

　　A. 1840年7月5日　　　　B. 1841年7月5日
　　C. 1845年8月4日　　　　D. 1846年8月4日

3. 思考题

(1)为什么说商业性导游服务的出现与近代旅游业同步?

(2)托马斯·库克对近代旅游业作出的贡献有哪些?

(3)导游服务的类型分为哪几类?各有何特点?

(4)导游服务的性质有哪些?

(5)为什么说导游服务具有涉外性?导游服务的涉外性包括哪些内容?

(6)如何理解导游服务在扩大客源间接创收方面所起的重要作用?

(7)导游服务有什么特点?主要表现在哪些方面?

(8)导游服务应遵循哪些原则?如何正确理解"维护旅游者合法权益"的原则?

4. 实训题

分析叙述"满足旅游者需求"原则在导游服务中的具体体现。

第二章 导游员

引言

导游员是提供导游服务的主体,一名合格的导游员应该具备什么样的素质?导游员是如何分类的?各类导游员应该履行哪些岗位职责?导游职业要求导游员应遵循什么样的职业道德与行为规范?这些都是从事导游服务的人员必须搞清楚的问题。通过本章的学习,将使学生明确导游员在导游服务中所扮演的职业角色、所担负的工作职责、应达到的素质要求和应具备的职业道德,为从事导游服务做好思想、素质等方面的准备。

学习目标

- 掌握导游员的概念和分类。
- 熟悉导游员的职责。
- 掌握导游员的素质要求。

第一节 导游员的分类

一、导游员的概念

导游员是指符合上岗资格的法定要求,接受旅行社委派,直接为旅游团(者)提供向导、讲解及相关旅游服务的人员。

具有高级中学、中等专业学校或者以上学历,身体健康,具有适应导游需要的基本知识和语言表达能力的中华人民共和国公民,可以参加导游员资格考试;经考试合格的,由国务院旅游行政部门,或者国务院旅游行政部门委托省、自治区、直辖市人民政府旅游行政部门颁发导游员资格证书。

取得导游员资格证书的,经与旅行社订立劳动合同,或者在导游服务公司登记,方可持所订立的劳动合同或者登记证明材料,向省、自治区、直辖市人民政府旅游行政部门申请领取导游证。

具有特定语种语言能力的人员,虽未取得导游员资格证书,但因旅行社需要被聘请临时从事导游活动的,由旅行社向省、自治区、直辖市人民政府旅游行政部门申请领取临时导游证。

取得导游证并在导游证的有效期限内,导游员才有资格从事导游活动。

导游员进行导游活动时,应当佩戴导游证。无导游证从事导游活动的,依据国务院发布的《导游员管理条例》的有关规定给予处罚。

二、导游员的分类

导游员是对所有导游服务工作人员的总称。导游员由于业务范围、业务内容的不同,服务对象的广泛性与复杂性,接待方式、语言运用的灵活性与差异性,业务性质、社会角色的多样性与不固定性而有不同的名称。再加上世界各国对导游员类型的划分与称呼也不尽相同,因而很难用一个世界公认的统一标准对导游员进行分类。这里就从中国的实际情况出发,从不同角度将导游员分成下述若干类。

(一)按业务范围划分

导游员分为境内导游员和境外导游员。境内导游员包括全陪和地陪;境外导游员主要是指出境旅游领队。

出境旅游领队是指依照规定取得领队资格,受组团社委派,从事领队业务的工作人员。

境内导游员可以分为全程陪同导游员和地方陪同导游员。

全程陪同导游员(简称"全陪")是指受组团旅行社委派,作为其代表,监督接待社和地方陪同导游员的服务,以使组团社的接待计划得以按约实施,并为旅游团(者)提供全旅程服务的导游员。这里的组团社或组团旅行社,是指从事招徕、组织旅游者,并为国内旅游、入境旅游者、出境旅游者提供全程导游服务的旅行社。

地方陪同导游员(简称"地陪")是指受接待社委派,代表接待社实施旅游行程接待计划,为旅游团(者)提供当地导游服务的导游员。这里的接待社或接待旅行社是指接受组团社的委托,实施组团社的接待计划,委派地方陪同导游员,安排旅游团(者)在当地参观游览等活动的旅行社。

(二)按职业性质划分

导游员分为专职导游员和兼职导游员。

专职导游员是指在一定时期内以导游工作为其主要职业的导游员。目前,这类导游员一般为旅行社的正式职员,他们是当前我国导游队伍的主体。

兼职导游员亦称业余导游员,是指不以导游工作为其主要职业,而利用业余时间从事导游工作的人员。目前这类人员分为两种:其一是通过了国家导游资格统一考试取得导游证而从事兼职导游工作的人员;其二是具有特定语种语言能力受聘于旅行社,领取临时导游证而临时从事导游活动的人员。

还有一种导游员,他们以导游为主要职业,但不是某家旅游公司的正式雇员,而是通过签订合同为多家旅行社(公司)服务,他们是一批真正意义上的"自由职业导游员"。

(三) 按导游使用的语言划分

导游员分为中文导游员和外语导游员。

中文导游员是指能够使用普通话、地方话或者少数民族语言从事导游服务的人员。目前,其主要服务对象是国内旅游中的中国公民和入境旅游中的港、澳、台同胞。

外语导游员是指能够运用外语从事导游服务的人员。目前,这类导游员的主要服务对象是入境旅游的外国旅游者和出境旅游的中国公民。

(四) 按技术等级划分

导游员分为初级导游员、中级导游员、高级导游员和特级导游员。

初级导游员获导游员资格证书一年后,就技能、业绩和资历对其进行考核,合格者自动成为初级导游员。

中级导游员获初级导游员资格两年以上,业绩明显,考核、考试合格者晋升为中级导游员。他们是旅行社的业务骨干。

高级导游员取得中级导游员资格四年以上,业绩突出、水平较高,在国内外同行和旅行商中有一定影响,考核、考试合格者晋升为高级导游员。

特级导游员取得高级导游员资格五年以上,业绩优异,有突出贡献,有高水平的科研成果,在国内外同行和旅行商中有较大影响,经考核合格者晋升为特级导游员。

初级导游员和中级导游员是旅行社导游员的主要力量,所占比例较大。高级导游员和特级导游员虽然在数量上只是少数,但是对于稳定整个旅行社的导游服务质量和优化旅行社的形象起着非常关键的作用,是旅行社中宝贵的人力资源。

第二节 导游员的职责

一、出境旅游领队的职责

出境旅游领队是出境旅游团的领导者和代言人。因此,出境旅游领队在团结旅游团全体成员、组织旅游者完成旅游计划方面起着与全陪、地陪不同的作用。其主要职责是：

1. 介绍情况、全程陪同

出发前负责向旅游团介绍旅游目的地国家或地区的概况及注意事项；陪同旅游团的全程参观游览活动。

2. 落实旅游合同

监督和配合旅游目的地国家或地区的全陪、地陪全面落实旅游合同，安排好旅游计划，组织好旅游活动。

3. 组织和团结工作

关心旅游者，做好旅游团的组织工作，维护旅游团内部的团结，调动旅游者的积极性，保证旅游活动的顺利进行。

4. 联络工作

负责旅游团与旅游目的地国家或地区接待旅行社的联络和沟通，转达旅游者的意见、要求与建议，乃至投诉，维护旅游者的合法权益，必要时出面斡旋或帮助解决。

二、全陪导游员的职责

全陪导游员是组团旅行社的代表，负责从总体上把握旅游团的整个旅游计划的贯彻与落实，对所率领的旅游团（者）的旅游活动负有全责，是整个旅游活动的"宏观"决策者，在整个旅游活动中起主导作用。其主要职责是：

1. 实施旅游接待计划

按照旅游合同或约定，实施组团旅行社的接待计划，监督各地接待单位的执行情况和接待质量。

2. 联络工作

负责旅游过程中同组团旅行社和各地方接待旅行社的联络，做好旅行各站的衔接工作。

3. 组织协调工作

协调领队、地陪、司机等各方面接待人员之间的合作关系；配合、督促地方接待单位安排好旅游团（者）的行、游、食、购、娱等旅游活动，照顾好旅游者的旅行生活。

4. 维护安全，处理问题

维护旅游者旅游过程中的人身和财物安全，处理好各类突发事件；转达或处理旅游者的意见、建议和要求。

5. 宣传、调研

耐心解答旅游者的问询，介绍和传播中国（地方）文化和旅游资源；开展市场调研,协助开发、改进旅游产品的设计和市场促销。

三、地陪导游的职责

地陪导游员是地方接待旅行社的代表,是旅游接待计划在当地的具体执行者,是当地旅游活动的组织者。责任重大,工作辛苦。其主要职责是:

1. 安排旅游活动

根据旅游接待计划,合理安排旅游团(者)在当地的旅游活动。

2. 做好接待工作

认真具体落实旅游团(者)在当地的接送服务和食、住、行、游、购、娱等各项服务;与全陪、领队密切合作,做好当地旅游接待工作。

3. 导游讲解

负责旅游团(者)在当地参观游览中的导游讲解,解答旅游者的问询,积极介绍旅游资源,传播中国(地方)文化。

4. 维护安全

维护旅游者在当地旅游过程中的人身和财物安全,做好事故防范和安全提示工作。

5. 处理问题

妥善处理与旅游相关服务各方面的协作关系,以及在本地接待旅游团过程中可能出现的各类问题和事故。

第三节 导游员的素质要求

人才决定成败,而素质造就人才。导游员作为旅游业的主要工作人员,作用巨大,意义非凡。对国家、社会来讲,导游员是"祖国的一面镜子",是无名大使;对旅行社来讲,导游员是旅行社的主体和支柱,是旅行社的代表;对旅游者来讲,导游员是"游人之师"、"旅客之友"。因此,从某种意义上讲导游员的素质高低直接决定着旅游业的兴衰成败。

作为一名合格的导游员,必须具备多方面的能力与条件,早在20世纪60年代,我国旅游界将当时的翻译导游员应具备的素质概括为"三过硬",即思想过硬、业务过硬和外语过硬。随着旅游活动的日益普及、旅游业的飞速发展,以及旅游者需求的不断变化,现代导游已不仅是一种服务,更是一门专业与艺术。导游员在具有"三过硬"本领的同时,还应具备广博的知识,较强的服务意识,高超的技能及健康的身心等多方面的素质。

由此我们可以说:思想品质是一个人的灵魂,是一个人能挺直腰板立于芸芸众生中的脊梁。品质要求有诸多方面,不同的行业领域有共性和个性要求,对置身于旅游业中的导游员,我们着重强调"政治觉悟"和"职业道德"两个方面。

一、良好的政治思想素质

(一) 高度的政治觉悟

1. 热爱祖国,热爱当地

"爱国"是世界各国伦理道德的核心,是合格导游员的最基本的条件。赤心爱国,勇于奉献应是导游工作之魂。导游工作作为旅游业的窗口工作,在海外旅游者的心目中,导游员是国家或地区形象的代表,旅游者正是通过导游员的思想品德和言行举止来观察中国、了解中国、了解当地的。因此,导游员在向旅游者提供导游服务时,首先应做到热爱祖国,热爱家乡,热爱社会主义制度,并以满怀的激情、热情洋溢的讲解去带动和感染旅游者。同时导游员应具有强烈的民族自尊心和民族自豪感,时时处处自觉维护国家的利益和民族的尊严,绝不以损伤国家、民族的荣誉来讨好旅游者,谋取私利。

2. 热爱旅游者

随着外出旅游的增多,公众对旅游业的整体要求更高了,当然,对导游员的要求也就更高了,外国旅游者来中国,不仅是领略中国的壮美山河,同时也要感受中国人的真情、爱心和友谊,因此,我们的导游工作的内涵就应该是仁爱,全心全意服务于我们的旅游者。当然,我们在倡导仁爱与国际主义精神的同时,反对崇洋媚外,以貌取人、以钱取人、以地取人、以肤色取人,更不允许低三下四、卑躬屈膝。

(二) 良好的职业道德

道德作为一种社会意识形态,是指在一定的社会中调整个人与个人之间,以及个人与社会之间关系的行为规范的总和。它以善与恶、是与非、正义和非正义、公正和偏私、诚实和虚伪等道德观念来评价人际关系;通过各种形式的教育和社会舆论的力量使人们形成一定的信念、习惯、传统,并对人们的行为产生约束力从而发生作用。社会经济基础在不断变化,道德标准也随之变化。

职业道德是社会道德的重要组成部分,它是把一般的社会道德标准与具体的职业特点结合起来的职业行为规范或标准,具有明确、具体、针对性强的特点。恩格斯说过:"实际上,每个行业都各有各的道德。"不同的职业有其不同的职业道德,但各行业的职业道德准则和行为规范都必须与社会公德一致,而不应是相悖的。旅游业中导游这一职业有很多特点,人们可以从不同的角度去认识、总结,但有几点是制定导游职业道德标准所不容忽略的:

首先,导游员与旅游者的交往是带有"商业性"的。

其次,导游员是以服务员的身份与旅游者交往的,无论客人是什么肤色、身份、地位,导游员有义务为游客提供优质的服务,因此,服务意识是导游员必须具备的。

最后,从旅游者的消费特点来看,旅游者对某地旅游景观产品消费的重复性极小,即使是故地重游,担任导游的人仍是第一次那位导游的情况则少之又少,导游与旅游者的交往是"短而浅"的交往,导游员必须要用优质的服务让旅游者感觉消费的"超值享受",因此,对导游服务的要求更高,导游必须塑造好一种形象,这既是导游员本人的,也是一个地区和国家的。我国导游员经过几十年的努力实践,经过不断地总结和完善,形成了符合社会主义道德规范和行为准则的导游员的职业道德和行为规范,可归纳如下:

爱国爱企、自尊自强;遵纪守法、敬业爱岗;公私分明、诚实善良;克勤克俭、宾客至上;热情大度、清洁端庄;一视同仁、不卑不亢;耐心细致、文明礼貌;团结服从、不忘大局;优质服务、好学向上。

二、渊博的知识

现代旅游活动在注重消遣娱乐,满足求奇、求新、求美、求乐目的的同时,也日益向获取信息、领略异national情趣、增长知识、丰富阅历的方向转化。这种转化使现代导游服务成为一种知识密集型的高智能工作,同时也对导游员提出了更高的知识要求:既要求导游员成为一名"杂家"、"万事通",要有较宽广的知识面;又希望导游员在某一知识领域有较深的研究,达到博与专的有机结合,以满足不同层次旅游者的需求。

实践证明,广泛渊博的知识是做好导游工作的前提。一名导游员的知识面越广、信息量越多,就越有可能把导游工作做得有声有色、不同凡响,就会在更大程度上满足旅游者的要求,从而就越有可能成为一名优秀导游员。

导游知识包罗万象,在此只简要介绍导游员必须掌握的几方面知识。

(一) 语言知识

众所周知,导游员是借助于语言通过导游讲解和日常交谈来向旅游者传递信息、传播知识、沟通感情的。可以说,语言知识是导游员最重要的基本功,是导游服务的工具。导游员若没有过硬的语言功底,就不可能顺利地进行文化的交流,也就不可能完成导游工作的主要任务,更谈不上优质服务。这里所说的语言知识包括外语知识和汉语知识(或少数民族语言知识)两个方面。例如,作为一名涉外导游员,至少应掌握并熟练运用一门外语,如果导游员外语知识差,词汇贫乏,语法错误过多,语言不流畅,就达不到沟通的目的,甚至会出现种种差错,优质服务也就根本无从谈起了;此外,导游员还应具有丰富的汉语知识,只有在对本民族或本国通用语言的内容、形式、特点、功能、作用等基本性能了解并掌握的基础上,才能在运用语言进行导游翻译时,使语言材料用得恰到好处。否则,就可能出现望文生义、断章取义、曲解误译等问题,影响导游翻译语言的质量和语言能力的发挥。因此,导游员必须要不断丰富自己的语言知识,在坚持不懈的学习与锻炼中开阔视野,提升导游效果,为传播中外文化作出贡献。

总之,导游讲解是一项综合性的口语艺术,要求导游员应具有很强的口语表达能力。不过,导游员的口语艺术应置于丰富的知识内容之中,知识内容是土壤,口语艺术是种子,二者巧妙结合才能获得良好的导游效果。

(二)史地文化知识

史地文化知识:包括历史、地理、宗教、民族、风俗民情、风物特产、文学艺术、古建筑、园林等诸方面的知识。这些知识是导游讲解的素材,是导游服务的"原料",是导游员的看家本领。导游员要努力学习,力争使自己上知天文、下晓地理,对本地及邻近省、市、地区的旅游景点、风土人情、历史掌故、民间传说等了如指掌,并对国内外的主要名胜亦应有所了解,还要善于将本地的风景名胜与历史典故、文学名著、名人逸事等有机地联系在一起。总之,对史地文化知识的综合理解并将其融会贯通、灵活运用,这对导游员来讲具有特别重要的意义,它是一名合格导游员的必备条件。

同时,导游员还要不断地提高艺术鉴赏能力。艺术素养不仅能使导游员的人格更加完善,还可使导游讲解的层次大大提高,从而在中外文化交流中发挥更大的作用。

一名称职的导游员,应该说也是一名文化大使,要具备一定的文化素质,对于我国的传统文化更应该有深刻的理解。目前,我国导游队伍中存在的普遍问题就是知识面过窄,史地文化知识贫乏,言之无物,哗众取宠甚至胡编乱造。这将严重影响我国导游服务水平的进一步提高,不利于中国旅游业的发展。

(三)政策法规知识

导游员是国家政策的具体执行者,国家的政策、法规是导游员工作的指南。导游员不仅本身要知法、守法,而且对旅游活动中出现的种种问题与突发事件,还要以有关的法律、法规为准绳予以正确处理,做到合情、合理、合法。所以,导游员必须牢记国家的现行方针政策,掌握有关的法律和法规方面的知识,了解旅游者的法律地位以及他们的权利和义务。只有这样,才能正确地处理问题,做到有理、有利、有节,导游员自己也可少犯或不犯错误。

(四)心理学和美学知识

导游员的工作对象主要是形形色色的旅游者,还要与各旅游服务部门的工作人员打交道,导游工作集体三成员之间的相处有时也很复杂。导游员是做人的工作,而且往往是与之短暂相处,因而掌握必要的心理学知识就非常重要。导游员要随时随地了解旅游者的心理活动，根据不同旅游者的不同心理和旅游的不同阶段旅游者的不同心理，有的放矢地作好导游讲解和旅途生活服务工作，有针对性地提供心理服务，从而使他们在心理上得到满足，在精神上获得享受。事实证明，向旅游者多提供心理服务远比功能服务重要。

旅游活动是一项综合性的审美活动，是导游员引导旅游者去寻觅美、探索美、欣赏美的活动。导游员的责任不仅要向旅游者传播知识，也要传递美的信息，让他们获得美的享受。一名合格导游员要具备一定的美学知识，懂得什么是美，知道美在何处，在导游活动中能随时认识和捕捉到景物中的各种自然美和人文美，并能够在最恰当的时刻和最合适的位置将这种美用生动形象的语言向旅游者进行介绍和指点；而且要用美学知识指导自己的仪容、仪表、仪态，因为导游员代表着国家（地区）的形象，其本身就是旅游者的审美对象。

导游员若不懂得心理学和美学，不会在服务中熟练地运用心理学和美学方面的知识，向旅游者提供高质量的导游服务和旅游生活服务就只能是一句空话。

（五）政治、经济、社会知识

社会知识包括风土人情、禁忌习俗、社会生活以及当前的热门话题等。

由于旅游活动具有广泛的群众性、社会性，各类社会问题都有可能反映到旅游活动中来，旅游者所提的问题往往涉及社会知识，因为他们很想知道旅游目的地的社会、政治、经济、习俗等相关知识。所以导游员掌握相关的社会知识，了解国家的政治、经济体制，关心国事、时事，了解中国各民族以及身边的现实社会是很有必要的。

（六）旅行常识

为了帮助旅游者处理好在旅行游览期间经常出现的各种各样的问题，导游员掌握一定的旅行常识十分必要。旅行常识既广又杂，包括海关知识、交通知识、通信知识、卫生防病知识、货币保险知识、旅游业知识等。掌握必备的旅行常识，不仅有利于导游员处理和解决旅游中遇到的各种问题和突发事件，方便工作，提高效率，还可起到少出差错、事半功倍的作用。

（七）国际知识

涉外导游员还应掌握必要的国际知识，要了解国际形势和各时期国际上的热点问题，以及中国的外交政策和对有关国际问题的态度；要熟悉客源国或出游接待国的概况，知道其历史、地理、文化、民族、风土人情、宗教信仰、礼俗禁忌、思维方式等。了解和熟悉这些情况，不仅有利于导游员提供有针对性的导游服务，而且能加强与旅游者的沟通。导游员作为不同文化背景下的跨文化传播者，应该熟悉两国文化的差异，这样就能及早向旅游者说明并讲明来龙去脉，使他们意识到是在异国他乡旅游，不可能事事都与自己的家乡相同，从而使其产生领略异国、异乡风情的游兴，对许多不解之处，甚至一些令人不愉快之处也能理解、谅解并与导游员配合。

三、较强的独立工作能力和创新精神

导游服务的特点之一是独立性强,这种工作特点决定了导游员必须具有较强的独立工作能力和创新精神。导游员接受带团任务后,要独立组织参观游览活动,要独立作出决定、独立处理问题,要独当一面地工作;而且,导游员的工作对象形形色色,旅游活动丰富多彩,出现的问题和性质各不相同,这就要求导游员必须根据不同的时空条件,采取相应的措施,予以合理处理。因此,较强的独立工作能力和创新精神,发挥主观能动性和创造性,对导游员具有重要意义。导游员的独立工作能力和创新精神主要表现在下述四个方面。

(一)独立执行政策和宣传讲解的能力

导游服务是一项政策性很强的工作,导游员必须具有高度的政策观念和法制观念,要以国家的有关政策和法律、法规指导自己的工作和言行;要严格执行旅行社的接待计划;要积极主动地宣传中国、讲解中国现行的方针政策、介绍中国人民的伟大创造和社会主义建设的伟大成就;回答旅游者的种种问询,帮助他们尽可能全面、客观地认识中国。

(二)组织协调能力

导游活动是一种动态的过程,导游员接受任务后要根据旅游合同安排旅游活动并严格执行旅游接待计划,带领全团人员游览好、生活好。这就要求导游员具有较强的组织、协调能力,要求导游员在安排旅游活动时有较强的针对性并留有余地,在组织各项活动时讲究方式、方法,并及时掌握处于变化中的客观情况,灵活地采取相应措施,从而保证旅游活动的各个环节衔接紧密,旅游接待计划实施顺利。

(三)与人打交道的能力

导游员的工作对象广泛复杂,不论是旅游者,还是各相关旅游接待单位的工作人员,导游员都必须与之进行交往。与层次不同、品质各异、性格相左的各种人士打交道,要求导游员必须具备一定的公共关系学知识和较强的交际能力,并能根据不断变化的氛围,随机应变地处理问题,搞好各方面的关系。导游员具有相当的公关交际能力,就会在待人接物时更自然、得体,能动性和自主性的水平必然会更高,有利于提高导游服务质量。

导游工作的这种特殊性,要求导游员应是一个活泼型、外向型的人,是一个精力充沛、情绪饱满的人,是一个具有爱心、待人热情诚恳、富于幽默感并具有吸引力的人,是一个有能力解决问题、可让人信赖和依靠的人。性格内向、腼腆的导游员,应主动在实践中不断磨炼自己,培养处理人际关系的能力。

(四)解决问题、处理事故的能力

沉着分析、果断决定、正确处理意外事故是导游员最重要的能力之一。旅游活

动中意外事故在所难免，能否妥善地处理事故是对导游员的一种严峻考验。临危不惧、头脑清醒、遇事不乱、处理果断、办事利索、积极主动、随机应变是导游员处理意外事故时应有的能力。

四、较高的导游技能

技能，是指掌握和运用专门技术的能力，服务技能可分为操作技能和智力技能两类。导游服务需要的主要是智力技能，即导游员同领队协作共事，与旅游者成为伙伴，使旅游生活愉快的带团技能；根据旅游接待计划和实情，巧妙、合理地安排参观游览活动的技能；选择最好的游览点、线，组织活动，当好导演的技能；触景生情、随机应变，进行生动精彩的导游讲解的技能；灵活回答旅游者的问询，帮助他们了解中国的宣讲技能；沉着、果断地处理意外事故的应急技能；合情、合理、合法地处理各种问题和旅游者投诉的技能等。导游服务质量的优劣与导游员的服务技能有密切的关系，导游员只有具备高超的服务技能，才有可能提供一流的导游服务质量。

语言、知识、服务技能构成了导游服务三要素，缺一不可。只有三者的有机结合才称得上是高质量的导游服务。导游员若缺乏必要的知识，势必"巧妇难为无米之炊"；若语言表达能力弱、缺乏导游技能，不讲究导游方法，则只会令旅游者昏昏欲睡，感到枯燥乏味，使旅游活动失去光彩；反之，若具备了导游服务的三要素，针对同样的题材、环境，导游员从不同角度进行有声有色的讲解，使其达到不同的意境，满足不同层次和不同审美情趣的旅游者的审美要求，使旅游者获得最大限度的美的享受。

导游员的服务技能与他的工作能力和掌握的知识有很大的关系，需要在实践中培养和发展。一个人的能力是在掌握知识和技能的过程中形成与发展的，而发展了的能力又可促使导游员更快、更好地掌握知识和技能并使其融会贯通、运用得心应手。因此，导游员要在掌握丰富知识的基础上努力学习导游方法和技巧，并不断总结、提炼，以求形成适合自己特长的导游方法和技巧，以及自己独有的导游风格。争取使自己成为一名既具有指挥家水平，又具有演员本领的优秀导游员，不仅如指挥家一般可随时随地调动旅游者的积极性，引导、指挥整个团队旅游活动的顺利开展，同时又如演员一样，令旅游者充分真实地领略美、认识美、欣赏美、感受美，沉浸在愉悦之中，只有这样的导游员才称得上是一名高技能的、优秀的导游员。

五、身心健康

导游工作是一项脑力劳动和体力劳动高度结合的工作。导游员从事的是一项高智能的服务工作，工作量大而面广，流动性强，体力消耗大，且工作对象复杂，诱惑性大。因此，导游员必须是一名身心健康的人，否则，很难胜任工作。身心健康包括身体健康、心理平衡、头脑冷静和思想健康四个方面。

(一) **身体健康**

健康的身体是开展工作的前提。导游员工作辛苦,压力大,困难多,常常要跋山涉水,连续不间断地工作,体力支出非常多。全陪和领队还要陪同旅游团周游各地,担负着在旅程中照顾旅游者的重任,还要适应气候的差异和各地饮食的不同,因此,没有一个健康、良好的身体条件,从事导游工作是不可能的。

(二) **心理平衡**

导游员必须具有良好的心理素质,在旅游者面前应该永远是一个精力充沛、情绪饱满、心态平和、心情愉悦的人,显示出良好的精神状态。导游员外出带团时,心理压力实际上是很大的:能否顺利地完成带团任务,自己的导游服务能否使旅游者满意,带团期间家中的事务如何处理,等等。所以,导游员必须能够进行自我心理调节,保持心理平衡,以一种正常心态对待工作,对待旅游者,而不受任何外来因素的影响。面对旅游者,导游员应笑口常开,绝不能把丝毫不悦的情绪带到导游工作中去。

(三) **头脑冷静**

在旅游过程中,导游员应始终保持清醒头脑,处事沉着、冷静、有条不紊;处理各方面关系时要机智、灵活、友好协作;处理突发事件以及旅游者的挑剔、投诉时要干脆利索,要合情、合理、合法。易急躁、好冲动不是导游应有的性格。

(四) **思想健康**

导游员应具有高尚的情操和很强的自控能力,能自觉抵制形形色色的诱惑,清除种种腐朽思想的污染。

六、仪容、仪表

优秀的导游员是内在美与外在美的完美结合。这里的外在美,主要是指导游员应具有良好的仪容、仪表和仪态。

仪容、仪表,即人的外表,主要包括人的容貌与服饰等方面,是导游员精神面貌的外观体现。良好的仪容、仪表能够给旅游者美好的第一印象,有利于赢得旅游者的尊重、信任和配合。作为旅行社的代表,导游员的服饰总体来说应整洁、美观、大方、得体、舒适。不穿奇装异服,不穿过紧、过于花哨、过于暴露的服饰。做到干净整洁,搭配协调,穿着舒适。具体而言,应遵循以下三个原则:一要与其从事的职业相宜,符合行业特点与企业形象特征;二要与自己的年龄、身份相称;三要与场合、地点、情境和季节相协调。对于导游员而言,容貌端庄是本人从业的基本要求。因此,导游员应适度地注重自己的容貌修饰,以给旅游者留下较好的印象。具体来讲,导游员头发应保持清洁和整齐,发型朴实大方。男性不留长发、胡须,面容保持光泽,鼻毛要修短;女性也以短发为宜,面部可施淡妆;口腔保持洁净,带团前不吃葱、蒜、韭菜等有异味的食物,必要时可嚼口香糖来清除口腔异味;指甲常修,保持清洁。

仪态,是指人的姿态,即人们日常行为中的姿势和风度。优雅的举止,洒脱的风度,常常为人们羡慕和称赞,能给人们留下较深的印象。仪态包括站态、坐态、步态和表情等几个方面。要求导游员做到站有站相,坐有坐相,步态轻盈、稳健、大方、自然,面带微笑,举止端庄,仪态高雅,落落大方,于一言一行中显示中国导游员较高的素养,以个人魅力吸引旅游者。

仪容、仪表、仪态虽然表现的是导游员的外部特征,实质上却是导游员内在素质的外观体现,它与导游员的文化修养、审美情趣、文明程度、职业道德密切相关。

总之,一名合格的导游员应立场坚定、知识丰富、勇于创新、内外兼修,时时处处显示出有能力领导旅游团,沉着、果断、精干,且工作积极、心胸开阔、善解人意、耐心细致,关心体谅,富有幽默感,导游技能高超。加拿大旅游专家帕特里克·克伦在他的《导游的成功秘诀》一书中对导游员的条件作了精辟的结论:导游员应是"集专业技能和知识、机智、老练于一身"的人。

七、导游员的行为规范

导游员的行为规范,即约束导游员行为而必须遵守的纪律和守则。我国导游员的行为规范如下:

(一)忠于祖国,坚持"内外有别"原则

导游员要严守国家机密,时时、事事以国家利益为重。带团旅游期间,不随身携带内部文件,不向旅游者谈及旅行社的内部事务及旅游费用等事项。

(二)严格按规章制度办事,执行请示和汇报制度

导游员应严格按照旅行社确定的接待计划,安排旅行、游览活动,不得擅自增减旅游项目,或者中止导游活动;在旅行、游览中,遇到可能危及旅游者人身安全的紧急情形时,征得多数旅游者的同意,可以调整或者变更接待计划,但应立即报告旅行社。

在旅行、游览中,对可能发生危及旅游者人身、财物安全的情况,导游员应向旅游者作出真实说明和明确警示,并按照旅行社的要求采取防止危害发生的措施。

(三)自觉遵纪、守法

(1)导游员严禁嫖娼、赌博、吸毒;不得索要、接受反动或黄色书刊、画报及音像制品。

(2)导游员不得套汇、炒汇;也不得以任何形式向海外旅游者兑换索取外汇。

(3)导游员不得向旅游者兜售物品或者购买旅游者的物品,更不得偷盗旅游者的财物。

(4)导游员不得欺骗、胁迫旅游者消费或者与经营者串通欺骗、胁迫旅游者

消费。

（5）导游员不得以明示或暗示的方式向旅游者索要小费，不准因旅游者不给小费而拒绝提供服务。

（6）导游员不得收受向旅游者销售商品或提供服务的经营者的财物。

（7）导游员不得营私舞弊、假公济私、大吃大喝。

（四）自尊、自爱，不失人格、国格

（1）导游员不得游而不导，不擅离职守，不懒散松懈，不搞本位主义，不推诿责任。

（2）导游员要关心旅游者，不态度冷漠，不敷衍了事，不在紧要关头临阵脱逃。

（3）导游员不要与旅游者过分亲近；不介入旅游团内部的矛盾和纠纷，不搬弄是非；在旅游者、旅行社和其他旅游企业之间，导游必须采取中间立场，不得偏向一方，不准联合一方反对另一方；对待旅游者要一视同仁，不厚此薄彼。

（4）导游员不得迎合个别旅游者的低级趣味，在讲解、介绍中掺杂庸俗下流的内容。

（5）导游员有权拒绝旅游者提出的侮辱导游员人格尊严或者违反其职业道德的不合理要求。

（五）注意小节

（1）导游员不要随便单独去旅游者的房间，更不要单独去异性旅游者的房间。

（2）导游员不得携带自己的亲友随旅游团活动。

（3）导游员不与同性外国旅游团领队同住一室。

（4）导游员饮酒量不要超过自己酒量的1/3。

本章小结

在旅游接待服务体系中，作为导游服务行为实施者的导游员，必须履行好自己的职责，具备较高的从业素质，并严格遵循导游员的职业道德和行为规范，这将直接关系到旅游接待服务的质量和声誉，影响旅游业的兴衰成败。

案例分析

2005年7月下旬，在北京工作的赵女士为了让刚参加完高考的女儿过一个轻松、愉快的暑假，报名参加了A旅行社组织的赴桂林6日游。按照合同约定，这次旅游活动为全包价旅游，A旅行社安排导游员王某为该团导游。实际上，在整个游程中，导游员王某几乎不作什么讲解，并没有真正发挥他的导游作用。旅游团在准备乘船游览阳朔风光时，大家一时竟找不到王某了，旅游者有的自己买了船票，有的还等着导游购买集体船票，局面十分混乱。但等到旅游者找到王某时，他却说：

"导游只负责陪同,并不管买车票、船票等琐事。"在随后的旅行过程中,王某对住宿、就餐等事项也不关心,给赵女士等旅游者的这次旅游造成许多麻烦。此外,旅游者还发现王某自始至终都没有佩戴导游证,便询问他到底是不是正式导游员,为什么不戴导游证。王某回答说:"导游证只是一种形式,没有必要天天都戴着。"由于多数旅游者对这次旅游非常不满意,并对王某的身份产生了怀疑,遂向旅游行政部门投诉。后经查实,王某的导游身份是合法的。

思考:

1. 导游员王某对不戴导游证的解释是否正确?为什么?
2. 王某认为导游员不应负责买车票、船票等琐事,违反了什么规定?

 思考与练习

1. 填空题

(1)导游员是指依照_____的规定取得导游证,接受旅行社委派,为旅游者提供_____、_____及相关旅游服务的人员。

(2)取得导游员资格证书的,经与_____订立劳动合同或者在_____登记,方可持所订立的劳动合同或者登记的证明材料,向省、自治区、直辖市人民政府旅游行政部门申请领取导游证。

(3)海外领队是指经国家旅游行政主管部门批准_____的旅行社的代表,是出境旅游团的_____和_____。

(4)导游员进行导游活动时,应当佩戴_____证。

(5)导游工作要求导游员必须是一名身心健康的人。这里的身心健康,包括身体健康、_____、_____三个方面。

2. 选择题

(1)获初级导游员资格(　　)年以上,业绩明显,考核、考试合格者可晋升为中级导游员。

  A. 一年　　　B. 二年　　　C. 三年　　　D. 五年

(2)对旅游团旅游活动负有全责,在整个旅游活动中起主导作用的导游员为(　　)。

  A. 定点导游员　B. 地陪　　　C. 全陪　　　D. 领队

(3)在下列选项中,(　　)不属于地陪的职责。

  A. 做好接待工作　　　　B. 实施旅游接待计划
  C. 安排旅游活动　　　　D. 导游讲解

(4)旅游接待工作中导游员必须遵循的行为规范有(　　)。

A. 不介入旅游团内部的矛盾和纠纷
B. 不单独进入旅游者房间
C. 不从事或代理他人从事商业活动
D. 饮酒量不超过本人酒量的1/2

3. 思考题
(1) 全陪、地陪、领队各自的定义是什么？有何职责分工？
(2) 一名合格的导游员需要具备哪些素质？
(3) 一名合格的导游员应具备哪些方面的知识？
(4) 导游员应从哪些方面对自己的行为进行规范？

4. 实训题
21世纪是知识经济的社会，一名导游员怎样在竞争的社会中不仅能生存，而且能不断发展，永远立于不败之地？

第三章 导游服务程序

引言

导游服务程序与标准,是本课程的重点内容。旅游者在旅游活动过程中需要导游员做哪些服务工作?按什么样的程序做?合格的导游服务的标准是什么?本章学习应从旅游活动按时序的运转流程,以及如何为旅游者提供规范细致、周到方便的服务来认识导游服务程序,同时了解对导游服务工作的评价标准,使学生初步掌握导游的服务规程,并通过设计高质量的实训项目来提高学生的导游实践技能,以强化本部分的学习。

学习目标

- 掌握地陪和全陪导游服务的程序及标准,初步具备地陪导游服务的能力。
- 熟悉出境旅游领队、散客导游的服务程序及标准。
- 通过实训使学生初步具备地陪、全陪和出境旅游领队的服务能力。

导游服务程序,是导游员从接到旅行社下达的旅游接待任务起,到送走旅游团,并做完善后工作为止的全过程。在这个过程中,地陪、全陪、领队构成了导游服务工作的主体。三者有不同的工作内容和程序,他们的密切配合直接影响旅游接待工作的质量。

第一节 地方导游服务程序

地陪服务程序,是指地方陪同导游员(简称"地陪")从接受接待旅行社下达的旅游团接待任务起,到旅游团离开本地并做好善后工作为止的工作程序。地陪在当地导游服务过程中,应按时做好旅游团在本地的迎送工作,严格按照接待计划,做好旅游团在参观游览过程中的导游讲解工作和计划内的食宿、购物、文娱等活动的安排,妥善处理各方面的关系和出现的问题。地陪应严格按照服务规范提供各项服务。

地陪是旅游接待计划在当地的具体执行者,对确保旅游团在当地游览活动的顺利进行起关键作用。地陪的工作繁重而琐碎,所以地陪在接站前要做好各项准备,带团时要认真、细心,并做好提醒工作,安全、顺利地完成计划内容。

一、准备工作

俗话说:"良好的开端是成功的一半",在接到旅行社下达的接待旅游团的任务后,地陪要细致、周密地做好准备工作,这是整个导游工作顺利完成的重要基础和前提。

(一)熟悉接待计划

接待计划是组团旅行社委托各地方接待旅行社组织落实旅游团活动的契约性安排,是导游员了解该旅游团基本情况和安排活动日程的主要依据。

作为地陪,必须弄清以下情况:

1. 旅游团的基本信息

国内组团社和境外旅行社的名称;全陪、领队的姓名、联系方式、使用语言;旅游团的名称、代号、电脑序号、接待等级(豪华、标准、经济)及服务范围;餐饮标准和付款方式。

2. 旅游团成员的情况

该团的人数、团员姓名、职业、性别、宗教信仰等,以便有针对性地提供服务。

根据计划,要着重分析研究旅游团的特点,可通过旅游团成员的国籍、职业、性别、年龄结构、文化层次等情况对该团的兴趣爱好、消费水平等作大致分析。

3. 旅游路线,入境团的入境和出境地点

4. 所乘交通工具情况

乘坐交通工具的情况,抵离本地时所乘飞机(火车、轮船)的班次、时间和地点。

5. 交通票据情况

该团去下一站的交通票据是否已按计划订妥,有无变更及更改后的情况;有无返程票;有无国内段国际机票;出境机票的票种是 OK 票,还是 OPEN 票,并采取相应的措施。

6. 特殊要求和注意事项

在住房、用车、用餐、游览等方面是否有特殊要求,是否要求有关方面负责人出面迎送、会见、宴请等礼遇,是否有老弱病残等需要特殊服务的人。

该旅游团的行程中是否有需要办理通行证的地区,如果有,则需要提前办妥相

关手续。

(二) 落实接待事宜

地陪应与食宿、交通、游览等有关部门落实、核查旅游团(旅游者)的交通、食宿、行李运输等事宜。

1. 落实旅行车辆

与旅游汽车公司或车队联系,确认为该旅游团在本地提供交通服务车辆的车型(车型是否与旅游团人数相符合)、车内设施、车牌号和司机姓名及联系方式,并与司机约定接头地点、时间并告知其活动日程。

为方便旅游者和导游员的工作,接大型旅游团时,车上可以粘贴编号或醒目的标记。

2. 落实住房

地陪应熟悉旅游团所住饭店的名称、位置、概况、服务设施和项目;核实该团旅游者所住房间的数目、级别、是否含早餐等;地陪应向饭店有关人员主动介绍旅游团的特点,让饭店接待人员配合自己做好接待工作。

3. 落实用餐

地陪与各有关餐厅联系,确认该团日程表上安排的每一次用餐情况、团号、人数、餐饮标准、日期、特殊要求等。

4. 了解落实行李运送

了解行李运送计划,问清行李员姓名和会面地点,必要时与行李员沟通,以便共同落实行李运送计划。

5. 了解不熟悉景点的情况

对新的旅游景点和不熟悉的参观游览点,地陪应事先了解开放时间、最佳游览路线、洗手间位置等概况,以便游览活动顺利进行。

6. 与全陪联系

如果是入境站,地陪应和该旅游团的全陪提前约定接团的时间和地点。

(三) 物质准备

上团前,导游员应做好证件、交通票据、资金,以及有关资料等必需资料物品的准备。

1. 领取必要的票证和表格

地陪要按照该旅游团中旅游者的人数和行程的实际需要,领取团队结算凭证及旅游者意见反馈表等必要的票证和表格。地陪一定要注意:在填写各种结算凭证时,具体数目一定要与该团的实到人数相符,人数、金额要用中文大写。

2. 备齐上团必备的证件和物品

地陪接团时必须佩戴导游胸牌、携带导游资格证、计划书等,三证齐全,同时要准备好导游旗、接站牌、手提扩音器、行李牌、必要的费用、宣传资料、图册、旅游车标志、记事本、导游日志、意见表、其他旅游行政管理部门及旅行社要求携带的物品。

（四）知识准备

(1)根据接待计划上确定的参观游览项目,就翻译、导游的重点内容,做好外语和介绍资料的准备。

(2)接待有专业要求的团队,要做好相关专业知识、词汇的准备。

(3)做好当前的热门话题、国内外重大新闻、旅游者可能感兴趣的话题等方面的准备。

(4)做好客源国概况知识、旅行常识准备。

(5)可准备一些工艺品鉴别、旅游新点促销、特色美食等知识。

（五）形象准备

地陪在上团前要做好仪容、仪表方面的准备。因为导游员的形象不仅代表个人,而且体现一个国家、一个民族的精神风貌。因此:

(1)导游员的着装要符合本地区、本民族的着装习惯和导游员的身份。

(2)衣着大方、整齐、简洁,要方便导游服务工作。佩戴首饰要适度,不浓妆艳抹。

（六）心理准备

1. 准备面临艰苦复杂的工作

地陪不但要考虑到按正规的工作程序要求为旅游者提供热情周到的服务,还要考虑到当遇到问题、发生事故时应如何处理,旅游者需要特殊服务时应采取什么措施等各种思想准备,这样才能遇事不慌,妥善、迅速地处理。

2. 准备承受抱怨和投诉

导游工作手续繁杂,工作量很大。有时导游员虽已尽其所能热情地为旅游者服务,但还会遇到一些旅游者的挑剔、抱怨和指责,甚至投诉。对此,地陪也要有足够的心理准备,能够沉着、冷静地面对。

（七）其他准备

(1)地陪应备齐并随身携带有关旅行社各部门、餐厅、饭店、车队、剧场、购物商店、组团人员、行李员和其他导游员的电话或手机号码。

(2)上团前检查自己的手机等通信设备是否正常,以保证与旅行社之间的联络顺畅。

二、迎接服务

迎接服务在地陪的整个接待程序中至关重要,因为这是地陪和旅游者的第一次直接接触,这一阶段的工作直接影响以后接待工作的质量。

（一）旅游团抵达前的服务安排

接团当天，地陪应提前到达旅行社，全面检查准备工作的落实情况，如发现纰漏，要立即与有关部门联系落实，做到万无一失。

1. 落实旅游团所乘交通工具抵达的准确时间

地陪从旅行社出发迎接旅游团之前，要与机场（车站、码头）的问讯处联系，核实该旅游团所乘交通工具抵达当地的准确时间（一般情况下应在飞机抵达前的2小时，火车、轮船到达时间前的1小时向问讯处询问）；做到三核实：计划时间、时刻表时间、问讯时间。

2. 与旅游车司机商定出发时间

掌握该团所乘交通工具到达的准确时间后，地陪要立即与司机联系，商定出发的时间、接头地点，确保提前半小时抵达机场（车站、码头）。

3. 与旅游车司机商定停车位置

赴接站地点途中，地陪应告知司机该团活动日程和具体时间安排；到达接站地点后，地陪应与司机商定车辆停放的位置。

4. 再次核实旅游团抵达的准确时间

地陪提前半小时抵达机场（车站、码头）后，要再次核实该旅游团所乘航班（车次、船次）抵达的准确时间。

5. 与行李员联络

地陪应在旅游团出站前与为该团提供行李服务的旅行社行李员联络，通知该行李员行李送往的地点。

6. 持接站标志迎候旅游团

该旅游团所乘交通工具抵达后，地陪应在旅游团出站前站在出口处醒目的位置，持接站标志迎候旅游团。接站牌上应写清团名、团号、领队或全陪姓名；接小型旅游团或领队、无全陪的旅游团时，要写上旅游者的姓名、单位或客源地。

（二）旅游团抵达后的服务

1. 认真核实

认找旅游团时，地陪应站在出口处明显的位置举起接站牌以便领队、全陪或旅游者前来联系。同时，地陪也可从出站旅游者的民族特征、衣着、组团社的徽记等来分析、判断，或上前委婉询问，主动认找自己的旅游团并核实无误。

接到旅游团后，地陪应立即向领队、全陪或旅游团成员核对该团的客源地、组团社，或交接社的名称、领队及全陪姓名、旅游团人数等。如出现增加或减少而与计划不符的情况，要及时通知当地接待社的有关部门。

2. 集中清点行李

地陪应协助本团旅游者将行李集中放在比较僻静、安全的地方，提醒旅游者检查其行李是否完好无损,然后与领队、全陪、接待社行李员共同清点行李。核对无误后,移交给接待社行李员,双方办好交接手续。若有行李未到或破损,地陪应协助当事人到机场或车站有关部门办理行李丢失或赔偿申报手续。

3. 集合登车

地陪要提醒旅游者检查自己的随身物品是否带齐,然后引导旅游者前往乘车处。旅游者上车时,地陪要恭候在车门旁,协助老弱旅游者上车;上车后导游员应帮助旅游者放好随身的行李和物品,协助旅游者就座,待旅游者坐稳后,礼貌地清点人数,到齐后请司机开车。

一般情况下,为了更好地为旅游者服务,地陪应最后上车,最先下车。

(三) 转移途中服务

从机场(车站、码头)到下榻饭店的行车途中,是给旅游者留下良好第一印象的重要环节,导游员应做好以下工作:

1. 致欢迎词

致欢迎词是赴饭店途中地陪应做的第一项工作。这是地陪首次面向全体旅游者提供的导游服务,其效果直接影响旅游者对地陪的信赖程度和地陪今后工作的顺利进行。所以,地陪一定要全力致好欢迎词。致欢迎词时,如果旅游车的车型允许,地陪应采取面向旅游者的站立姿势,应站在车厢前部靠近司机、使全体旅游者都能看到的地方。欢迎词的内容应视旅游团的性质及其成员的文化水平、职业、年龄及居住地区和旅游季节等情况有所不同,不可千篇一律,注意用词恰当,言语要符合自己的身份,给客人以亲切、热情、可信之感,切忌做作。一般应在旅游者放好物品,各自归位,静候片刻后,再开始讲。欢迎词一般应包括以下内容:

(1) 称呼语。各位来宾、各位朋友;

(2) 欢迎语。代表所在接待社、本人及司机欢迎旅游团的光临;

(3) 介绍语。介绍自己的姓名及所属单位,介绍司机;

(4) 愿望语。表示提供服务的诚挚愿望;

(5) 祝愿语。预祝旅游愉快顺利。

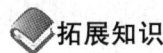
拓展知识

普通的名字,不普通的旅游

河南安阳的一位导游员向旅游团所致的欢迎词:"各位团友,大家好!中国古代大教育家孔子说过,有朋自远方来,不亦乐乎!我非常高兴地欢迎大家来到甲骨文的故乡——安阳观光。我是××旅行社的导游员,叫李××,大家可以叫我小李。在我旁边的这位是王师傅,他的驾车经验十分丰富,相信有他为我们保驾护航,将使大家的安阳之行更安全、更开心。从现在起,由我和王师傅陪同大家一起在安阳观光。虽然我的名字普普通通,但我会尽我最大的努力,将安阳不普通的一面展现给大家。祝各位旅游愉快!"

2. 调整时间

接入境旅游团,地陪在致完欢迎词后,要介绍两国(两地)的时差,请旅游者将自己的表调到北京时间。

3. 首次沿途导游

地陪应高度重视首次沿途导游,以满足旅游者的好奇心和求知欲。力争使自己的知识水平、导游技能和工作能力有最佳的表现,给旅游者以踏实、信赖感和满足感,在他们心目中树立起良好的形象,为以后的工作打下坚实基础。

首次沿途导游的内容主要是介绍当地的风光、风情及下榻饭店的情况。

(1)风光导游。地陪应向旅游者介绍当地的概况,包括历史沿革、行政区域划分、人口、气候、社会生活、文化传统、风俗民情、土特产品等,并在适当的时间向旅游者分发导游图,还可以适时介绍市容、市貌及发展概况。

(2)风情介绍。地陪在为旅游团作风情介绍时要语言节奏明快,讲解的内容与所见景物同步,但要取舍得当,这就要求导游员反应灵活、敏捷,选择时机恰当。同时注意给旅游者指向时要讲左右前后,不要讲东、西、南、北方向。

沿途导游贵在灵活,地陪应把握时机、反应敏锐。

(3)下榻饭店的介绍。地陪应向本团旅游者介绍所住饭店的基本情况:饭店的名称、位置、星级、规模、距机场(车站、码头)的距离。根据路途远近和时间长短,地陪还可酌情介绍该饭店的概况、主要设施和设备及使用方法、如何办理入住手续、住店的有关注意事项等。

4. 宣布当日或次日的活动安排

当旅游车驶至该团下榻的饭店时,下车前,地陪应向旅游者讲清并请其记住集合的时间、地点及车牌号码。同时,地陪在与出境旅游领队或全陪核对商定日程后,应向旅游者介绍当日或次日的活动安排。

三、入店服务

地陪在旅游者抵达饭店后,应尽快办理好入店手续,让旅游者进住房间并取到行李,并让旅游者及时了解饭店的基本情况和住店的注意事项,知道当天或第二天的活动安排。

(一)协助办理住宿手续

旅游团抵达饭店后,地陪应协助领队和全陪办理住店登记手续,并请领队(或全陪)分发住房卡。

地陪要掌握领队、全陪和团员的房间号,并将与自己联系的办法如房间号(若地陪住在饭店)、电话号码等告诉全陪和领队,以便有事能及时联系。

(二)介绍饭店设施

进入饭店后,地陪应向旅游者介绍饭店内的外币兑换处、中西餐厅、娱乐场所、商品部、公共洗手间等设施的位置及开放时间,并讲清住店的注意事项。

(三)带领旅游团用好第一餐

旅游者进入房间之前,地陪要向旅游者介绍饭店内的就餐形式、地点、时间及餐饮的有关规定。

旅游者到餐厅用第一餐时,地陪应该先到餐厅落实用餐,如旅游团的名称、人数、旅行社提供的旅游团餐标、旅游者国籍、饮食习惯和禁忌等。然后引领旅游者进入餐厅,帮助他们找好桌次并请客人入座。

地陪应将领队介绍给餐厅主管,告知旅游团的特殊要求。

(四)宣布当日或次日的活动安排

地陪应向全团宣布当天和第二天活动的安排,集合的时间、地点。如该团中有提前入住的旅游者,必须通知他们次日的出发时间及活动安排。

(五)照顾行李进房

地陪应等待本团行李送达饭店后,负责与行李员核对行李,并督促饭店行李员及时将行李送至旅游者的房间。

(六)协助处理旅游者入住后的各类问题

旅游者进入客房,并不意味着万事大吉。可能会有一些具体问题需要地陪及时处理,如房间门锁打不开、客房卫生不符合标准、设施不全或损坏、行李未到或者错发等。作为地陪,如有陪同房的话,应将自己的房号告诉旅游者,如没有陪同房,则应在楼层停留一段时间,以便旅游者有事及时同饭店联系解决,待到一切就绪后再离开。

(七)确定叫早时间

一切安顿妥当后,地陪在结束当天活动离开饭店前,应与领队商定第二天的叫早时间、早餐时间、出发时间,并请领队通知全体旅游者,地陪则应通知饭店总服务台。

四、核对、商定日程

旅游团开始参观游览之前,地陪应与领队、全陪核对和商定旅游团在当地的活动日程安排,征求他们代表旅游者提出的意见和要求。虽然旅游团在一地的参观游览内容一般都已明确规定在旅游协议书上,而且在旅游团到达前,旅行社有关部门已经安排好该团在当地的活动日程。即便如此,地陪也必须进行核对、商定日程的工作。因为商定日程并宣布活动日程是领队的职权,这样做,既是对旅游者的尊重,尤其是对出境旅游领队权限的尊重,也是给予他们的一种必要礼遇。

核对商定日程的时间最好在旅游者到达的当天进行,进行得越早越好。地点一般可在从入境点到饭店的路上,或在团长的房间,也可在饭店大堂内。

在核对、商定日程时,针对出现的不同情况,地陪应采取相应的措施。

1. 领队或旅游者提出小的修改意见或要求增加新的游览项目

(1)及时向旅行社反映,听取旅行社意见,对于合理又可能满足的项目尽力予以安排。

(2)对旅游者提出新增旅游项目或提高接待标准的要求,上报后根据旅游者的意见,地陪应事先向领队和旅游者讲明情况,按有关规定收取费用。

(3)对于的确有困难,无法满足的要求和修改意见,地陪要详细、耐心地说服。

2. 领队或旅游者提出的要求与原日程不符且又涉及接待规格

(1)应婉言拒绝,说明不便单方面不执行合同。

(2)确有特殊理由并由领队代表旅游者提出时,地陪需请示旅行社有关部门,协调处理。

3. 领队(或全陪)手中的接待计划与地陪的接待计划有部分出入

(1)要及时报告旅行社查明原因,分清责任、确定行程。

(2)如是地接社的责任,地陪应实事求是地说明情况,并向领队和全体旅游者赔礼道歉。

(3)根据实际情况作适当的调整,尽量满足旅游者合理而可能的要求。

五、参观游览服务

参观游览活动,是旅游产品消费的主要内容,且是旅游者期望的旅游活动的核心内容,也是地陪导游服务工作的中心环节。

参观游览过程中的地陪服务,应努力使旅游团参观游览的全过程安全、顺利;使旅游者详细了解参观游览对象的特色、历史背景及其他感兴趣的问题。为此,地陪必须认真准备、精心安排、热情服务、生动讲解。为使旅游者乘兴而来,满意而归,地陪必须严格按照规范向旅游者提供优质服务。

(一)出发前的服务

1. 提前到达出发地点

出发前地陪应准备好小旗、导游证和必要的票证,提前十分钟到达集合地点。这样做,不仅在时间上留有余地,而且便于和提前到的旅游者进行交流及各项准备工作,是导游员工作负责的表现。

2. 核实、清点实到人数

若发现有的旅游者未到,地陪应向领队或其他旅游者问明原因,设法及时找到;若有的旅游者愿留在饭店或不随团活动,地陪要问清情况并妥善安排,必要时可与饭店有关部门联系。

3. 落实旅游团的当天用餐

地陪要提前落实本团当天的用餐,对午餐、晚餐的用餐地点、时间、人数、标准、特殊要求逐一核实并确认。

4. 提醒注意事项

向旅游者寒暄问候后,地陪应首先宣布当天的活动日程,包括每个节目所需的大概时间和注意事项等;要向旅游者预报当日天气和游览景点的地形、行走路线的长短等情况,必要时提醒旅游者带好衣服、雨具及换上舒适、方便的鞋等。

天气的好坏,往往直接影响旅游者的游兴和情绪。为了能让旅游者出游前针对当天天气情况增减衣服、携带雨具,减少旅游过程中的不便和着凉、感冒的发生等,地陪必须在每个接待日前询问天气情况,晚上活动结束时把次日天气情况告诉旅游者。

5. 准时集合登车

地陪要提醒领队、全陪和旅游者集合的时间和地点;旅游者陆续到达后,地陪要清点实到人数,并请旅游者及时上车,此时地陪应站在车门一侧,一面招呼大家上车,一面扶助老弱者登车;开车前,再次清点人数。

(二)途中导游

1. 重申当天活动安排

开车后,地陪要向旅游者重申当日活动安排,包括午餐、晚餐的时间、地点;告知旅游者到达游览参观景点途中所需的时间;视情况介绍当日国内外重要新闻。

到异国他乡旅游,早出晚归,加以环境变化,旅游者往往消息闭塞,因此,地陪应将每日重大的时事新闻报告给旅游者。事实证明,大多数旅游者对"车上新闻"都抱有极大的兴趣。这样做也可为导游讲解增光添彩。

2. 风光导游

在前往景点的途中,地陪应为旅游者介绍本地的风土民情、自然景观,回答旅游者的问询。导游员在沿途讲解时要不失时机地、有选择地介绍沿途所见的风光,讲解时要注意所见景观与讲解同步,要留意观察旅游者的反应。

3. 介绍游览景点

抵达景点前,地陪应向旅游者简要地介绍该景点的概况,尤其是景点的历史价值和特色,目的是为了满足旅游者事先想了解有关知识的心理,激起旅游者游览景点的欲望,也可节省到目的地后的讲解时间。

4. 活跃气氛

如果从出发地点到游览地路途较长,地陪可讲解些长话题(例如工艺品的鉴定、境内其他景点推介),可以与旅游者讨论感兴趣的国内外问题,在车上还可以表演节目或穿插一些参与性强的游戏、娱乐活动,以活跃车内气氛,使旅途变得轻松、愉快。

(1)唱歌。这是简单也是最常用的方法。唱歌不拘形式,清唱、卡拉OK伴唱都行。

(2)讲段子、说绕口令或方言、脑筋急转弯提问、猜谜语和玩小魔术。在旅途活动中可以开展这些有趣的活动,既可以让旅游者参与,又可以增强导游员自身的亲和力。

(3)播放影碟。长途旅行时,导游员可以在旅游车上播放影碟,为旅游者解闷。播放风光片、民俗介绍片、相声小品,甚至轻松愉快的电影都行。但注意不要播放连续剧,以免旅游者不愿下车。

(三)景点导游、讲解

1. 交代游览注意事项

(1)抵达景点时,下车前地陪要讲清并提醒旅游者记住旅游车的标志、颜色、车号、停车地点和开车时间。

(2)在景点示意图前,地陪应讲明游览路线、所需时间、集合时间和地点、途中停留休息地点、洗手间位置等,还应强调会留给大家照相和自由活动的时间。

(3)地陪还应向旅游者讲明参观游览中的有关注意事项,如不能踩踏草坪、在寺庙的殿堂内禁止拍照等。如果是边境游,地陪在出境前应向旅游者讲清旅游目的地国的风俗习惯及应注意的事项。

2. 导游讲解

在游览景点时,地陪应对景点进行讲解。这是地陪服务工作中的重要内容,也是充分展现地陪导游技能、讲解水平和学识经验的重要时机。讲解内容应详略得当,重点讲解该景点的历史背景、特色、地位、价值等方面的内容。讲解语言应生动流畅、富有表达力,力求使讲解达到情景交融,使旅游者的注意力始终被导游讲解所吸引。不仅使旅游者增长知识,而且使旅游者得到美的享受。

3. 严格执行计划

在景点导游的过程中,地陪应保证在计划的时间与费用内,让旅游者能充分地游览、观赏,擅自缩短时间或克扣门票费用的做法都是错误的。

4. 注意旅游者的安全,防止旅游者走失

在景点导游过程中,地陪做到讲解与引导游览相结合;适当集中与分散相结合;劳逸适度,并应特别关照老弱病残的旅游者。地陪应注意旅游者的安全,要自始至终与旅游者在一起活动,注意旅游者的动向并观察周围的环境,与全陪、领队密切配合,并随时清点人数,防止旅游者走失和意外事件的发生。

（四）参观活动

参观是旅游活动的重要组成部分，尤其对入境旅游者而言，有助于他们对我国社会主义制度和人民生活方式的了解。如果是计划内有参观活动，地陪的主要任务是：

1. 提前安排落实工作

旅游团的参观活动一般都需要提前联络，安排落实并有专人接待。

2. 翻译、讲解工作

一般是主人先介绍情况，然后引导参观。在参观活动中，地陪的任务是为主客双方做好导游翻译工作，切忌喧宾夺主；地陪的翻译要正确、传神，翻译时要尊重主人的意愿，不可不懂装懂，胡编乱造；主人的言语若有不妥之处，地陪在翻译前应给予提醒，请其纠正；如来不及可改译或不译，但事后要说明；必要时还要把关，以免泄露有价值的经济情报。

（五）返程中的工作

参观游览结束后，在返程中地陪要做好以下工作：

1. 回顾当天活动

返程中，地陪应简单回顾当天参观、游览的内容，必要时可补充讲解，回答旅游者的问询。如返途较长，旅游者经过一天的游览活动较疲惫，导游员可在作简单回顾后让大家休息。

2. 风光导游

如果旅游车不从原路返回，地陪还应做沿途风光导游。

3. 宣布次日活动日程

返回饭店下车前，地陪要预报当晚或次日的活动日程、出发时间、集合地点等。下车时提醒旅游者带好随身物品。地陪要先下车，然后照顾旅游者下车，再与他们告别。

4. 提醒注意事项

如当天回到饭店较早或晚上无集体活动安排，地陪应在下车前提醒旅游者注意：如要外出，最好要结伴同行，带上饭店的地址和电话号码，尽量乘出租车前往。

5. 安排叫早服务

地陪在结束当天活动离开饭店之前，应与领队商定第二天的叫早时间，并请领队通知全团，地陪则应通知饭店总服务台或楼层服务台。

六、餐饮、购物、娱乐等服务

除参观游览活动外，还有一些使旅游活动更加丰富多彩的其他活动也是旅游者旅游中所需要的部分内容，是参观游览活动的继续和补充，因而也是导游服务不可缺少的部分内容。地陪同样要精心为旅游者安排文明、健康的各类活动并提供热情服务,使旅游者享受更多的乐趣。

(一)餐饮服务

1. 计划内的团队便餐

地陪要提前落实旅游团当天的用餐,对午餐、晚餐的用餐地点、时间、人数、标准、特殊要求逐一核实并确认。

用餐时,地陪应引导旅游者进餐厅入座,介绍餐厅及其菜肴特色;向旅游者说明餐标是否含酒水及酒水的类别等。

向领队告知地陪、全陪的用餐地点及用餐后的出发时间。

用餐过程中,地陪要巡视旅游团用餐情况一两次,解答旅游者在用餐中提出的问题,并监督、检查餐厅是否按标准提供服务并解决出现的问题。

用餐后,地陪应严格按实际用餐人数、标准、饮用酒水数量,如实填写《餐饮费结算单》与供餐单位结账。

2. 风味餐的服务

旅游团的风味餐有两种形式:一种是计划内风味餐,是由旅行社预先安排的作为旅游节目的一项内容,客人不需加付费用;地陪要事先就用餐人数、标准和时间进行落实;另一种是计划外风味餐,是由客人自费品尝风味的用餐形式,客人需另外付费。

计划内风味餐按团队计划运作即可,地陪在旅游团用风味餐时,应加以必要的介绍。而计划外的风味餐应先收费,后向餐厅预订。若旅游者邀请地陪参加风味品尝,地陪应注意不要反客为主。进餐时,地陪要向旅游者介绍餐馆的历史和菜肴的由来、特色、制作方法及食用方法等。

3. 宴会服务

宴会是一种比较正式的宴请活动,一般规模较小、规格高,多在晚间举行,多用请柬邀请,对服装有严格要求,排列座次。地陪带领旅游团参加宴会要准时,着装要整齐大方。注意宴会礼节,入席时,按主人的安排就座。地陪作为翻译赴宴时,不得边翻译,边吸烟。

4. 自助餐的服务

自助餐是旅游团用餐常见的一种形式,是指餐厅把事先准备好的食物、饮料陈列在食品台上,旅游者进入餐厅后,即可积极动手选择符合自己口味的菜点,然后到餐桌上用餐的一种就餐形式。自助餐方便、灵活,旅游者可以根据自己口味,各取所需,因此,深受旅游者欢迎。在用自助餐时,导游员要强调自助餐的用餐要求,告诫旅游者以吃饱为标准,注意节约、卫生,不可以打包带走。

(二)购物服务

购物是旅游团的一项重要活动。在提供购物服务时,地陪要做到:

（1）地陪应严格执行接待单位制定的游览活动日程，带旅游团到旅游定点商店购物，避免安排次数过多、强迫旅游者购物等问题出现。遇小贩强拉强卖时，地陪有责任提醒旅游者不要上当受骗，不能放任不管。

（2）在旅游者购物时，地陪应向全团讲清停留时间及购物的有关注意事项，介绍本地商品特色，承担翻译工作，如旅游者需要，可协助其办理商品托运手续。

（3）对商店不按质论价、抛售伪劣商品、不提供标准服务时，地陪应向商店负责人反映，以维护旅游者的利益。

案例分享

旅游者购买力低，导游强行收费

甲旅游者等十七人，包括八位大人、九位小孩，于2008年8月间经乙旅行社报名参加丙旅行社所主办的港澳五日游，出发时，乙、丙旅行社向甲旅游者等说明本旅游团有安排购物点，团费价格比较便宜，当时甲旅游者等心里想，安排部分购物行程不要紧，于是双方正式签订旅游契约，不料到达香港时，香港当地接待旅行社所派导游，以甲旅游者等人购物情况不理想，其中一大半团员是未成年小孩，根本没有购买能力，于是将车子停靠在路旁，要求甲旅游者等人每人给付美金100元，才能继续未完成之海洋公园行程，甲旅游者等人迫于无奈，勉强凑足美金1700元交给导游，才将原港澳行程走完。回台后，甲旅游者等人以香港当地旅行社导游强行加收费用为由，要求丙旅行社负责。

（三）娱乐服务

1. 观看文娱节目

文娱活动可以丰富旅游者的旅行生活、向旅游者传播我国各民族文化知识，是旅游者晚间活动的重要内容之一。旅游团观看文娱演出，也有两种情况，即计划内和计划外。

旅游团的计划内若有观看文娱节目的安排，地陪必须陪同前往，并在途中向旅游者概要介绍节目的内容和特点；入场时向旅游者介绍剧场的设施和位置、引导旅游者入座；观看演出时，地陪应坐在能兼顾大多数旅游者的靠近过道的位置，便于进出处理事情；剧间休息和演出结束时，要提醒旅游者注意安全，不要走散和遗忘物品。地陪要自始至终坚守岗位。

在大型的娱乐场所活动，地陪应主动和领队、全陪配合，注意本团旅游者的动向和周围环境，并提醒旅游者不要分散活动。

计划外的文娱活动，地陪没有义务陪同，但应提醒旅游者注意安全。

2. 舞会

遇到重大节庆活动，如有关单位组织社交性舞会邀请旅游者参加时，地陪应陪同前往；有时旅游者自发组织娱乐性舞会时，地陪可代为购票，是否参加自便，但无陪舞的义务。若客人邀请，可视自己的情况而定，若不愿参加，可婉言谢绝，若参加应注意适度。但不管是哪种形式的舞会，地陪都要向旅游者交代有关的安全事项。

3. 市容游览服务

市容游览，通常是旅游者到某个城市旅游时直观地了解该城市概貌的一项游览项目。导游员带旅游者进行市容游览时所作的讲解，是整个导游讲解服务中的一项别有特色的工作。旅游者认识和了解一个城市的风貌和民情，也是通过市容游览这一重要的方式。市容游览的方式有两种：一种是徒步，地陪要选择最能体现当地特色的、最能吸引旅游者视线的地点。同时，要提高警惕，注意周围环境的变化。另一种是乘交通工具。地陪要提醒司机使车速适中，讲解内容同车速基本同步。

七、送站服务

旅游团结束本地参观游览活动后，地陪开始着手进行送客服务的各项工作，地陪应做到使旅游者顺利、安全离站，遗留问题得到及时妥善处理。

送站服务是接待工作的最后阶段，地陪必须善始善终，以饱满的工作热情和良好的精神状态做好最后阶段的工作，使旅游者顺利、满意地离开本地。

（一）送站前的服务

1. 核实、确认离站交通票据

旅游团离开本地的前一天，地陪应核实该团离开的飞机（火车、轮船）票，核对团名、人数、去向、航班（车次、船次）、起飞（开车、起航）时间、在哪个机场（车站、码头）起程等事项，要做到四核实（计划时间、时刻表时间、票面时间、问询时间）。如果发现航班（车次、船次）或时间有变更，应当问清内勤是否已通知下一站接待社，以免造成漏接。

如果旅游团是乘飞机离境，地陪应提醒或协助领队提前72小时确认机票。

2. 商定出托运行李时间

在旅游团离开的前一天，地陪需与领队、全陪商定旅游者出行李的时间，然后通知全团和饭店行李员，同时要向旅游者讲清托运行李的具体规定和注意事项，提醒旅游者不要将证件及贵重物品放在托运的行李中等。出行李时，地陪应与全陪、领队、行李员一起清点，最后在饭店行李交接单上签字。

3. 商定出发时间

（1）因为司机比较了解路况，所以地陪一般应与旅游车司机商定出发时间。

为了安排得更合理,还应及时与领队、全陪商议,确定后及时通知本团旅游者。

（2）如该团出发的时间较早,地陪应与领队、全陪商定叫早和用餐的时间并通知旅游者。如果该团需要改变用餐时间(早于餐厅服务时间)和方式,地陪应通知饭店有关部门提前安排。

4. 协助饭店结清与旅游者有关的账目

为了在出发时能让旅游者顺利离开饭店前往机场(车站、码头),地陪应提醒和督促本团旅游者尽早与饭店结清有关账目:如洗衣费、长途电话费、食品饮料费等;如有旅游者损坏了客房设备,地陪应协助旅游者妥善处理有关赔偿事宜。

及时通知饭店有关部门该团的离店时间,提醒相关部门提前与旅游者结清账目。

5. 及时归还证件

一般情况下,地陪不应保管旅游团的旅行证件,用完后应立即归还旅游者或领队。在离站前一天,地陪要检查自己的物品,看是否保留有旅游者的证件、票据等,若有,应立即当面点清归还。若旅游团出境,在出境前要提醒领队准备好全部护照和申报单,以便交边防站和海关检查。

(二)离店服务

1. 集中交运行李

离开饭店前,地陪要按预先商定好的时间与饭店行李员办好行李交接手续,具体做法是:先将本团旅游者要托运的行李收齐、集中,然后地陪与领队、全陪和行李员共同清点行李的件数(其中包括全陪托运的行李),检查行李是否上锁、捆扎是否牢固、有无破损等,最后交付饭店行李员,填写行李运送卡。

2. 办理退房手续

旅游团离开饭店前,地陪应到总服务台办理退房手续。收齐房间的钥匙,交至总服务台,核对用房情况,无误后按规定结账签字。

同时,提醒旅游者带好个人的物品及旅游证件,询问旅游者是否已与饭店结清账目。

3. 集合登车

照顾旅游者上车入座后,地陪要仔细清点人数。全体到齐后,要再一次提醒旅游者检查一下随身携带的物品,是否有遗忘在饭店,证件是否随时携带,如无遗忘,则请司机开车离开饭店。

(三)送站途中的讲解服务

送站途中的讲解服务主要由以下几部分组成:

1. 行程回顾

在去交通港口的途中,地陪应对旅游团在本地的行程做一个概要的回顾,目的是加深旅游者对这次旅游经历的体验。讲解方式可用归纳式、提问式两种,讲解内容视途中距离的远近而定。

2. 致欢送词

客人在一国或一地游览结束时,致欢送词是不可忽视的一个工作环节。致不致欢送词,如何致欢送词,往往关系到导游的最后成功与否。古人云:"行百里者半九十","结句如撞钟"。好的欢送词能够锦上添花,能够激起旅游者依依惜别的情感,使旅游活动在最后阶段出现高潮,给客人留下最后难忘的深刻印象,留下不尽的余味。因此,地陪应精心设计感情真挚、富有文采的欢送词。

在去机场(车站、码头)的途中,地陪应向全体旅游者致欢送词。其内容一般应包括:

(1)感谢语:回顾旅游活动,对大家的合作表示感谢;

(2)惜别语:表达友谊和惜别之情;

(3)征求意见语:诚恳征求旅游者对接待工作的意见和建议;

(4)致歉语:若旅游活动中有不尽如人意之处,导游员可借此机会再次向旅游者赔礼道歉;

(5)祝愿语:表达美好的祝愿。

☞ 案例分享

友谊的纽带

重庆一位导游员在送别一个日本东京汉诗研究团时所致的欢送词:

两天来,由于各位的盛情关照和通力合作,我们在重庆的游览就要圆满结束了。在此,谨向各位表示深深的谢意!重庆和东京相距几千公里,但只不过是一水之隔,我们是一衣带水的友好邻邦。我唯一的遗憾是不能按照你们日本古老的风俗,给你们一束彩色的纸带,一头在你们手里,一头在我的手里,船开了,纸带一分两半,但却留下了不尽的思念。我们虽然没有这种有形的纸带,但却有一条无形的彩带,那就是友谊的纽带。虽然看不见、摸不着,我们却都感受得到,它已经存在两千多年了。当年唐代诗人李白从这里去三峡的时候,有感于亲友不能登舟随行,写下了'仍怜故乡水,万里送行舟'的名句。我也不能登舟随各位远行,就让我故乡的长江水,送各位去三峡,经武汉、上海,回东京好了。中国古语说:'物惟求新,人惟求旧',东西是新的好,朋友是老的好。这次我们是新知,下次各位有机会再来重庆,我们就是故交了。祝各位万事如意,健康幸福,一路顺风!谢谢大家!

(资料来源:陈蔚德.我的导游生涯.中国旅游出版社,2002.)

3. 提前到达机场（车站、码头）

地陪带团到达机场（车站、码头）必须留出充裕的时间，具体要求是：乘出境航班提前 2 小时，乘国内航班提前 1.5 小时，乘火车提前 1 小时。

旅游车到达机场（车站、码头）旅游者下车前，地陪应提醒旅游者带齐随身的行李物品。旅游者下车后，地陪要再检查一下车内有无旅游者遗落的物品。

（四）办理离站手续

1. 送乘坐国内航班离站的团

（1）提前 1.5 小时到达机场；

（2）行李检查；

（3）收取旅游者身份证，集中办理换登机牌及行李托运手续；

（4）将机票、登机牌、身份证、行李牌清点后交给全陪（或领队），由后者发给旅游者；

（5）与旅游者告别；

（6）旅游团进入隔离区后，地陪方可离开。

2. 送乘坐国际航班（火车、轮船）离站的团

（1）提前 2 小时到达机场；

（2）移交行李。送出境的旅游团，地陪和领队、全陪一起与旅行社的行李员交接行李，清点无误后协助旅游者拿走自己的行李；

（3）地陪要向领队或旅游者介绍如何办理出境手续；

（4）旅游团进入隔离区后，地陪方可离开。

3. 送乘坐火车、轮船的团队

（1）提前半小时抵达车站、码头；

（2）带领旅游者上车、船；

（3）将交通票、行李票据交给全陪或领队；

（4）主动与旅游者告别；

（5）等旅游团所乘交通工具驶离后，地陪方可离开。

送走旅游团后，地陪应与旅游车司机结账，在用车单据上签字，并保留好单据。

八、善后工作

（一）处理遗留问题

送走旅游团之后，并不意味着全部接待工作的结束，地陪要认真、妥善地处理在游览过程中遗留下来的问题，认真按领导指示办理旅游者临行前的委托事项。

（二）结清账目

地陪应按旅行社的具体要求并在规定的时间内，填写清楚有关接待和财务结算表格,连同保存的各种单据、接待计划、活动日程表等按规定上交有关人员,并到财务部门结清账目。

(三) 总结工作

认真做好陪团小结,实事求是地汇报接团情况;涉及旅游者的意见和建议时,力求引用原话,并注明旅游者的身份。

旅游中若发生重大事故,要整理成文字材料向接待社和组团社汇报。

第二节 全陪导游服务程序

全陪是团队活动的主导者,是导游服务集体的中心,是保证旅游团的各项活动按计划顺利、安全实施的重要因素。全陪作为组团社的代表,监督接待社和地方陪同导游员的服务,以使组团社的接待计划得以按约实施,并为旅游团(者)提供全旅程陪同服务,协调领队、地陪、司机等各方面旅游接待人员的关系。全陪应严格按照旅游合同提供各项服务。其工作程序为:

一、准备工作

准备工作是做好全陪服务工作的一个重要环节,应认真做好以下三方面的工作:

(一) 熟悉接待计划

上团前,全陪要认真查阅接待计划及相关资料,了解所接待旅游团的全面情况,注意掌握该团的特点和重点旅游者的情况。

(1)听取旅游团对接待方面的要求及注意事项的介绍。

(2)熟悉旅游团基本情况。记住旅游团的名称(或团号)、国别、人数和领队姓名;了解旅游团成员的姓名、民族、职业、性别、年龄、兴趣、生活习俗、宗教信仰、团内有影响的成员等。

(3)掌握旅游团的等级、餐饮标准,了解计划中有无特殊安排和是否有需要特殊照顾的对象。

(4)了解全程各站安排的文娱节目、风味餐食等事宜。了解全程各站安排的文娱节目、风味名吃、额外游览项目,以及是否收费等事宜。

(5)了解收费情况及付款方式。

(6)掌握旅游团的行程计划。旅游团抵离旅游线路各站的时间、所乘交通工具的航班(车、船)次,以及交通票据是否订妥,或是否需要确认、有无变更等情况。

(二) 物质准备

上团前,全陪应做好必要的物质准备,应携带本人身份证、导游证等必备的证件和有关资料,准备好必要的票据(如回程机票)和物品及结算单据及费用,包括接待计划、日程表、交通票据、行李卡、所需结算单据、全陪日志、支票和一定数量的现金等。如果旅游团行程中有赴不对外开放的地区,应事先通知旅行社和有关部门办妥陪团中所需的旅行手续。

(三)知识准备

根据旅游团的不同类型和实际需要准备相关知识,以应对旅游者的咨询;同时了解旅游者所在地的基本情况。熟悉沿途各站的相关知识,以及关注最近天气情况、热门话题等。

(四)与接待社联系

记录各站地方接待社有关部门的联系方式,以便随时联系;接团的前一天,全陪应同第一站接待社联系,安排好相关事宜。

二、首站接团服务

首站接团服务,要使旅游团抵达后能立即得到热情友好的接待,使旅游者有宾至如归的感觉。

(一)迎接旅游团

1. 了解首站安排

接团前,全陪应向旅行社了解本团接待工作的详细安排情况。

2. 迎接旅游团

全陪应提前半小时到达接站地点与地陪一起迎候旅游团。

3. 协助地陪尽快找到旅游团

协助地陪认找旅游团,接到后与出境旅游领队见面,相互介绍,交换名片,并立即与出境旅游领队核实实到人数、行李件数、住房、餐饮等方面的情况,如人数有变化,应立即通知组团社。

(二)致欢迎词

在接站地点至下榻饭店途中,全陪应在地陪之前代表组团社和个人向旅游团致欢迎词,并介绍地陪。致欢迎词后,全陪应向全体旅游者扼要介绍整个行程中的各站名称、主要活动项目、住房、交通情况及旅游中的注意事项等,以使旅游者对整个行程有一个概括的了解。

三、入住饭店服务

全陪应使旅游团进入饭店后尽快完成住宿登记手续;进住客房并取到行李。

(一)分房

首先应积极主动地协助领队办理旅游团的住店手续,请领队分配住房,但全陪要掌握全团住房分配名单,并与领队互通各自房号,以便联系。

(二)热情引导旅游者进入房间

热情引导旅游者进入客房,并协助地陪处理进入客房后的问题。如果地陪不住饭店,全陪要负起全责,照顾好旅游团。

(三)处理入住后的问题

协助地陪和领队随时处理旅游者入住过程中可能出现的问题。遇有地陪在饭店无房的情况,全陪应负起全责,照顾好全团旅游者。

(四)掌握联系方法

掌握饭店总服务台的电话号码。因为各地的地陪大多不住饭店,所以,全陪还要弄清与地方接待社和地陪紧急联系的办法。

四、核对商定日程

全陪应认真与领队核对、商定旅游活动日程。核对商定时,应以组团社接待计划为依据,尽量避免有大的变动。小的变动可主随客便,对无法满足的要求要详细解释,如遇到难以解决的问题,应及时反馈给组团社,使领队得到及时的答复。

五、各站服务

全陪在旅游的各站服务,应使接待计划得以全面、顺利地实施,各站之间有机衔接,各项服务适时、到位,保护好旅游者的人身及财物安全,使突发事件得到及时和有效的处理。为此,全陪在旅游团的各站服务中,要注意与地陪、领队建立起良好的合作关系,相互尊重,相互沟通,友好协商,共同完成带团任务。

(一)监督与协助地陪工作

监督地陪以及其所在接待社按旅游团协议书提供服务也是全陪必须要做的工作。所以,协助是首要的,监督是协助上的监督,二者相辅相成。监督各地接待服务质量,酌情提出改进意见和建议。若活动安排与上几站有明显重复,应建议地陪作必要调整;若对当地接待工作有意见和建议,要及时地向地陪提出,争取改进和弥补,必要时向组团社报告。

(二)旅行过程中的服务

1. 生活服务

游览活动中,全陪要协助地陪清点人数,照顾年老体弱的旅游者上车和下车。全陪要注意观察周围的环境,留意旅游者的动向,协助地陪圆满完成导游讲解任务,避免旅游者走失或发生意外。同时,全陪要提醒旅游者注意其人身和财物安全,如突发意外事故,应依靠地方组织妥善进行处理。旅游者重病住院、发生重大伤亡事故、失窃案件、丢失护照及贵重物品时，要迅速向组团社汇报请示。

2. 讲解服务和文娱活动

全陪要做好两站之间的讲解，组织途中的文娱活动，力求在形式上丰富多彩，使旅游者能够积极参与。

3. 旅游者购物时，全陪要当好购物顾问

旅游者购买贵重物品、特别是文物时，要提醒相关旅游者保管好发票，不要将文物上的火漆印去掉，以备出海关时查验；旅游者购买中成药、中药材时，全陪要向旅游者讲清中国海关的有关规定。

（三）做好联络工作

(1) 做好领队与地陪、旅游者与地陪之间的联络、协调工作。

(2) 做好旅游线路上各站间，特别是上站和下站之间的联络工作。若实际行程和计划有出入时，全陪要及时通知下一站。

(3) 全陪将团队的有关信息通知给下一站地陪。

六、离站、途中、抵站服务

（一）离站服务

在旅游团离开各地之前，全陪应进行下列工作：

(1) 落实票据。提前提醒地陪落实离站的交通票据及核实准确时间。

(2) 及时通知下一站。如离站时间因故变化，全陪要立即通知下一站接待社或请木站接待社通知，以防空接和漏接的发生。

(3) 协助办理离站事宜。协助领队和地陪妥善办理离站事宜，向旅游者讲清托运行李的有关规定，并提醒旅游者检查、带好旅游证件。

(4) 妥善保存行李票。到达机场（车站、码头）后，全陪应与地陪交接交通票据、行李卡或行李托运单。交接时一定要点清、核准并妥善保存，以便到达下一站后顺利出站。

(5) 结账。全陪按规定与接待社办妥财务结算手续。

(6) 如遇推迟起飞或取消，全陪应协同机场人员和该站地陪安排好旅游者的食宿与交通事宜。

（二）途中服务

1. 请领队分配座位

组织旅游团顺利登机（车、船），乘火车旅行，应事先请领队分配好包房、卧铺铺位。无领队的旅游团，全陪应负责此项工作。

2. 保管票据

保管好行李托运单和机（车、船）票等单据，抵达下站时将其交给当地的地陪。

3. 生活服务

乘飞机(火车、轮船)时,全陪要积极争取民航、铁路、航运部门工作人员的支持,共同做好安全保卫、生活服务工作。旅游者突患重病,全陪应立即采取措施,并争取司机、乘务人员的协助。

4. 做好途中的食、住、娱工作

组织好娱乐活动,协助安排好旅游者的饮食和休息,照顾好旅游者的生活,做好与旅游者的感情沟通工作,努力使旅游团的旅行充实、轻松、愉快。

5. 熟悉途中相关情况

如两站之间的行程距离、所需时间、途中经过的省份城市等。

(三) 抵站服务

(1) 抵达下一站,下车前,全陪提醒旅游者整理和带齐随身物品,注意安全。
(2) 协助旅游者领取行李。
(3) 全陪及时与地陪取得联系。如出现无地陪迎接的现象,全陪应立即与接待社取得联系,告知具体情况。
(4) 将旅游团的基本情况与特殊要求转告给地陪。
(5) 协助地陪组织旅游者登上旅游车,提醒注意安全并清点人数。

七、末站服务

末站(离境站)服务是全陪服务中的最后环节,要使旅游团顺利离开末站,并给旅游团留下良好的印象。为此,全陪应做好以下各项工作。

(一) 提醒旅游者带好自己的物品和证件

全陪要提醒旅游者随身携带好自己的旅行证件及海关申报单、换汇水单、购物发票,特别是购买文物与中药材的购物证明等;提醒旅游者提前结清各种账目。

(二) 主动征求意见

全陪要主动征求旅游者对整个接待工作的意见和建议;请领队和旅游者填写征求意见表,并在表上签名。

(三) 致欢送词

送站途中向客人致情真意切的欢送词,对客人给予的合作表示感谢,对工作中出现的失误或服务不周表示歉意,并欢迎客人再次光临。

八、善后工作

(一) 处理遗留问题

旅游团离境后,全陪应认真处理好旅游团的遗留问题,办好客人的委托事宜;如在旅途中有重大情况发生,要向本社进行专题汇报。

（二）总结工作

若有重大情况发生，或有影响到旅行社以后团队操作的隐患问题，应及时向领导汇报。

（三）认真、按时填写全陪日志

内容包括：旅游团的基本情况；旅游日程安排及飞机、火车、航运交通情况；各地接待工作情况（包括旅游者对食、住、行、游、购、娱各方面的满意程度），尤其要客观反映工作中或相互配合中所存在的问题，以备领导在以后工作中作适当调整；发生的问题及处理的经过；旅游者的反映及改进意见。

（四）结清账目并归还物品

按财务规定，尽快结清该团账目并归还所借物品。

第三节　出境旅游领队服务程序

目前我国出境旅游均采取团队形式，团队的旅游活动必须在出境旅游领队带领下进行。出境旅游领队，是经国家旅游行政管理部门批准的、国际旅行社委派的出境旅游团队的专职导游员，且是出境旅游团队的领导者和代言人，代表该旅行社全权负责旅游团在境外的旅游活动。在旅游过程中，出境旅游领队在派出方旅行社和境外接待方旅行社之间、在旅游者和旅游目的地国家或地区导游员之间起着桥梁和纽带作用。出境旅游领队的主要任务是为旅游者办理出入国境、酒店入住等各种手续，维护旅游团的团结，全权代表中方组团社，协助海外接待社实施接待计划，并代表组团社监督接待社的服务质量，处理团队在境外遇到的各种紧急事宜，维护旅游团的正当权益，保管好旅游者的证件和交通票据，当好旅游者的购物顾问，保证旅游团在境外安全和顺利地旅游。

出境旅游领队的工作程序如下：

一、出境前的准备工作

（一）与计调交接

（1）移交出团资料主要包括团队构成的大致情况；团内重点团员的情况；团队的完整行程；团队的特殊安排和特别要求；召开行前说明会的时间。

（2）移交出境旅游行程表，行程表的内容主要有：游览线路、时间、景点；交通工具的安排；食宿标准、档次；购物、娱乐安排，以及自费项目；组团社和接团社的联系人和联络方式；遇到紧急情况的联络方式。

（3）移交《中国公民出国旅游团队名单表》。

（二）研究旅游团及接待计划

1. 熟悉旅游团成员的基本情况

出境旅游领队应了解旅游团成员的姓名、性别、职业、年龄及旅游团中需特殊照顾的对象和旅游团的特殊要求等情况，并以此为依据，制订有针对性的工作计划。

2. 熟悉旅游行程接待计划

抵离各地的时间、交通工具、全部游览项目、下榻的酒店、行程中文娱节目的安排及用餐等。

（三）核对旅游团成员的证件、签证、机票等

(1) 核对旅游者护照、护照内的签证，以及出国旅游团队名单表；

(2) 核对机票及行程；

(3) 检查全团的预防注射情况；

(4) 编制多份境外住店分配情况。

（四）物质准备

带队前，出境旅游领队要携带必备的证件、票据和有关钱物及资料，包括出境旅游领队证、已核对好的票据、证件、各种表格、机场税款、团队费用、社旗、社牌、行李标签、皮筋、集中放护照的小塑料袋、电话号码、名片及本人应携带的生活用品等。

（五）开好出境前的说明会

在办理好护照、签证、机票等有关手续后，出境旅游领队要召集本团队旅游者开一次"出国旅游说明会"，一方面说明某些注意事项，另外介绍客人互相认识，便于以后的工作。召集时间一般定于出团前一天至一周内。出团说明会的内容：

(1) 致欢迎词。

(2) 对旅游行程进行说明（包括出境、入境手续与注意事项，旅游行程），特别强调统一活动、强化时间观念，并强调行程表上的游览顺序可能因天气、交通等原因发生变化。

(3) 介绍旅游目的地国家的基本情况、风俗习惯和相关的法律、法规知识，讲清在旅游的食、住、行、游、购、娱等各个环节的注意事项。

(4) 告知外币兑换与手续。

(5) 公布分房名单。

(6) 强调集合时间，回答旅游者的问题，登记旅游者的特殊要求。

二、全程陪同服务

（一）出境服务

出发前，出境旅游领队应按规定时间，至少提前十分钟到达集合地点等候旅游

者,并清点人数。出境旅游领队应带领旅游者办理海关申报、乘机及行李托运、卫生检疫、边防检查及登机安检等手续。

(二)入境服务

到达旅游目的地国家(地区)后,带领旅游团办理入境手续。入境手续依照卫生检疫、办理入境手续、领取托运行李、办理入境海关手续的顺序进行。

出机场后,出境旅游领队及时与旅游目的地旅行社的导游员会合。

(三)境外旅游服务

抵达目的地后,出境旅游领队应清点行李与人数,并立即与当地接待社的导游员接洽。

1. 协助境外导游员安排团队入住酒店及用餐服务

(1)负责办理入住手续,核实房间数量,按分房名单分配房间和钥匙;

(2)协助团员解决入住后的有关问题;

(3)宣布叫早、早餐时间和地点、出发时间及导游的房间号、联系方式等。

2. 指导购物

出现当地导游员过多地安排购物次数或延长购物时间的情况时,出境旅游领队要及时交涉;购物时,出境旅游领队要提醒旅游者注意商品的质量和价格,谨防假货或以次充好。

3. 参观游览服务

与当地导游员商定、核实行程有无差异,应严格按照组团社行程计划实施。商定日程时要注意以下两点:

(1)行程中的游览项目安排可视天气及交通的情况调整顺序,但不得减少。遇到不可抗力的因素造成行程取消,必须经旅游者认可并通知组团社。

(2)当地导游员推荐的行程以外的自费游览项目,坚持旅游者自愿原则,不能强买或强卖。

4. 其他服务

(1)确认机票;

(2)督促旅游计划执行和接待质量;

(3)维护团结工作;

(4)保管证件和机票。

(四)返程服务

1. 办理离境手续

离境前,带领全团的旅游者办理旅游目的地离境手续,提醒离境的旅游者检查证件,告知旅游者办理离境手续的注意事项。

2. 办理回国入境手续

带领旅游者办理回国入境的边防检查、卫生检疫、海关检查等入境手续，整团入关。

三、后续工作

(1)征求意见。带领旅游团返回到出发地后，出境旅游领队要诚恳征求旅游者的意见和建议，请旅游者填写征求意见表。

(2)总结工作。出境旅游领队要详细填写《出境旅游领队小结》，整理反映材料，将旅游者有价值的建议、重大事情处理过程、尚需解决的问题等，整理后交旅行社。

(3)结清账目。按旅行社要求报账，领取个人带团报酬。如有借款或个人垫付费用一并结清。

(4)与旅游者保持联络。

☞ 案例分享

出境旅游不能没有出境旅游领队

几名旅游者参加某旅行社组织的新、马、泰15日游，在临登机时旅游者发现，该团是由5家旅行社共同组织的，并且这个旅游团没有出境旅游领队。旅游团在途中遇到了许多困难，在国外如何转机，入境卡怎么填，怎样与境外旅行社接洽等均无人过问。在新加坡入境时，因不熟悉情况，旅游团被边检部门盘查一个半小时之久。旅游过程中，因没有出境旅游领队与境外社协调，原来的日程被多次变更。旅游团在异国他乡，人生地不熟，只好听从境外导游摆布，旅游者对国内组团社非常不满，回来就向有关旅游行政管理部门投诉了该社。

第四节　散客导游服务

一、散客旅游的概念

散客旅游，又称"自助旅游"或"半自助旅游"，它是由旅游者自行安排旅游行程，零星现付各项旅游费用的旅游形式。在当今多样化的旅游活动中，散客旅游是一种主要形式，散客旅游的人数占出游人数的大多数。但是，散客旅游并不意味着散客完全不依靠旅行社，而把全部旅游事务都自己办理，实际上，许多散客的旅游活动会借助旅行社的帮助。如出游前到旅行社进行咨询,委托旅行社代订交通票据和酒店;出游中委托旅行社派遣人员进行接送及导游讲解,或参加旅行社组织的选择性旅游等。因此,旅行社面对散客旅游的发展趋势,适时开展了形式多样的散客导游服务。

二、散客导游服务的类型

散客导游服务,就是旅行社按照散客的要求提供各项导游服务,近年来,我国各类旅行社为散客提供的导游服务有以下三种主要类型:旅游咨询服务、单项委托服务和选择性导游服务。其中,涉及导游员的只是一部分,即导游员受旅行社的委派向散客提供的接待服务。

(一) 旅游咨询服务

旅游咨询服务,是旅行社散客部人员向客人提供的各种与旅游有关的信息和建议的服务。这些信息包括的范围很广,主要有旅游交通、饭店住宿、餐饮设施、旅游景点、旅行社产品种类,以及各种旅游产品的价格等。旅游建议,则是旅行社散客部人员根据客人的初步想法向客人提供若干种旅游方案,供客人选择与考虑。

旅游咨询服务分为电话咨询服务、信函咨询服务和人员咨询服务。

(二) 单项委托服务

单项委托服务,是指旅行社为散客提供的各种按单项计价的可供选择的服务。

旅行社为散客提供的单项委托服务主要有:抵离接送,行李提取和托运,代订饭店、代租汽车,代订(购、确认)交通票据,代办入(出、过)境,临时居住和旅游签证,代办国内旅游委托,提供导游服务,代向海关办理申报检验手续等。

单项委托服务分为受理散客来本地旅游的委托、办理散客赴外地旅游的委托和受理散客在本地的各种单项服务委托。

(三) 选择性旅游服务

选择性旅游,是将去同一旅行线路(地区或相同旅游景点)的不同地方的旅游者组织起来,分别按单项价格计算的旅游形式。

选择性旅游的具体形式多样,主要有小包价旅游中的可选择部分,散客的市内游览、晚间娱乐活动、风味品尝,到近郊或邻近城市旅游景点的短期游览参观活动,如"半日游"、"一日游"等。

三、散客旅游与团队旅游的区别

(一) 旅游方式不同

团队旅游是由旅行社或其他旅游服务中介机构来计划和安排旅游行程;散客旅游一般是由旅游者自行计划和安排。

（二）人数不同

团队包价旅游人数一般在十人以上；散客旅游的人数多少不一，其中散客包价旅游人数在九人以下。

（三）服务内容不同

团队旅游的旅游者受团队约束，必须按照预定的计划随团活动，自由度较小；散客旅游的旅游者行程自己安排，自由度大。

（四）付款方式和价格不同

团队旅游购买的是包价旅游产品，要求提前一次性预付全部或部分旅游费用；散客旅游多采用零星现付方式。

四、散客导游服务程序

随着旅游者自主意识和旅游经验的增强、旅游者结构的改变、交通和通信的发展，以及散客接待条件的改善，散客旅游发展迅速，已成为当今旅游的重要形式。

散客旅游通常规模小、批次多、要求多、变化大和预定期短，所以，导游员不能全盘照搬团队旅游的导游服务程序，而应掌握散客导游服务服务项目少、服务周期短、服务相对复杂、旅游者自由度高的特点，提供有针对性的服务。

散客导游服务主要有接站服务、导游服务和送站服务三个方面。

（一）接站服务

接站服务是散客到达旅游目的地之前向旅行社办理的委托服务，导游员的主要任务是按散客委托的要求将其从机场（车站、码头）接送到客人预订的饭店。其服务规程如下：

1. 服务准备

导游员接受迎接散客旅游者的任务后，应认真做好迎接散客的准备工作，它是接待好散客的前提。

（1）认真阅读接待计划。导游员应明确迎接的日期，航班（车、船）的抵达时间；散客的姓名及人数和下榻的饭店；有无航班（车、船）及人数的变更；提供哪些服务项目；是否与其他散客合乘一辆车至下榻的饭店等。

（2）做好出发前的准备。导游员要准备好迎接散客旅游者的姓名或小包价旅游团的欢迎标志、地图、随身携带的导游证、胸卡、导游旗或接站牌；检查所需票证，如离港机（车、船）票、餐单、游览券等。

（3）联系交通工具。导游员要与散客部计调部门确认司机姓名并与司机联系，约定出发的时间、地点，了解车型、车号。

2. 接站服务

接站时要使散客旅游者或小包价旅游团受到热情友好的接待，有宾至如归之感。

(1) 提前到站等候。导游员若迎接的是乘飞机而来的散客或散客旅游团,应提前 20 分钟到达机场,在国际或国内进港隔离区门外等候;若是迎接乘火车而来的散客或散客旅游团,应提前 30 分钟进车站站台等候。

(2) 迎接散客。在航班(列车)抵达时刻,导游员应与司机站在不同出口的明显位置举接站牌等候,以便散客前来联系,导游员也可根据散客民族特征上前询问。当确认迎接到要接的散客后,导游员应主动问候并表示欢迎,并介绍所代表的旅行社和自己的姓名;询问散客在机场或车站是否还有需办理的事情,并给予必要的协助;询问散客的行李件数并进行清点,帮助旅游者提取行李和引导客人上车。

如果没接到应接的散客,导游员应询问机场(车站)的工作人员,确认本次航班(列车)的旅游者确已全部进港。导游员要与司机配合,在尽可能的范围内至少寻找 20～30 分钟;与散客下榻饭店联系,查询是否已自行到饭店。若确实找不到应接的散客或散客旅游团,导游员应同计调部人员进行电话联系,报告迎接的情况,核实旅游者抵达的日期和航班(车次)有无变化;当确认迎接无望时,经计调部门同意方可离开机场(车站)。返回市区后,导游员应前往散客下榻的饭店前台确认客人是否已入住饭店,如客人已入住,必须主动与客人联系,表示歉意,并要按接待计划安排好散客停留期间的有关委托服务,然后向散客计调部门报告全过程。

3. 沿途导游服务

在从机场(车站、码头)至下榻的饭店途中,导游员对散客应像对团队一样进行沿途导游,介绍所在城市的概况,下榻饭店的地理位置和设施,以及沿途景物和有关注意事项等。如个体散客,沿途导游服务可采取对话的形式进行。

4. 入住饭店服务

抵达饭店后,应使散客或散客旅游团尽快完成住宿登记手续,导游员应热情介绍饭店的服务项目及住店的有关注意事项,与散客或散客旅游团确认日程安排与离店的有关事宜。

(1) 帮助办理入住手续。散客抵达饭店后,导游员应帮助其办理入住手续,向其介绍饭店的主要服务项目及注意事项。按接待计划向散客明确饭店将为客人提供的服务项目,并告知散客离店时要现付的费用和项目。记下散客的房间号码。

(2) 确认日程安排。导游员在帮助散客或散客旅游团办理入住手续后,要与客人确认日程安排。当客人确认后,将填好的安排表、游览券及赴下站的飞机(火车)票交与客人,并让其签字确认。如散客参加当地的"一日游"、"几日游"的大旅游车游览,应将游览券交与旅游者,详细说明各种票据的使用、集合时间、地点以及集合方式等相关事宜;对于有送机(车)服务的旅游者要与之商定离店的时间与送站安排。

(3)确认机票。若散客将乘飞机赴下一站,而又不需要旅行社为客人代买机票时,导游员应叮嘱散客提前预订和确认机座;如散客需要协助确认机座时,导游员可告诉客人确认机票的电话号码;如散客愿将机票交导游员确认,而接待计划中又不包含此项服务时,导游员可向散客收取确认费并开具证明。将确认费交旅行社。

导游员帮助散客确认机票后,应向散客部计调部门报告核实确认的航班号和离港时间。

(4)推销旅游服务项目。导游员在迎接散客或散客旅游团的过程中,如果散客没预订其他旅游服务项目,应相机询问他们在本地停留期间还需旅行社为他们代办何种事项,并表示愿竭诚为其提供服务的愿望。

(5)后续工作。迎接服务完毕后,导游员应及时将同接待计划有出入的信息及散客的特殊要求反馈给散客部。

(二)导游服务

散客导游服务是旅行社在接受了散客去某一旅游线路的委托后,派遣导游员为客人提供的服务。

对于接待的散客旅游团,由于团员们来自不同的国家或地方,彼此不相识,个性和生活习惯各异,要做好散客的导游工作,导游员必须有高度的责任感,要多倾听客人的意见,做好协调工作,多做提醒工作,努力使旅游者的游览安全、顺利。

1. 出发前的准备

出发前,导游员应做好有关的准备工作,如携带游览券、导游小旗、宣传材料、游览图册、导游证、胸卡、名片等,并与旅游车司机联系集合的时间、地点,督促司机做好相关的准备工作。

导游员应提前15分钟抵达集合地点,引导散客上车。如是选择性旅游团,客人分住不同的饭店,导游员应偕同司机驱车按时到各饭店接运客人。接齐客人后,再驱车前往游览地点。根据接待计划的安排,导游员必须按照规定的路线和景点带领旅游团进行游览。

2. 沿途导游服务

散客的沿途导游服务与团队旅游者相似,也是初次与客人见面时,导游员应致欢迎词,代表旅行社、司机及本人向客人致以热烈的欢迎,表示竭诚为客人服务的愿望,希望客人予以合作,多提宝贵的意见和建议,并预祝客人游览顺利、愉快;宣布当地活动安排;介绍当地的特色风光、民俗风情,介绍游览景点等,以让旅游者对当地的情况有个基本了解。如果导游员接待的是临时组合起来的选择性旅游团,对旅游者的情况不了解,而旅游者来自于不同的国家和地区,讲解有一定难度;同时由于旅游者相互之间不熟悉,很难沟通,所以,导游员除做好沿途导游之外,还应特别向客人强调在游览中注意安全。

3. 现场导游讲解

抵达游览景点下车前,导游员应告知客人所乘坐的旅游车车型、车号和游览后的上车时间、地点。游览景点时,导游员应对景点的历史背景、特色等进行讲解,语言要形象、生动。

如果是单个旅游者,导游员可采用对话形式进行讲解。游览前应向客人提供游览路线的合理建议,由客人自行选择。

如果是散客旅游团,导游员应陪同旅游团边游览、边讲解,随时回答散客旅游者提出的问题,并注意观察周围的情况,防止客人走失或发生意外事故。景点游览结束后,导游员要将客人分送至下榻的饭店。

4. 其他服务

由于散客的自由活动时间较多,导游员应介绍或协助散客安排购物或娱乐活动,引导他们去健康的娱乐场所,并提醒他们注意安全。

5. 后续工作

接待任务完成后,导游员应及时将接待情况反馈给散客部计调部门,或填写《零散旅游者登记表》。

(三)送站服务

送站服务,是指散客在结束当地活动后,委托旅行社派遣导游员专门将散客送至交通港的服务。导游员应按照送站计划做好旅游者的送站服务,使散客顺利、安全地离站。

1. 服务准备

(1)详细阅读送站计划。导游员接受送站任务后,应详细阅读送站计划,明确所送散客的姓名、人数、离开本地的日期、地点、所乘航班(车次)与时间,以及散客下榻的饭店;是否与其他旅游者合乘一辆车去机场或车站。

(2)做好送站准备。导游员必须在送站前24小时与所送散客确认送站时间和地点。如果客人不在房间,应留言告知再次联络的时间,然后再联系、确认;要准备好客人的机(车)票;同计调部门确认与司机会合的时间、地点及车型、车号。

如散客乘国内航班离站,导游员应带领客人提前1.5小时到达机场;如乘国际航班离站,须提前2小时到达机场;如乘火车离站,应提前40分钟到达车站。

2. 到饭店接送散客

按照与客人约定的时间,导游员必须提前20分钟到达客人下榻的饭店,协助客人办理离店手续,交还房间钥匙,付清账款,清点行李,提醒客人带齐随身物品,然后照顾客人上车离店。

若到达饭店后未找到送站的客人,导游员应到饭店前台了解客人是否已离店。若未离店,导游员应与司机共同寻找,若超过约定时间20分钟仍未找到客人,应向计调部门报告,请其协助查询,并随时与其保持联系。确认无法找到客人后,经计调部人员或有关负责人同意后,方可停止寻找和离店。

若导游员送站的散客与住在其他饭店的旅游者合乘一辆车去机场或车站,要严格按约定的时间顺序抵达各饭店。

若合车运送旅游者途中遇到严重交通堵塞或其他特殊情况,需调整原定时间顺序和行车路线时,导游员应及时向散客部计调部门报告,请计调部人员协助通知旅游者。

3. 送站工作

在送散客到机场(车站、码头)途中,导游员应向旅游者征询在本地停留期间或游览过程中的感受、意见和建议,并代表旅行社向旅游者表示感谢。

散客到达机场(车站、码头)后,导游员应提醒和帮助旅游者带好行李和物品,协助旅游者办理机场税。一般情况下,机场税由散客自付;但送站计划上注明代为散客缴纳机场税时,导游员应照计划办理,回去后再凭票报销。

导游员在同旅游者告别前,应向机场人员确认航班是否准时起飞,若航班推迟起飞,应主动为旅游者提供力所能及的服务和帮助。

若确认(国际)航班准时起飞,导游员应将旅游者送至隔离区入口处,同其告别,热情欢迎他(她)们下次再来。若有旅游者再次返回本地,要同旅游者约好返回等候地点。旅游者若乘国内航班离站,导游员要待飞机起飞后方可离开机场。

若送旅游者去火车站时,导游员要安排好旅游者从规定的候车室上车入座,协助旅游者安顿好行李后,将车票交给旅游者,然后同其道别,欢迎再来。

4. 结束工作

由于散客经常有临时增加旅游项目或其他变化的情况而需要导游员向旅游者收取各项费用,因此,在完成接待任务后,应及时结清所有账目;并及时将有关情况反馈给散客部或计调部。

第五节 导游服务程序实训

导游服务程序是指导游员从接到旅行社下达的接待任务起,要经历做好各项准备工作、带领旅游者完成旅游活动、送走旅游者、做好善后工作为止的一个系列过程,在这个过程中,地陪、全陪、出境旅游领队构成了导游服务的集体,他们根据不同的职责有各自的服务程序。本节以最具代表性的地陪服务程序为实训主线,并且选取其中的迎接服务、参观游览服务、送客服务三个重要服务环节进行实训练习,举一反三,使学生了解并掌握导游服务的基本程序。最后,通过校园模拟导游,进行导游服务规范的综合实训练习,使学生能够更好地完成整个导游服务过程。

一、迎接服务实训

迎接服务,在地陪的整个接待程序中至关重要,因为这是地陪和旅游者的第一次直接接触,这一阶段的工作直接影响以后接待工作的质量。因此,地陪应使旅游团在迎接地点得到及时、热情、友好的接待,并且做好首次沿途导游。

(一) 实训安排

实训项目	迎接服务程序
实训目的	1. 使学生初步掌握认找旅游团的基本方法、程序和技巧,能够在各种情况下迅速、准确地找到应接的旅游团 2. 使学生掌握首次沿途导游的基本程序和内容,充分认识到做好这项工作的重要性
实训时间	1 学时
实训方法	1. 教师示范讲解认找旅游团的常用方法;学生分组扮演不同类型的团队和导游,模拟旅游团到达接站地点情景进行练习 2. 教师介绍首次沿途导游的程序、方法和内容,以学生分组扮演旅游团队和导游参与表演的情景剧形式表现真实情景
实训材料	接站牌、民族服饰、组团社徽记或导游旗、开放教室、由模拟接站地点至某一酒店的行程影像资料
实训要求	1. 接站和首次沿途导游的情景剧表演,课前应给学生分配好角色,做好相关准备 2. 设置模拟场景时,可以设计不同特征的旅游者,并设计相应的团队资料,使学生能够根据其特征有针对性地做好接站和首次沿途导游 3. 将教室布置成旅游车内场景,车窗外景用多媒体播放影像资料来展示

续表

实训项目	迎接服务程序
实训步骤	1. 教师讲解认找旅游团的方法,讲解首次沿途导游的程序和方法 2. 教师给出背景材料,模拟旅游团到站和接站后乘坐旅游车前往下榻饭店 3. 学生进行现场模拟表演 4. 表演结束,学生分组分析讨论 5. 学生分组进行练习并随堂测试 6. 填写实训报告,实训结束

(二)实训内容

实训内容	操作要领	常见错误
认找旅游团	1. 接站牌的制作:要写清团名、团号,出境旅游领队或全陪姓名;接无出境旅游领队、全陪的旅游团时要写上客人的姓名 2. 持接站牌等候:持接站牌站立在出站口(教室门口)醒目的位置,迎候旅游团,以便于出境旅游领队、全陪或客人前来联系 3. 主动认找旅游团 由学生扮演几组不同团号的旅游者,受测学生随机抽取团队资料,通过出站旅游者的民族特征、衣着、组团社徽记等分析、判断并上前委婉询问,主动认找;问清团队的国别、团号、组团社名称、出境旅游领队及全陪或客人的姓名	接站牌内容不全或不清楚,造成客人无法认找,并前来联系 接站时所站位置不醒目,客人未注意到 认找旅游团时未详细核对清楚相关内容就确定是自己应接的旅游团,造成错接
首次沿途导游	1. 致欢迎词:受测学生应站在车厢前部靠近司机位置,面向旅游者;注意话筒不要正对自己的嘴而应稍有倾斜;欢迎词的五要素齐全,但要视对象的不同灵活运用,不要千篇一律 2. 沿途风光导游:讲解要简明扼要,语言节奏明快、清晰;讲解内容与所见景物同步,随机应变,取舍得当 3. 风情介绍:介绍当地概况,如历史沿革、行政区划分、气候条件、人口、社会生活、文化传统、土特产品等;市容、市貌及发展概况介绍等 4. 介绍下榻饭店:地陪应向旅游者介绍该团所住饭店的基本情况,包括饭店的名称、位置、星级、规模、距机场(车站、码头)的距离、主要服务项目等	未等旅游车驶上平稳的大道和旅游者的注意力集中就开始致词 站姿不对,或坐着致欢迎词 使用话筒前没有事先调整音量,发出刺耳的噪音;开始讲解时没注意征求客人对音量的意见;话筒完全遮住口部 讲解与所见景物不同步,景物过去后才想起来讲解 讲解内容过于琐碎,不能给旅游者一个有关当地的整体印象

（三）考核测试

1. 测试方法

按百分制计分，其中随堂测试 50 分，实训报告 50 分。

2. 测试表

组别：_____　　姓名：_____　　时间：_____

项　目	应得分	实际得分
导游证和胸卡的佩戴	10	
接站牌的内容	10	
话筒（喇叭）的使用	10	
欢迎词	10	
沿途风光导游	10	

3. 实训报告

姓　名		学　号		班　级		成绩	
实训名称							
实训目的							
实训内容							
分析讨论							
回答问题							
教师评语							

二、参观游览服务实训

参观游览活动是旅游者购买的旅游产品的核心内容,也是地陪导游工作的中心环节。参观游览过程中的地陪服务,应努力使旅游团参观游览全过程安全、顺利;并使旅游者详细了解参观游览对象的特色、历史背景及其他感兴趣的问题。为此,地陪必须认真准备,精心安排,热情服务,生动讲解。

(一)实训安排

实训项目	参观游览服务中的出发前准备工作、途中导游、返程服务工作
实训目的	1.使学生掌握出发前准备工作的内容、要求和程序,能够做到有条不紊地组织旅游团准时出发 2.使学生掌握途中导游的基本内容、规程和各种注意事项,能够在旅游车作空间转移过程中进行灵活、生动的导游服务 3.使学生掌握返程服务工作的内容和程序
实训方法	1.教师示范讲解;学生分组扮演导游和旅游者,模拟旅游团出发前场景进行练习 2.教师举例示范途中导游的程序、方法和内容,并给出案例,请同学们模拟旅游团途中情景,现场进行途中导游和返程服务练习
实训时间	2学时
实训材料	导游旗、话筒、多媒体开放教室、外景影像资料等
实训要求	1.实训课前学生应对练习内容进行熟悉和角色分配,分组扮演司机、餐厅人员、地陪和旅游者,并做好相关准备 2.将多媒体教室布置成旅游车内场景,车窗外景用多媒体播放影像资料来展示;如有可能,最好能在校车内进行实景练习 3.实训后,学生应认真进行自我总结,以提高自己的实际操作能力
实训步骤	1.教师讲解实训内容、方法和要求,并设定模拟场景 2.学生进行模拟现场表演,结束后分组分析讨论 3.学生分组进行练习并随堂测试 4.教师进行点评和总结 5.学生填写实训报告,实训结束

（二）实训内容

实训内容	操作要领	常见错误
出发前准备工作	1. 准备好导游旗、话筒、导游证及必要的票证 2. 与司机交流，并督促司机做好出发前的各项准备工作 3. 与模拟旅游团参观游览活动中的就餐餐厅联系，核实餐饮服务落实情况 4. 出发前地陪应提前十分钟到达集合地点迎候旅游者、检查及做好各项准备工作；并与旅游者交谈，以了解其要求和想法 5. 核实、清点实到人数，注意清点的方法，若发现有旅游者未到，地陪应向出境旅游领队或其他旅游者问明原因，并妥善安排 6. 提醒注意事项 7. 集合登车：站在车门一侧招呼客人登车，开车前再次清点确认人数，准时出发	旅游者已到齐，而导游员姗姗来迟 没有核实、清点实到人数就请司机开车 没有用礼貌清点人数的方法
途中导游	1. 开车后，地陪要向旅游者重申当日活动安排；向旅游者报告到达游览参观景点途中所需时间；视情况介绍当日国内外重要新闻 2. 沿途风光导游：播放外景影像资料，地陪应根据影像资料向旅游者介绍本地的风土人情、自然景观，讲解时要注意把握好时机，要留意观察旅游者的反应 3. 介绍游览景点：抵达景点前，地陪应向旅游者介绍该景点的简要情况，尤其是景点的历史价值、艺术价值及景观特色等。讲解要简明扼要 4. 活跃气氛：如出发点到游览地路途较长，地陪可讲解些长话题，甚至在车上可以表演节目或穿插一些参与性强的活动，以活跃气氛，使旅途变得轻松愉快	讲解时机把握不好，讲解不能很好地与所见景物同步 导游方法较单一，路途较长时，不知该如何根据旅游者的具体情况进行讲解，不能有效地调动旅游者的情绪，"空白"游程较多
返程服务工作	1. 上车：导游及时组织旅游者上车，清点人数 2. 沿途风光导游：旅行车从不同路线返回时，导游应适当讲解沿途风光 3. 回顾当天活动：简要回顾当天参观游览的内容，可补充讲解当天游览的内容，回答旅游者的问题 4. 宣布次日活动日程：下车前预报晚间到次日的活动安排、出发时间、集合地点等 5. 下车：导游在车内提醒旅游者带好随身物品，然后先下车，在车门处照顾旅游者下车	游览完毕，旅游车从不同路线返回时，导游员对沿途风光不进行讲解 下车时未提醒旅游者带好随身物品

(三) 考核测试

1. 测试方法

按百分制计分,其中随堂测试 50 分,实训报告 50 分。

2. 测试表

组别:_____   姓名:_____   时间:_____

项目	应得分	实际得分
导游服务工具及必要票证的准备	10	
保证准时出发的组织能力	10	
沿途风光导游及游览景点介绍	10	
沿途导游话题选择及活跃气氛	10	
返程服务	10	

3. 实训报告

同"迎接服务实训考核测试"中的实训报告表。

三、送客服务实训

送行是接待工作的最后阶段。如果说迎接是导游员树立良好形象的开端,接待是保持良好形象关键的话,那么送行是导游员良好形象的加深。因此导游员必须善始善终:以饱满的工作热情和良好的精神状态做好最后阶段的工作,使旅游者顺利、满意地离开本地。

(一) 实训安排

实训项目	送客服务
实训目的	使学生掌握送客服务的工作内容和程序,能够把旅游团顺利地送离本地
实训方法	教师讲解送客服务的程序、方法和内容;学生分组扮演导游、旅游者和火车站(机场、码头)服务人员、酒店总台、楼层、餐厅服务人员、行李员,模拟旅游团离开本地前情景进行现场练习
实训时间	1 学时
实训材料	模拟导游教室、交通票据
实训要求	1. 为达到实训课目的,课前应要求学生熟悉练习内容,分配好角色,并做好相应准备 2. 实训时,严格要求学生按服务规程进行练习,及时纠正不正确的做法

续表

实训项目	送客服务
实训步骤	1. 教师设定模拟场景,讲解示范实训内容、方法和要求 2. 学生分组进行练习并随堂测试 3. 教师进行点评和总结 4. 学生填写实训报告,实训结束

(二) 实训内容

实训内容	操作要领	常见错误
送站前的服务	1. 核实、确认交通票据 在旅游团离开前一天,核实旅游团离开的交通票据,核实团名、人数、去向、离站的时间、地点,要做到"四核实" 2. 商定出行李时间 程序:地陪与出境旅游领队、全陪商定旅游者出行李时间,并通知每位旅游者及饭店行李员,并讲清注意事项 3. 商定出发、叫早和早餐时间 先与司机商定出发时间,再与出境旅游领队、全陪商议。确定后通知旅游者;如该团出发的时间较早,地陪应与出境旅游领队、全陪商定叫早和用餐的时间,并通知旅游者和楼层、餐厅服务员 4. 协助饭店结清与旅游者有关的账目 及时通知饭店有关部门该团离店时间,并提醒本团旅游者尽早与饭店结清有关账目 5. 及时归还证件	没有认真核对交通票据,未做到"四核实"
离店服务	1. 集中交运行李 离饭店前,按约定时间与饭店行李员办好行李交接手续,旅游者行李集中后,与出境旅游领队、全陪共同确认件数,检查行李,交付饭店行李员,填写行李运送卡 2. 办理退房手续 3. 集合登车,提醒注意事项并清点人数	交接行李未按程序进行,造成行李件数出现差错

续表

实训内容	操作要领	常见错误
送站途中的讲解服务	1. 行程回顾 2. 致欢送词 前往机场(车站)途中致欢送词,注意应包括的内容 3. 提前到达机场(车站、码头),照顾旅游者下车;注意按规定时间带团提前到达送站地点,并提醒旅游者不要遗忘随身物品 4. 办理离站手续 非离境团:清点、移交交通票据与行李卡;与全陪办好相关手续;等旅游团所乘交通工具驶离后离开 离境团:移交行李,清点、核实后旅游者各自取走;介绍出境手续的办理程序;等旅游团进入隔离区后才可离开	到达送站地点临下车前,未注意提醒旅游者检查随身携带物品,不要遗忘在车上

(三)考核测试

1. 测试方法

按百分制计分,其中随堂测试50分,实训报告50分。

2. 测试表

组别:_____ 姓名:_____ 时间:_____

项 目	应得分	实际得分
核实、确认交通票据	10	
送站前的其他各项服务工作	10	
离店服务的相关事项	10	
欢送词	10	
办理离站手续	10	

3. 实训报告

同"迎接服务实训考核测试"中的实训报告表。

四、导游服务综合实训

(一) 实训安排

实训项目	校园模拟导游
实训目的	1. 使学生能够根据导游服务的程序要求,独立完成导游服务全过程 2. 掌握各接待环节的相互衔接
实训方法	学生分组,各小组内同学分别作为旅游者、导游员、旅行社工作人员、饭店、餐馆、景点工作人员等。也可邀请本系其他年级同学作为旅游者,本实训还可结合各校对外接待工作进行
实训时间	2 学时
实训材料	1. 校内交通车、旅游团的行李道具 2. 利用本校旅游管理专业实验室的条件,如客房、餐厅、酒吧等设施作为单项服务的提供部门,以校内各院系或标志性建筑物为景点 3. 模拟导游教室设为旅行社场景,作为实训工作的中心 4. 导游员所需的物质材料
实训要求	1. 要求学生课前熟悉角色及练习内容,并做好相应准备 2. 实训时,注意培养学生按照服务规程办事和思考问题的习惯,发现问题及时指出并予以纠正 3. 实训后,学生要认真自我总结和提高
实训内容和步骤	1. 导游员做好各项准备工作 2. 迎接服务(可从学校门口开始) 3. 入住饭店服务 4. 商定活动日程 5. 参观游览服务 6. 其他服务 7. 送客服务 8. 工作总结 实训中教师可让承担旅游者角色的学生提出各类问题让"导游员"处理,考核其规范服务能力

(二) 考核测试

1. 测试方法

按百分制计分,根据学生综合实训中的表现,分项给以相应的分数。

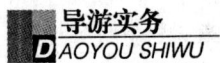

2. 测试表

校园模拟导游综合评分表

组别：_____ 姓名：_____ 时间：_____

项 目	要 求	应得分	实际得分	评 语
导游规范(12分)	导游证佩戴	1		
	导游旗	1		
	话筒使用	2		
	面对旅游者	1		
	所站位置	1		
	面部表情	2		
	形体姿势	3		
	上下车做法	1		
语言(25分)	语音、语调	7		
	语法	6		
	表达能力	7		
	表述生动	5		
导游内容(28分)	正确清楚	6		
	全面切题	6		
	层次清晰	6		
	新颖有趣	5		
	发挥自如	5		
导游方法(10分)	运用灵活	5		
	综合多样	5		
回答问题(15分)	要点准确	6		
	思路清晰	5		
	反应敏捷	4		
礼仪(10分)	仪容、仪表	4		
	礼节、礼貌	6		
总分			100	

本章小结

本章介绍了导游员的服务程序和服务内容。在工作程序方面,地陪的工作程序主要包括:准备工作、迎接服务、抵达饭店后的服务、核对商定日程、参观游览服务、餐饮、购物、娱乐等服务、送站服务和善后工作等环节;全陪的工作主要包括:准备工作、首站接团服务、入住饭店服务、核对商定日程、各站服务、离站、途中、抵站服务、末站服务和后续工作等环节;出境旅游领队的工作程序,主要是出境前的准备工作、全程陪同服务、后续工作。从以上的工作程序来看,全陪、地陪和出境旅游领队的工作既互相联系,又各有分工,三者的合作直接关系到导游服务质量的优劣。

案例分享

清晨8时,某旅行团全体成员已在汽车上就座,准备离饭店前往车站。地方导游员小王从饭店外匆匆赶来,上车后清点人数,又向全程导游员了解了全团行李情况(全程导游员告诉他全团行李一共16件,已与出境旅游领队、饭店行李员交接过),随即讲了以下一段话:

"女士们、先生们,早上好!我们全团15个人都已经到齐。现在我们去火车站,今天早上,我们乘9:30的××次火车去×市。两天来大家一定过得很愉快吧。我十分感谢大家对我工作的支持与合作。中国有句古话:相逢何必曾相识。短短两天,我们增进了相互之间的了解,成了朋友。在即将分别的时候,我希望各位女士、先生今后有机会再来我市旅游。人们常说,世界变得越来越小。我们肯定会有重逢的机会。现在,我为大家唱一支歌,祝大家一路顺风,旅途愉快!(唱歌)

女士们、先生们!火车站到了。现在请下车。"

思考:

请运用导游服务规范程序知识,分析导游员小王在这一段工作中的不足之处。

思考与练习

1. 填空题

(1)首次沿途导游的内容主要包括_____、_____和_____。

(2)地陪带团到达机场(车站、码头)必须留出充裕的时间,具体要求是:出境航班提前_____小时,乘国内线飞机提前_____小时,乘火车提前_____小时。

2. 选择题

(1)地陪在接团时,应提前(　　)到达机场(车站、码头)?

　　A.20分钟　　　B.30分钟　　　C.60分钟　　　D.90分钟

(2)出发前地陪应提前(　　)分钟到达集合地点,并督促旅游车司机做好出发前的各项准备工作。

　　A.10分钟　　　B.20分钟　　　C.30分钟　　　D.40分钟

3. 思考题

(1)地陪在接团前应做哪些准备工作?

(2)全陪、地陪在接待工作中有哪些异同?

(3)地陪的首次沿途导游、途中导游、返程导游各需要做哪些工作?怎样做好这些工作?

(4)出境旅游领队出团前应做好哪些准备工作?

(5)散客旅游与团队旅游的主要区别有哪些?

4. 实训题

(1)你有一位外地同学要到你现在上学的城市游览观光,为期两天,请你为他设计一下行程。请注意简要设计这位同学的背景,如性别、文化程度、爱好等。

(2)根据自身条件设计一个能尽快消除与旅游者之间陌生感的自我介绍。

(3)写一篇致台湾旅游团的欢迎词。

(4)写一篇致日本旅游团旅游者的欢送词。

第四章 导游带团技能

引　言

对导游员来讲,带团既是一种工作,也是一门艺术。导游员需要综合运用各种知识和技能,为旅游者带来一段愉快的旅游经历。旅游者的个别要求是多种多样的,并带有一定的随意性,导游员在满足旅游者共同要求的同时,如何处理好这些个别要求,不仅对导游员处理问题的能力是一个考验,也是对导游员服务质量的一种检验。本章从导游员合作关系的处理、与旅游者的交往能力、导游常见的促销方法、对特殊旅游者的服务及处理旅游者个别要求等几个方面,集中介绍了导游员带团过程中的常用方法和技巧,并通过相关的实训项目安排来帮助学生熟悉一些处理的基本方法与技巧,培养学生基本的带团技能,为将来处理实际问题打下良好的基础。

教学目标

- 熟悉处理各种合作关系的方法及对特殊旅游者的服务。
- 掌握与旅游者交往的技能。
- 了解导游促销的常用技巧。
- 掌握处理旅游者个别要求的基本方法和技巧。

导游员的带团技能,是指导游员根据旅游团的整体需要及不同旅游者的个别需要,熟练运用提高旅游产品使用价值的方式、方法和技巧的能力。具有高超带团技能的导游员,可以协调好相关单位和人员的合作关系,充分调动旅游者的积极性,统一行动,保障旅游活动的顺利进行。

第一节 处理好各种合作关系

一、导游服务集体的合作

(一) 导游服务集体的组成

旅行社的产品多种多样,目前,我国各类旅行社经营的产品仍以团队包价旅游居多。带团过程中,导游员需要实施旅游接待计划,为旅游者提供导游讲解服务和相关的旅游生活服务,并要协调好相关旅游产品供应单位和人员之间的关系,处理旅游过程中出现的各种问题。由于任务繁重、复杂,一名导游员很难完成,因此,通常需要导游服务集体来共同完成。导游服务集体一般由全程陪同导游员、地方陪同导游员和领队组成,即通常所说的全陪、地陪和领队。他们之间分工协作、相互补充,共同完成接待任务。

(二) 导游服务集体合作的基础

1. 摆正位置,明确分工

全陪、地陪和领队"三方"的定位表明他们有各自的职责、任务,有明确的分工,不能越位、错位,应各司其职、各负其责。三位导游员可能互不相识,性格不一,工作风格与方式不同,甚至价值观有别,对一些问题的看法、观点不一,三人之间也会出现摩擦甚至不愉快,这些是客观存在、不可避免的。譬如,有些职业领队为了自身利益,或为讨好旅游者,对全陪、地陪的工作横加指责、挑剔;地陪与全陪之间在工作上也可能出现分歧。然而,如果不是为了私利而关系紧张,那么在摆正自己位置的同时认清对方的位置,协调就有了心理基础。也就是说,要清楚全陪是旅游团活动的主要决策者,在导游服务集体中处于核心地位,起主导作用。地陪是旅游计划的具体执行者,是当地旅游活动的组织者和协调人;领队是旅游团的领导者和代言人。全陪和地陪要落实旅游计划,处于接待中的主导地位,必须密切合作。但他们在按合同履行计划的过程中也必须与领队搞好关系,尊重领队,与之多沟通,重视他的建议和意见。应尽量避免越过领队直接与旅游者商量活动日程或处理随机出现的问题。

2. 利益相关,同舟共济

全陪、地陪、领队之间明确分工、摆正位置的目的是为了更好、更有利地合作。实际上他们虽然代表各自企业的利益,但利益获得的基础是合作。因为他们有共同的服务对象即旅游者;有共同的任务,即为旅游者提供食、住、行、游、购、娱等各项服务;有共同的目标要求,即为旅游者提供高质量的服务,让旅游者的旅游舒心愉快,从而提高各自企业的知名度和美誉度,提升企业的形象。全陪和地陪还有另一层共同的、且是更高的利益——国家利益。他们必须维护我国旅游业的国际声誉与形象，必须执行国家的政策、法规。因此，他们的协作有超越企业本身的国家利益的基础。接待国外旅游团的全陪、地陪与领队的合作实际上是中外旅行社之间的合作，其合作前提是平等互利、互守信用、遵守合同、精诚团结，向旅游者提供优质的导游服务。因此，三者之间是相互依存的关系，根本利益是相同的，同舟共济、顾全大局是本分；而互相拆台与指责，损害的则是自己的利益、是旅行社的合作伙伴关系、是企业的长远利益。全陪、地陪、领队在工作中出现矛盾或意见冲突也是很自然、很正常的现象，但是三方都必须执行旅行社之间、旅行社与旅游者之间签订的协议，努力落实协议规定的各项服务。因为在同舟共济中还有法律的基础。

3. 相互体谅，共同努力

建立良好的协作关系，使旅游活动顺利进行的关键是互相尊重、相互体谅。这就要求导游员应具有主动性，主动争取各方面的配合；主动交流信息、沟通思想。沟通是消除误解、促进相互理解的重要途径。同时要尊重各方的权限和利益，勇于承担责任，遇事不以诋毁他人的方法来逃避责任。另外，三名导游员之间存在着互补关系，相互学习、取长补短是长期合作的基础，如在工作中能形成和建立起友情关系，将更有利于市场的开拓。

二、导游员与相关接待单位的协作

导游服务是一种综合性的服务，涉及旅游活动中吃、住、行、游、购、娱各个环节。导游服务质量的优劣除了取决于导游员的努力外，在很大程度上还取决于相关旅游接待单位提供的产品和服务在数量上是否有保证，在质量上是否符合标准。因此，导游员在带团过程中必须注意与旅游接待单位相互协作，以保证团队活动的顺利进行。

1. 及时沟通

导游员在向旅游者提供导游服务的过程中，要与饭店、车队、机场、车站、景点、商店等许多部门和单位打交道，主动协调好旅游供给关系，对保证旅游产品的整体形象和质量十分重要，其中任何一个接待单位或某一环节出现失误和差错，都会影响旅游者的满意度。导游员，尤其是地陪在服务工作中要善于发现整合联络，使各个接待单位的供给正常有序。比如，旅游团活动日程变更涉及用餐、用车时，地陪要及时通知供餐、供车单位和饭店有关部门并进行协调以保证旅游团的食、住、行的供给，做到顺畅地衔接，使供给有序。

2. 争取帮助

导游服务工作流动性大，工作内容繁杂，有时仅有一名导游员在外独立带团，遇到意外或紧急情况发生时，单凭一个人的力量很难解决问题，因此，导游员要善于利用各地旅游接待单位的协作关系,争取他们的帮助。比如,有些车站、机场有两个旅客出口,在迎接一名旅游者时容易出错,为避免漏接,地陪可请司机协助在另一个出口举接站牌帮助迎接;离站时旅游者到达机场后才发现自己的贵重物品遗放在饭店客房内,导游员可请求饭店协助查找,找到后立即将物品送到机场,等等。

3. 摆正位置

导游员与合作者的关系应该是平等的。交往时应放平心态、摆正位置,注意态度谦和,不能够有凌驾于别人之上的想法,更不能够对别人的工作指手画脚。只有这样,才能够确保彼此尊重,使旅游活动的各个环节能够顺利进行。

第二节 与旅游者交往的技能

一、了解旅游者

要为旅游者提供有针对性的服务,首先应该了解旅游者。通过了解他们的心理特征、兴趣爱好、审美情趣、旅游动机,以及在旅游过程中的情绪变化,可以更好地为他们提供有针对性的服务。了解旅游者的途径多种多样,作为导游员,主要可以从下述几方面着手。

(一) 从个人背景了解旅游者

每个国家和民族都有自己的传统文化与民风习俗,即使是同一个国家,不同地区、不同民族的人在性格和思维方式上也有很大差异;不同社会阶层、职业、性别和年龄的旅游者,他们的心理特征、生活情趣也各不相同。对此,导游员应给予足够的重视,努力了解旅游者,并根据具体情况向他们提供心理服务。

1. 区域和国籍

从区域来看,东方人大多含蓄、内向,善于控制感情,往往委婉地表达意愿,思维方式一般从抽象到具体、从大到小、从远到近;而西方人性格开朗、易激动,感情外露,喜欢直截了当地表明意愿并希望得到肯定答复,思维方式一般由具体到抽象、由小到大、由近及远。了解了这些差异,导游员在接待西方旅游者时,就应更加注重细节,注意从小事做起。

从国籍来看,同是西方人,不同国家的旅游者,在个性心理特征上也存在很大差异。例如英国人矜持、幽默,绅士派头十足;美国人开朗、大方,爱结交朋友,但随意散漫;法国人喜自由、易激动,爱享受生活,等等。

2. 社会阶层

来自上层社会的旅游者,大多严谨持重,发表意见往往经过深思熟虑,他们期待听到高品位的导游讲解,获得高雅的精神享受;一般旅游者则喜欢不拘形式的交谈,话题内容广泛,更关心具有普遍性的社会问题及当前的热门话题,另外,这一部分旅游者在参观游览时希望听到生动有趣的导游讲解,能够轻松、惬意地完成旅游活动。

3. 年龄和性别

年龄和性别的差异也影响到旅游者在旅游过程中的偏好。例如老年旅游者好思古怀旧,对游览名胜古迹、会见亲朋老友有较大的兴趣,同时他们更希望得到尊重,希望导游员多与他们交谈,以求暂时抚慰孤独的心灵;年轻旅游者好探新求奇,喜欢多动多看,对自然景观较偏爱。再例如不同女性旅游者,特别是中年已婚妇女,一般都喜欢听有故事情节的导游讲解,喜欢谈论商品及购物,她们希望导游员亲热、友好,能满足她们的一切要求;而男性旅游者对社会问题更为关注。

(二) 从旅游动机了解旅游者

旅游动机,是指驱动旅游者的旅游行为以满足内心需要的心理动力。对旅游者而言,有的是受某一种动机驱使而出游的,有的则是以某一种动机为主,还带有其他动机。了解旅游者的旅游动机,将有助于导游员合理地安排旅游活动,提供满足旅游者需求的导游服务,帮助他们达到预期的旅游目的。旅游者的旅游动机主要包括以下几个方面。

1. 社会动机

主要包括探亲访友、旧地重游、从事公务活动、出席会议、参加社团交流活动、考察别国的社会制度和人民的生活方式等。

2. 文化动机

主要包括观赏风景名胜、文物古迹、出外求学,进行专业考察和学术交流等。

3. 身心动机

主要包括度假休闲、参加体育活动或其他消遣娱乐活动、到异地治病或疗养等。

4. 经济动机

主要包括商务考察投资、经贸洽谈和旅游购物等。

实际上,旅游者决定出游时往往除了某个主要动机外还兼顾其他动机,作为导游员应想方设法主动了解旅游者的出游动机,以便能够有的放矢地提供服务。

(三) 通过分析旅游活动各阶段的心理变化了解旅游者

旅游者在不同的旅游活动阶段,心理和情绪也在不断变化。导游员应根据旅游者在不同阶段的真实心态,向他们提供有针对性的旅行生活服务和导游讲解服务。

1. 游览初期阶段:求安全、求新、求异心理

旅游者初到异地,兴奋激动,又由于人生地疏、语言不通,因而感觉孤独无助、茫然不安。这个阶段,旅游者求安全的心态表现得非常突出,甚至上升为他们的主要需求。因此,消除旅游者的这种不安心理成为导游员在这一阶段的首要任务。接到旅游者后,导游员要亲切、友好、真挚、热情,不仅注意自身外在形象和态度对旅游者心理的影响,还要以周密的工作安排、良好的工作效率赢得旅游者的信任。从机场到饭店的交通工具、行李运送、住房和用餐都应做好妥善安排,迅速地满足旅游者的要求,并注意在细微之处关心旅游者。例如导游员在接团前记住团里旅游者的特征、姓名,接到客人时能叫出他们的名字,旅游者就会尽快消除初到异地时的疑虑和不安,增强安全感和信任感。

　　旅游者刚到一个地方,对一切都感到新鲜、好奇,即使是当地人司空见惯的平常事对旅游者来说都可能是一件新鲜事。对此,导游员要多做生动、精彩的讲解,耐心回答旅游者提出的问题,即使有些问题幼稚可笑,导游员也必须认真回答。同时,导游员应抓住这个阶段旅游者对导游员依赖性强的心理,及时提醒旅游者遵守活动时间、团队纪律,建立良好的活动秩序,以保证旅游活动计划的顺利实现。

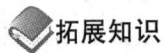拓展知识

记住旅游者的名字

　　导游员在带团时尽快记住旅游者的名字,可以使旅游者感受到你对他们的重视,萌发出亲近之感,并愿意主动配合导游员的工作,甚至还能够原谅导游员的一些小过失,使导游工作更加顺利、方便,因此非常重要。

　　如果旅游团人数不多,相处时间又较长,应尽可能把全团每个人的名字记下来;如果人数较多,相处时间又较短,那么也应该记住其中比较典型的人,如领队及比较活跃的旅游者。在记忆时,导游员可以采用一定的技巧,把旅游者身上的某些特征与旅游者的姓名联系起来,加以想象,客人的高矮胖瘦、衣着打扮都可以作为辨认的标记。如约翰(John)是个瘦高个,就想象他的第一个字母是又细又长的"J",很容易就记住这个瘦高个叫约翰。

　　(资料来源:程新造.导游接待案例选析.北京:旅游教育出版社,2004.)

2. 游览中间阶段:懒散心态和求全心理

　　随着旅游活动的展开,接触的增多,旅游团成员之间、导游员与旅游者之间越来越熟悉,旅游者的心态也越来越放松,行为越来越随便,个性中的一些弱点开始暴露,例如时间观念差,游览活动中自由散漫,丢三落四等,旅游团成员之间的矛盾也开始显现。

　　在这个阶段,旅游者的求全心理也表现得非常突出。人们花钱外出旅游,往往

会把旅游活动理想化,希望在异国他乡能享受周到的服务,希望旅游活动的一切都是美好的、理想的,从而产生生活上、心理上的过高要求,对旅游服务横加挑剔,所提的要求一旦得不到满足,就有可能产生强烈的反应,甚至会出现过火的言行。旅游者在这个阶段提出的问题范围更广泛、更深刻,有个别人还会提出一些不友好、甚至挑衅性的问题。

因此,导游员在这一阶段的工作最为艰巨,导游员的精力必须高度集中,对任何事不得掉以轻心,游览活动要有计划性,导游讲解要生动精彩;要向旅游者反复强调出发时间、游览线路、集合时间和地点,多强调注意事项,提醒他们注意人身和财物安全;导游员还要精心安排旅游者的生活,特别关照特殊对象,努力保持旅游者的体力和精力;导游服务集体要注意密切合作,遇事多商量,还要与司机配合,注意交通安全。总之,导游员要全力以赴,使旅游活动顺利进行,使旅游者获得最大的满足。

3. 结束阶段:忙于个人事务

旅游活动后期,旅游者的心情波动较大,开始忙乱起来,要与国内的亲友联系,要购买称心如意的纪念品,还要考虑行李是否超重,等等,他们希望有更多的时间处理个人事务。

在旅游活动的结束阶段,导游员应努力向旅游者提供更加热情、周到的服务,尤其是多提供超常服务,如帮助选购纪念品、捆扎行李等;安排游览活动宜精不宜多;做好送行工作,给旅游者留下更深刻的印象。必要时,导游员可在这最后阶段作一些弥补性工作,多与旅游者沟通,尽力挽回消极影响。

(四)通过性格特征了解旅游者

我们从旅游者的言行举止可以判断其性格,了解旅游者的性格,目的在于向他们提供相应的服务,特别是心理服务,以求获得最佳的服务效果。

1. 活泼型旅游者

表现为爱交际,喜讲话,好出点子,乐于助人,喜欢多变的游览项目。对这一类型的旅游者,要乐于与之交朋友,但应避免与之过多交往,以免引起其他团员的不满;要多征求他们的意见和建议,但注意不让他们左右旅游活动,打乱正常的活动日程;可适当地请他们帮助活跃旅游生活的气氛,协助照顾年老体弱者等。活泼型旅游者往往能影响旅游团的其他人,导游员应与之搞好关系,在适当场合表扬他们的工作并表示感谢。

2. 急躁型旅游者

这类旅游者性急,好动,争强好胜,易冲动,好遗忘,情绪不稳定,比较喜欢离群活动。对这类旅游者,导游员要注意不与他们争论,不激怒他们;在他们冲动时不要与其计较,待他们冷静后再与其好好商量,往往能取得良好的效果;对他们要多微笑,服务要热情、周到,而且要多关心他们,随时注意他们的安全。

3. 稳重型旅游者

这类旅游者性情稳重,不轻易发表见解,一旦发表,希望得到他人的尊重;他们容易交往,但他们不主动与人交往,不愿麻烦他人;游览时他们喜欢细细欣赏,购物时爱挑选比较。导游员要尊重这类旅游者,不要怠慢,更不能故意冷淡他们;导游员要采取主动,多接近他们,尽量满足他们合理而可能的要求;与他们交谈要客气、诚恳,速度要慢,声调要低;讨论问题时要平心静气,认真对待他们的意见和建议。

4. 忧郁型旅游者

这类旅游者表现为身体弱,易失眠,忧郁孤独,少言语但重感情。面对这类旅游者,导游员要格外小心,别多问,尊重他们的隐私;要多亲近他们、多关心体贴他们,但不能过分地表示亲热;多主动与他们交谈些愉快的话题,但不要与其高声说笑,更不要与他们开玩笑。

典型性格只反映在少数人身上,大部分人的性格则表现得不明显,往往兼有其他类型性格的特征。而且在特定的环境中,人的性格往往会发生变化,有时会有复杂的特殊表现。因此,向旅游者提供服务,尤其是超常服务要因人、因时而异,要随时观察旅游者的情绪变化,及时调整,力争使导游服务更具针对性,获得令旅游者满意的效果。

二、尊重旅游者

旅游过程中,旅游者求尊重的心理强烈而敏感,他们希望自己的人格得到尊重,意见和要求受到重视,生活得到关心和帮助,精神上能够获得在本国、本地区得不到的满足。旅游者这种希望得到尊重的需求是正常、合理的,可以说是最基本的需求,只有当他们自我尊重的需求得到满足时,为他们提供的各种服务才有可能发挥作用。同时,得到尊重的旅游者也会尊重导游员,努力配合导游员搞好旅游活动。

尊重旅游者,就是要尊重他们的人格和愿望,要在合理而可能的情况下努力满足旅游者的需求,满足他们的自尊心、甚至虚荣心。不管旅游者是来自哪个国家,社会地位和经济条件如何,导游员都应一视同仁地尊重他们,礼貌待客,热情服务并认真倾听旅游者的意见和要求;妥善安排旅游者进行参与性活动,使他们获得自我成就感,增强自豪感,从而在心理上获得最大的满足。尊重旅游者,导游员应注意以下几个方面。

(一)使用柔性语言

导游员在与旅游者相处时必须注意自己的言行举止。一句话说好了会使旅游者感到高兴,赢得他们的好感;有时一不当心,甚至是无意中的一句话,就有可能刺伤旅游者的自尊心,给他们带来不快。因此,导游员在为旅游者提供服务时,应尽可能使用"柔性语言"。语气亲切、语调柔和、措辞委婉、说理自然,常用商讨的口吻与旅游者说话。这样的语言使人愉悦亲切,有较强的征服力,往往能达到以柔克刚的交际效果。

(二) 保持微笑服务

微笑是自信的象征,是和睦相处、合作愉快的反映。微笑是一种无声的语言,有助于强化有声语言,沟通思想,增强交际效果。德国旅游专家哈拉尔德·巴特尔在《合格导游》一书中指出:"在最困难的局面中,一种有分寸的微笑,再配上镇静和适度的举止,对于贯彻自己的主张,争取他人合作会起到不可估量的作用。"导游员若想向旅游者提供成功的服务,就应向他们提供微笑服务,要笑口常开,"笑迎天下客"。

(三) 多提供个性化服务

导游员要心中想着旅游者,时时、处处关心他们,在向旅游者提供规范化服务的基础上,多提供个性化服务,满足他们的特殊需求,从而使旅游者感觉受到了优待,产生自豪感,自尊心获得满足。提供个性化服务,还将使旅游者感到与导游员之间不仅仅存在被服务者和服务者之间的工作关系,还存在人与人之间正常的友情关系,使旅游活动更富情感,导游服务更具人情味。

在现实的导游工作中,提供个性化服务的机会很多,导游员的一句话、一个行动、帮助旅游者做一件小事,往往都会产生意想不到的效果。但是,这些不起眼的"小事"做起来却并非那么容易,因此,多提供个性化服务的关键还在于导游员心中是否有旅游者,眼中是否有"活儿",能否主动服务。一名合格的导游员应善于了解旅游者的心情、他的好恶、他的困难、他的要求和期望,然后根据可能的客观条件,主动提供服务,尽力满足他的合理要求,解决他的困难,避其所恶,投其所好,以不知疲倦的服务换取旅游者的愉快和满意。

三、引导旅游者

(一) 调整旅游者的情绪

旅游者在游览过程中,会随着自己的需要是否得到满足而产生不同的情绪体验。当他们的需要得到满足时,就会产生愉快、满意等积极的情绪。反之,则会产生烦恼、不快甚至愤怒等消极情绪。调节旅游者的情绪,首先必须了解产生消极情绪的主观和客观原因。对产生消极情绪的因素了解得越详细、越透彻,就越容易解决问题,导游员的工作就越主动。旅游者消极情绪产生的因素多种多样,例如个人要求没得到满足;导游员服务态度不好,工作技能差;日程或交通工具的变更;旅游者突然生病;天气的突然变化影响原定计划安排;意外事故,等等。

导游员应该善于从旅游者的言谈举止、表情变化中去了解他们的情绪变化。发现旅游者焦虑不安或烦恼不满时,及时找出原因,根据不同情况,采取适当措施来消除或调整旅游者的情绪。这些措施主要有以下几方面。

1. 补偿法

就是找出旅游者不快的原因,迅速加以弥补,从而使旅游者的需要得到满足,情绪好转。包括物质补偿法和精神补偿法。

(1)物质补偿法。因住房、餐饮、交通等方面的接待标准不符合旅游合同的规定,要对旅游者给予物质补偿。

(2)精神补偿法。因某种原因无法满足旅游者的合理要求而导致旅游者不满时,导游员应实事求是地说明情况,诚恳道歉,以求得旅游者的谅解,或先让旅游者将不满情绪发泄出来,待情绪稳定后,再设法向他们解释。总之,导游员要通过各种方法使有不满情绪的旅游者获得心理平衡。

2. 转移注意法

这是在旅游者产生烦闷或不快情绪时,导游员有意识地去调节旅游者的注意力,促使他们的注意力从一个对象转移到另一个对象的方法。比如,旅游者由于对参观什么内容意见不统一,有人因此不高兴,导游员除了说服、安慰旅游者以外,还可用讲笑话、组织唱歌、学说本地话或幽默生动的解释等方式来活跃气氛,使其注意力转移到当前有趣的活动上来,忘却不快,恢复愉快的情绪。

3. 暗示法

旅游者在异国他乡旅行游览,情绪上特别容易受导游员的影响,因此,导游员可以通过自己的言语、表情、手势、行为、威望影响和改变旅游者的心理活动。如发生意外事故,旅游者恐慌忙乱时,导游员镇定自若的神情和有条不紊的指挥,能使旅游者情绪很快安定下来,觉得导游员是他们可以信赖的保障。

4. 分析说服法

将造成旅游者消极情绪的原委讲清楚,并一分为二地分析事物的两面性及其与旅游者得失关系的方法。

☞ **案例分享**

火车改乘轮船

黄金周期间,某个旅游团因为订不到火车卧铺票而改乘轮船,旅游者十分不满,立即与导游员形成了一种对立情绪。这时,导游员耐心地向旅游者说明在旅游旺季期间交通工具的紧张情况,然后分析说乘坐轮船虽然速度慢一些,但提前一天上船,并不影响整个旅程,并能在船上欣赏两岸风光,既是"旅"又是"游",大家在这次旅游中乘了飞机,也乘了火车,如果再乘一次轮船,将是一次完整的水、陆、空立体式旅游。导游员诚恳、冷静而又风趣的言辞,很快使旅游者消除了不良的对立情绪。

(资料来源:魏星.导游语言艺术.)

(二)激发旅游者的游兴

"游"是旅游活动的核心。旅游是一个发现美、欣赏美和享受美的过程,到异国他乡寻求美感的旅游者,总是希望在短暂的旅游活动中获得最大的享受。为了达到旅游者期待的效果,导游员在旅游过程中向不同层次、不同审美情趣的旅游者讲解时,要因势利导,正确调节旅游者的审美行为,激发、巩固旅游者对旅游活动的兴趣,尽可能地满足他们的审美追求。

1. 旅游者的审美需求

只有已被人们感知和认识的事物才能引起美感。旅游者审美需求的多样性和审美意识的差异性要求导游员在安排旅游活动、引导旅游者游览时,要了解旅游者一般和特殊的审美需求,以及他们的审美心理特征和当时的思想情绪,进行有的放矢的导游讲解。例如,外国旅游者来到中国,他们不熟悉中国,不了解中国人的审美观,不懂中国旅游景观,特别是人文景观的美在哪里,因而不知道怎样去欣赏中国的旅游景观美,这就要求导游员不仅懂得中国人的审美观和对景物的审美标准,还要了解服务对象所在国(地)居民的审美观和审美标准,并在导游讲解中进行比较,指出各自的特点和相互间的差异,引导他们去欣赏。

2. 掌握观赏原理

帮助旅游者在观赏自然景观、人文景观时,感觉、理解、领悟其中的奥妙和内在美是导游员的责任。为了完成这一重要任务,导游员必须掌握一定的观赏原理,在带团中因地制宜地加以运用,使旅游者获得更多美的享受。

(1)动态观赏和静态观赏。无论是山水风光,还是古建园林,任何风景都不是孤立不变的画面形象,而是多变连续的整体,随着旅游者的运动,空间形象美才逐渐展现在面前,从而使旅游者获得空间进程的流动美。而有时旅游者在某一特定空间停留片刻,作选择性的风景观赏,通过联想、感觉来欣赏美,体验美感,这就是静态观赏。这种观赏形式时间长、感受深,人们可以获得特殊的美的享受。至于何时"动观",何时"静观",则应视具体的景观及时空条件而定。导游员要灵活运用,"动"、"静"结合,努力使旅游者在动之以情、情景交融中得到最大程度的享受。

(2)观赏距离和位置(角度)。距离和角度是两种不可或缺的观景赏美因素。自然美景千姿百态、变幻无穷,一些拟人似物的奇峰巧石,只有从一定的距离和特定的角度才能领略其风姿。例如,从长江游轮上观赏三峡胜景神女峰,远远望去,朦胧中看到的是一尊风姿秀逸、亭亭玉立的中国美女像。然而若借助望远镜观赏神女峰,定会令人失望,看到的只是一堆石头,毫无美感可言。这就是由于观赏距离不同造就的不同景观。作为导游员,必须非常熟悉所游览的风景名胜,带团游览时能够适时地指导旅游者从最佳距离、最佳角度去观赏风景,获得美感。

观赏美景除掌握空间距离外,还应考虑心理距离。心理距离,是指人与物之间暂时建立的一种相对超然的审美关系。一般情况下,人们外出旅游,其目的往往是要暂时切断与紧张、烦琐的日常生活及工作的关系,暂时摆脱烦恼和不愉快的心情。因此,在审美过程中,导游员还应注意引导旅游者从心理上真正超脱于日常生活中功利的、社会的考虑,独立、自由地进入审美境界,从而尽情地享受美,真正获得观景赏美的愉悦。

(3) 观赏时机。观赏美景要掌握好时机,即掌握好季节、时间和气象的变化。光照、时令和气候影响着大自然中的色彩美、线条美、形象美、静态美和动态美。例如清明踏青、重阳登高、春看兰花和秋赏红叶等都是时令变化规律形成的观景赏美活动;泰山日出、峨眉金顶佛光和蓬莱的海市蜃楼也都是因时间流逝、光照转换造就的美景;云蒸雾绕的黄山美景,阴晴各异的漓江山水则是变幻莫测的气候景观。因此,观赏美景还必须精确地掌握好时机,有的美景观赏时间很短,稍有疏忽就可能失之交臂,后悔莫及。这都要求导游员十分熟悉所游览的景点并注意力高度集中,才能帮助旅游者及时地观赏到绝妙的美景。

案例分享

九寨沟的红军长征纪念碑

某旅游团去九寨沟,地陪推荐旅游者在下午日落的时候赶到红原去看红军长征纪念碑,因为这块碑表面光洁,所以每当日落时火红的夕阳映照碑体,反射出万丈金光,气势慑人心魄。那个团紧赶慢赶终于在日落时分赶到了茫茫草原上的纪念碑前,那震撼的景象果然让旅游者激动万分,回来后逢人便说,还纷纷拿出自己拍摄的照片给远亲近邻看,而且一再称赞那位地陪导游既懂行又负责,非常感激他带领大家领略了这样的美景,从此以后九寨沟的线路也渐渐加上了这样一个固定景点。

(资料来源:黎泉.导游促销技巧.北京:中国旅游出版社,2004)

(4) 观赏节奏。一般旅游者的审美目的主要是为了轻松愉快,获得精神上的享受。如果游览活动安排得太紧,观赏速度太快,旅游者不仅达不到观赏目的,还会损害他们的身心健康,甚至会影响旅游活动的顺利进行。因此,在安排游览活动时导游员还必须注意方式、方法,调节观赏节奏。

①整体旅游活动日程与项目设计:张弛结合。如果旅游活动的节奏过于松弛,会使旅游者觉得时间没有充分利用而不满意;节奏太紧,则游览效果不佳,且易出现各种事故。导游员要根据旅游团的实际情况,安排有弹性的活动日程,努力使旅游审美活动既丰富多彩,又松紧相宜,使旅游者在轻松、自然的活动中获得最大程度的美的享受。

②行进速度:快慢相宜。在具体的审美活动中,导游员要视具体情况,把握好游览速度哪儿该快、哪儿该慢,哪儿多讲、哪儿少讲、甚至不讲,必须做到心中有数;对年轻人多讲、讲得快一点、走得快一点、活动多一点;对老年人则讲得慢一点、走得慢一点、活动少一点。总之,审美节奏要因人、因时、因地进行调整,努力使观景赏美活动获得良好的效果。

③导游讲解:导、游结合。讲解是必不可少的,通过讲解和指点,旅游者可适时地、正确地观赏到美景,但在特定的时间、地点让旅游者去静静欣赏、领略和体悟景观之美,往往会收到更好的审美效果。旅游者当然不喜欢那些"金口难开"的导游员,但也不欢迎不分场合、唠叨不停的导游员。

总之,导游员要努力当好一名导演,从旅游者的实际情况出发,使观赏节奏适合旅游者的生理负荷、心理动态和审美情趣,安排好旅游活动日程,组织好旅游审美活动,使旅游者感到顺乎自然、轻松自如。只有这样,旅游者才能获得旅游的乐趣和美的享受,这才是成功的导游活动。

☞ 案例分享

参观南京中山陵

南京中山陵从底下走到纪念堂前共有392级台阶(其中有8个平台)。有一位导游员在带领旅游者参观时,带一段路就停下讲解孙中山先生伟大的一生,等到后面的旅游者到齐后,又归纳性地总结,以及介绍一些孙中山先生的逸闻趣事,然后再带领旅游团继续参观。过了一会儿,这位导游员又停下来,讲解孙中山先生墨迹"天下为公"的历史背景和由来。以后,他停下来讲解纪念碑、两侧的桂花树……就这样,导游员停停讲讲,带着旅游者一直来到纪念堂前,旅游者既不觉得累,又增长了不少知识,整个旅游团没有一个人掉队和走失。

(资料来源:张力仁.导游业务.高等教育出版社,2003)

第三节 导游促销技巧

一、导游促销的重要性

导游员促销的范围很广,从促销当地的旅游商品、地方美食到新兴的旅游景点、文娱活动,都是导游员工作的范围。由于导游员同旅游者朝夕相处,接触最多,导游员的形象、言行及服务本身对旅游者有极大的影响,这就给导游员促销提供了极好的机会和有利条件。导游员如果能在带好旅游团的同时,充分利用工作中包含的许多促销机会,展开促销工作,既可以丰富旅游者旅游活动的内容,又能促进当地旅游经济的发展。导游员在开展促销工作时,应注意以下问题:

第一,导游员在开展促销工作时,必须遵守职业道德,端正动机,以满足旅游者的需要为目的,不能为了个人利益强行促销,更不能与当地不法商贩勾结,欺骗旅游者以牟取暴利。

第二,导游员平时要多留心,学习并积累有关促销的各种知识,以便促销时能调动旅游者的积极性,达到促销的目的。

二、旅游购物促销技巧

在吃、住、行、游、购、娱六要素中,购物是非常重要的一环,它不仅是旅游者参观游览活动的必要补充,还是国家或地区旅游收入的重要来源。因此,努力促销商品,做好购物服务是导游员的重要工作之一。导游员不仅要考虑如何满足想购物旅游者的需要,还应考虑如何激发本没有购物欲望旅游者的购物兴趣,尽量使所有旅游者在购物活动中感受到乐趣。

(一)优质服务,赢得信任

旅游购物促销的基础是优质服务。导游员只有为旅游者提供了一流的服务,以自己的知识、人格魅力和敬业精神赢得旅游者的信任时,旅游者才会对导游员促销的商品感兴趣。反之,如果导游员在带团过程中马马虎虎,只热衷于促销商品,最后的购物效果一定会很差,客人甚至会拒绝进店购物。

(二)充分准备,把握时机

旅游者对购物是否有兴趣,在很大程度上取决于导游员对商品的讲解水平。一个对当地特产如数家珍、讲解颇具专业水准的导游员,其促销效果肯定要比一个只会空口说好的导游员强得多。因此,导游员平时应多留心,学习并掌握相关的商品知识,包括其属性、鉴别方法、文化内涵、优点和缺点,等等。为了带动旅游者,一些导游员还会在上团时特意带上所促销的商品,以便在讲解时加强旅游者对所促销商品的直观认识。例如云南有的女导游员会特意戴上一只玉镯,以促销玉石翡翠;四川和藏区旅游团的导游员会带些牦牛肉干,在路上分给旅游者吃,以促销牦牛肉。

购物时机是否合适也会影响到购物的效果。大多数旅游者旅游的首要目的是游览,因此,导游员绝不能把每天的第一项活动安排为进店,也不能安排旅游者连续进店。同时导游员应该学会察言观色,选择旅游者精神饱满、心情愉快的时机进行促销。如果当天的游览项目使旅游者感到很劳累,人人都疲惫不堪,是不会有心情购物的;又或者当天的接待服务出现了差错,旅游者心中有不满情绪,再安排购物,只会使情况更糟。一般来讲,安排购物的时间最好选择在整个行程快结束的阶段。这个阶段的旅游者,开始考虑购买一些土特产品馈赠亲友或是留为己用,购物的兴趣最大,因此,导游员选择在这个时候促销的效果是最好的。导游员安排旅游者入店购物的时间还要考虑其他的因素,例如不能因为安排购物而擅自更改旅游团的行程,特别是在赶乘交通工具时,不要安排购物,以免造成误机(车、船)的重大事故。

(三) 了解旅游者,当好购物参谋

不同旅游者对旅游商品的需求在种类、数量、档次等方面也有很大差异,因此,导游员应了解旅游者的购物需求,在旅游者自愿的前提下当好购物参谋。一般来讲,导游员拿到接待计划时,可以对团内旅游者的情况有一个初步了解;接团后,可以通过团内领队、全陪了解客人的需求、兴趣及购买能力等,然后通过与旅游者的交往不断了解他们的购买需求,进行有针对性的促销。

(四) 讲求诚信,做好售后服务

导游员应遵守职业道德,带领旅游者到旅游定点商店进行购物,同时提醒旅游者一定要保存好购物发票。如果有旅游者买到了不满意商品,例如发现了瑕疵,导游员应尽量为旅游者联系更换商品,做好售后服务。

在旅游者自由购物时,导游员还要注意事先教旅游者一些防止上当、受骗的方法,以免旅游者在购物时被骗挨宰。例如在一些景区的流动摊贩前,提醒旅游者不要轻易去拿商贩的东西,不打算买的东西也不要轻易去还价,等等。

三、旅游美食促销技巧

中国美食闻名世界,是中国文化的一个重要组成部分。品尝独具特色的各地美食已成为海内外旅游者在中国旅游的一项重要内容,有时甚至会成为旅游者主要的旅游目的,例如现在兴起的美食旅游团。导游员在促销各地美食的时候应注意不仅使客人获得味觉享受,还应使旅游者对各地美食所蕴涵的饮食文化有所了解。

(一)运用讲解技巧,介绍特色美食

促销美食,导游语言是非常重要的。导游员在讲解美食时,要充分运用讲解技巧,包括恰到好处的语气、表情和动作,通过富有感染力的描述引起旅游者的食欲。同时,导游员向旅游者介绍当地的特色名吃时,还应注意突出其特点,讲出其文化内涵。如果是品尝少数民族特色的风情宴,导游员还要注意提前做好沟通工作,一方面将少数民族的饮食风俗告知旅游者,另一方面要将本旅游团旅游者的饮食习惯及早告知接待方,以免发生误会。

(二)了解旅游者的饮食习惯,细心安排

"一方水土养一方人"。人们所生活的地域不同,饮食习惯也不同,并且很难改变。一些当地人认为好吃的东西,可能由于烹饪方法、材料方面的差异,旅游者却感觉难以下咽。因此,导游员在促销当地美食的时候,应提前了解旅游者的饮食习惯,在介绍时讲一讲口味的差距,使客人有个心理准备。有些可以改变的,比如烹饪方法,应事先与餐厅联系好,有些当地特色风味不能改变,要事先给旅游者打好预防针,告诉他们不一定好吃,但品尝一下异地风味也是一种收获。如果口味差异确实很大,或是旅游者禁忌的食物,导游员最好不要向旅游者推荐。例如有些历史悠久的地方风味,古今驰名,深受当地人欢迎,是当地宴请宾客时的首选,但欧美旅游者却很难接受其酸辣为主的口味,品尝后会感到失望,有时甚至会因此引起投诉。

(三)讲清自费问题,及时订餐

如果向旅游者介绍的是需要自费品尝的风味餐,导游员在讲解时一定要说清楚,否则,容易使旅游者产生误会,而误会一旦形成就很难解释,搞不好,还会引来投诉。

一旦旅游者确定要去品尝风味餐,导游员就要尽早提前预订。因为一些经营正宗风味餐的名店往往生意火暴,订晚了,旅游者就可能需要排队,甚至吃不上。

(四)注意饮食卫生,做好提醒工作

旅游团中要非常重视饮食卫生问题。导游员加风味餐时,一定要选择卫生和质量有保障的饭店,并要尽到职责,监督饭菜的卫生情况。同时,导游员还应提醒旅游者品尝美食一定要适量,注意自己的消化能力,防止因吃得太多而生病。

四、附加旅游项目促销技巧

很多旅行社都会给旅游者提供一些可供选择且自费的附加旅游项目,作为旅游者旅游经历的补充与调剂,这些附加旅游项目可以是新兴的景点,也可以是精彩的文娱节目。好的附加旅游项目能成为旅游者一次有趣的经历,为旅游活动锦上添花,而失败的附加旅游项目安排则会招致旅游者的不满,甚至投诉。因此,导游员在促销附加旅游项目时,应注意以下几点。

（一）保证计划，合理安排

导游员向旅游者推荐附加旅游项目，必须首先保证原来的计划内旅游项目按质、按量完成，其次要照顾大多数旅游者的意愿，绝不能勉强，甚至逼迫旅游者接受。

在安排附加旅游项目时，导游员应注意合理安排时间，不要因附加旅游项目而影响到旅游团的计划，比如耽误了吃饭时间，使旅游者非常疲惫等，一般安排的附加旅游项目距离不要太远，特别是在送站当天，不要安排参观范围很大、环境复杂的景点。

（二）针对旅游者，介绍特色

在保证不与旅游计划相冲突的前提下，导游员应针对旅游者求新、求奇的心理，尽量为旅游者安排一些富有地方特色和民族风格的附加旅游项目，并突出介绍该项目的特色，使旅游者理解这是导游员为丰富旅游者的旅游经历而做出的努力。例如西方旅游者多属于享受型的旅游者，喜欢夜生活和参与性强的活动，针对他们的这一特点，北京国旅总社的导游为外国旅游者安排了介绍中国文化及风土民情的晚间讲座，允许旅游者自由提问，导游给予回答，非常受外国旅游者的欢迎。

（三）安排项目，不违背道德法律

导游员向旅游者推荐的附加旅游项目应做到物有所值、货真价实，不能违背职业道德，向旅游者推荐一些无聊的附加旅游项目或是随意加价，更不能向旅游者推荐一些违法的附加旅游项目，这样不仅会损害旅游者的利益，也将损害导游员的形象，并间接影响到旅行社的生意与信誉。

（四）强调安全，讲清注意事项

随着旅游的发展，附加旅游项目也越来越多，有一些项目还非常惊险、刺激，例如漂流、潜水、跳伞，等等。对此，导游员在促销前一定要了解这些项目的安全情况，向旅游者反复讲清注意事项，防止发生安全事故。

第四节　重点旅游者的服务

旅游者来自不同的国家与地区，他们在年龄、职业、宗教信仰、社会地位等方面存在很大差异，有些旅游者在某一方面的特点极为突出，必须给予特别重视和关照，称之为重点旅游者。导游员对重点旅游者的服务应有别于一般的旅游者，如果注意不到、工作不细或重点不突出，就会造成很多麻烦和不良影响，直接影响到导游服务质量和旅行社的声誉。

一、对老龄旅游者的服务

随着我国及全球老龄化人口的增加，旅游市场中，老年旅游者所占的比例也越来越大。为这些老年旅游者提供服务时,导游员应充分发扬中华民族尊敬老人的传统美德,态度谦恭、尊敬,关怀体贴入微,不辞辛苦地做好各项服务工作。

(一)放慢速度

(1)行走时:老年旅游者由于年事已高,大多数腿脚不太灵活,行动时力不从心。为了安全起见,导游员在带团游览时,一定要放慢速度,照顾走得慢或落在后面的老年旅游者,并且选择台阶少、较平坦的地方走,以防摔倒碰伤。

(2)讲解时:随着年龄增长,老年旅游者的听力和理解力也在不断下降。因此,导游员在向老年旅游者讲解时,应适当放慢速度、加大音量并吐字清楚,必要时多重复,以免老年旅游者因听不清或反应慢而在旅游中错过很多东西。

(3)生活照顾上:由于老年旅游者的行动缓慢,导游员在时间安排上要注意留有余地。如适当延长进餐时间、集合时间,送站时适当提前赶往机场或车站,等等。

(二)解答有耐心

老年旅游者阅历丰富,知识面广,对一些问题喜欢刨根问底;同时由于年纪大,记忆力不好,一个问题经常重复问几遍。遇到这些情况,导游员不应表示反感,而要耐心解答,满足老年旅游者在知识方面的需求。

(三)多作提醒,预防事故发生

老年旅游者由于年龄大,记忆力减退,导游员要多作提醒工作,预防事故的发生。如预报天气情况,提醒增减衣服,走路较多,需穿旅游鞋,以及第二天的出发时间等;还要随时提醒老人注意保管好自己的钱物和证件。

参观游览时,导游员要反复提醒老年旅游者注意集合时间、集合地点、旅游路线及旅行车停车的地点。特别是上车和下车的地点不同时,一定要提醒老年旅游者记住上车地点,以免当他们想先回车上休息时,按原路返回,发生走失。为了预防走失,导游员最好给每位老年旅游者发放一张卡片,注明下榻饭店名称、电话及导游员联系方式,并提醒老人万一走失,不要惊慌,不要到处乱走,而应在原地等候导游员。

由于饮食习惯和生理上的原因,带老年旅游团,导游员应适当增加去洗手间的次数,并事先提醒他们准备好零钱,因为有一些景点的洗手间是收费的。

(四)关注健康

老年旅游者的身体适应能力较差,有一些老人还患有某种疾病,因此,导游员要关注老年旅游者的健康。饮食安排做到卫生、可口、易消化,以清淡为宜;活动日程安排不要太紧,活动量不宜过大,项目不宜过多,在不减少项目的情况下,尽量选择便捷路线和有代表性的景观,以细看、慢讲为宜;游览过程中,注意适当增加休息时间,为保持老人的体力,晚间尽量不要安排太多活动;对患有某种疾病的老人要密切关注其身体状况,注意是否有疲劳或生病的迹象;导游员应掌握一定的老年人常见病的急救常识,可能的话最好派一位随团医生。

(五)工作注意细节

(1)为保存体力,活动安排要合理、科学,晚上尽量不安排活动项目。

(2)提示老人保管好各种证件及随身财物的安全。

(3)结合老年人的生理特点,行程中适当安排增加去厕所的次数。

(4)导游员应学习一些老年人常见病的急救常识,如果是长途旅行,建议配备随团医生,以便为老人提供更及时的医疗服务。

二、对儿童的服务

随着旅游的不断发展,很多家长都把旅游作为增长孩子见识的重要途径,旅游者中儿童占了相当大的比例。导游员应注意儿童的生理和心理的特点,做好服务。

(一)重视安全

儿童天生好动,好奇心强,又缺乏足够的安全意识和自我保护能力,带团过程中导游员要特别注意他们的安全,尤其是人身安全。乘坐交通工具时,要提醒儿童不要把头、手伸出窗外;游览过程中,导游员要提醒家长带好自己的孩子,并多次清点人数,防止走失;导游员可以针对儿童的特点,讲些有趣的童话故事,既活跃了气氛,又吸引了他们不到处乱跑。

(二)区别接待标准

在交通、用房、用餐等方面,对儿童根据年龄或身高的不同,有不同的收费标准和规定,导游员一定要注意按相应的标准区别对待。如机票的购买是根据儿童年龄来区分,而火车票、船票、景点门票大多是按儿童身高的不同购买相应的票种;在住房、用餐、用车等方面,儿童是否单独占一床位、餐位或车位,导游员应注意根据合同的约定来执行。

(三)生活关照

由于儿童的个子小,环境适应能力差,导游员在儿童的饮食起居方面要特别关心。用餐时,导游员要事先提醒餐厅,准备儿童用椅和餐具,以减少用餐时的不便;天气变化时,要及时提醒家长给孩子增减衣服;夏季提醒家长多给孩子喝水等。

(四)注意细节

对有儿童的旅游团,导游员还应注意以下细则:

(1)不宜突出了儿童,冷落了其他旅游者。

(2)不宜给儿童买食物和玩具。

(3)即使家长同意,也不宜单独把旅游者的孩子带出活动。

(4)不宜因某些项目对儿童免费或优惠,而视其为负担。

(5)儿童生病,应及时建议家长请医生诊治,而不宜建议家长给孩子服什么药,绝不能将自己随身携带的药品给儿童服用。

三、对残疾旅游者的服务

在团队旅游者中,有时会有一些残疾旅游者。这类旅游者的自尊心和独立性很强,虽然他们需要更多的关照,但又不愿给别人增添麻烦。接待这些残疾旅游者时,导游员要注意方式、方法,既要满腔热情、细心周到,尽可能地为他们提供方便,又要注意不给他们带来压力或伤害他们的自尊心。对残疾旅游者的服务应注意以下方面。

(一) 尊重与关心要注意细节

残疾旅游者通常具有自己活动的能力,他们认为自己既然出来旅游,生活就能自理,不愿成为别人的累赘。因此,导游员对残疾旅游者的服务,首先要尊重他们,把他们看做正常人一样平等对待。服务中自然地接近他们,适时地询问他们是否需要帮助,以及需要什么样的帮助,而不要过多地当众关心他们,那样会使他们感到难堪,引起反感。

其次,他们毕竟是残疾人,与常人相比行动有诸多不便,需要照顾。因此,导游员从活动计划安排到生活细节,都要充分考虑他们的生理条件和特殊需求,如线路选择应尽量不走或少走台阶,提前告诉他们洗手间的位置,安排餐厅和客房时尽可能选择方便进出的地方等。

(二) 不同情况,不同接待

对听力障碍者,导游员应尽量安排他们在靠前的位置,讲解时站在容易被看见、光线充足的地方,并尽量面对听力有缺陷的旅游者,适当放慢速度、注意停顿,加大口型变化的幅度,以便他们了解更多的讲解内容;必要时导游员应掌握一定的手语,方便为听力缺陷者提供服务,如果有手语翻译的旅游团,导游员应做好和翻译的沟通、配合;导游员还应注意在讲解中尽量强调一个地方"看"的东西,以便听力缺陷者得到更大的享受。

对视力障碍者,导游员应注意在旅游中尽量发挥他们除视觉之外其他感官的作用。能用手触摸的,让他们摸一摸;能聆听的,让他们静静地听一听;能闻的,让他们闻一闻,旅游时让他们使用越多的感官来体验越好。讲解的内容要力求细致、生动,口语表达准确、清晰,讲解速度可以适当放慢。

对截瘫旅游者,根据计划内容来分析,旅游者是否需要轮椅,如果需要,应提前准备;与计调或有关部门联系,最好使用方便轮椅上下的车辆;景点和饭店的选择,应注意是否有"无障碍设计"。

四、对宗教界旅游者的服务

在导游员接待的旅游者中,常常会有一些宗教界人士,他们大都虔诚友善,但

基于其特殊的背景和身份,往往特殊要求较多。因此,对宗教界人士的接待,导游员应注意以下几点:

(一)了解并掌握我国的宗教政策

我国实行宗教信仰自由政策,依法管理宗教事务,坚持自治、自养、自传的原则,积极引导宗教与社会主义社会相适应。中国不干涉宗教人士的国际友好往来,但未经我国宗教团体邀请和允许,不得擅自在我国境内传经布道和散发宗教宣传品。对于常规的礼拜活动,经上报宗教主管部门同意后,可在指定场所进行。任何人不得利用宗教进行破坏社会秩序、损害公民身体健康、妨碍国家教育制度的活动。

(二)提前做好准备工作

导游员应认真分析接待计划,了解接待对象的宗教信仰及其职位,对接待对象的宗教教义、教规等情况要有所了解和准备,以免在接待中发生差错;了解是否需要安排去教堂,要去的教堂名称、位置及开放时间。

(三)尊重并满足特殊要求

一般宗教界人士在生活上都有些特殊的要求和禁忌,导游员应设法给予满足。对饮食方面的禁忌和特殊要求一定要提前通知饭店、餐厅,做好准备,如有些伊斯兰教界人士用餐时,一定要去有穆斯林标志牌的餐厅用餐,地陪要认真落实,以免引起误会。导游员在安排活动日程时也要注意到宗教界人士的特殊需求,如天主教徒每天早晨要讲经、做祈祷,应等他们完成这些活动之后,再开始一天的游览活动。

(四)不要多加评论

导游员在讲解或交谈中,要注意避免涉及有关宗教问题的争论,更不要把宗教、政治、国家之间的问题混为一谈,随意评论。

五、对有特殊身份和社会地位旅游者的服务

有特殊身份和地位的旅游者,是指外国在职或曾经任职的政府高级官员、对华友好的官方或民间组织团体的负责人、社会名流,或在国际国内有一定影响的各界知名人士、某些国家的皇室或贵族成员、国际或某一国著名的政治家、社会活动家、大企业家等。这些旅游者往往是在公务之余出游,其日程安排、接待规格和方法有特殊要求。做好对这些人的接待工作,对扩大我国的对外影响,增进中国人民与世界各国人民之间的友好往来,具有十分重要的意义。

(一)准备充分

这些身份较高的旅游者素质高,知识面广,因此,导游员要提前做好相关的知识准备,如专用术语、行业知识,等等,以便能选择交流的话题,并能流利地回答他

们提出的问题。另外，导游员要通过一切可能的途径了解有关这些特殊服务对象的资料，如年龄、喜好、背景等，提供更加有针对性的服务。

（二）树立自信心

导游员不要因为对方地位较高而胆怯，往往越是身份高的人越懂得尊重别人，他们待人接物非常友好、客气，十分尊重他人的人格和劳动。如果导游员自己心理压力过大，会影响本人能力的发挥，效果反而不好。要相信自己只要充分准备、努力工作，一定可以圆满完成接待任务。

（三）注意接待规格

身份和地位不同，接待的规格也不同，导游员要认真研究接待计划，严格按照计划的规格执行接待任务。在接待这类旅游团（者）时，由于有时会安排相关领导或负责人接见、会谈，游览日程、时间变化较大，因此，地陪一定要灵活掌握，遇到问题随时向有关领导请示、汇报，不得擅自做主。

六、对女性旅游者的接待

女性有其自身的生理与心理特点，导游员在带团提供服务过程中应注意以下几点：

（一）突出"女士优先"

在西方国家交往中，尤其在社交场合，处处显示着"女士优先"原则，男性导游员在与外国旅游者交往时应尊重这一习惯，注意必要的礼节。

（1）过道上相遇，男子为女士让道；在人行道上行走，男子应走在外侧；男女同行，男子应落后女士半步。

（2）男子为女士开门，然后站立一旁，让女士先进（出）门；上车、上楼梯，女先男后；下车、下楼梯，男先女后，以便必要时男子帮女士一把。

（3）进餐厅、戏院，男子前导并为女士找好座位；在餐厅，让女士坐在最好的位置并帮她入座，让女士先点菜。

（4）女士掉了东西，男子应帮助捡起来。

（5）抽烟时，若有女士在场，应征得女士同意。

（二）适当购物

由于社会分工不同，女性相对于男性对商品的敏感度要高一些，因此，在旅游的行程中可以考虑适当购物，以满足女性旅游者对购物的心理需求。导游员在女性购物的过程中应做好参谋，热情介绍商品，使她们能够满意而归。

（三）讲解生动

相对于男性，女性在思维方式上多为形象性思维，因而更喜欢生动的讲解，比如喜欢听故事和传说，导游员应结合这一需求，适当调整导游词的内容，有针对性地满足女性旅游者的需求。

(四)关注健康

女性感情细腻,注重生活细节,对于饮食、住宿都有较高的要求标准,尤其对于客房的卫生更加重视。饮食除了讲究口感外,健康与美容也越来越成为判断一顿团队餐优劣的标准。导游员应有针对性地给予关注。

第五节 旅游者个别要求的处理

旅游者的个别要求,是指旅游团到达旅游目的地后的旅游过程中,个别旅游者或少数旅游者因旅游生活上的特殊需要临时提出的一种非计划性、非合同性的要求。对于旅游者提出的个别要求,不管其难易程度如何,也不管其合理与否,都应给予足够的重视,并及时、合情、合理地予以处理,使得到满足的旅游者高高兴兴,使没有得到满足的旅游者也对导游员的努力表示理解,使那些爱挑剔的旅游者也无可非议。为此,导游员在处理旅游者的个别要求时,不仅要注意处理的方式、方法和技巧,也要遵循一些必要的原则,使处理时头脑保持清醒,处置有度,方法恰当,效果也会更好。

一、餐饮、住房、娱乐、购物方面个别要求的处理

旅游者在生活、娱乐、购物方面的个别要求比较多,这是因为吃好、休息好是旅游活动顺利进行的基本保证,而娱乐活动可以起到锦上添花的作用。购物是旅游活动的重要内容之一,具有民族特色的商品不仅让旅游者喜爱,而且可以使旅游者从中对一个国家(地区)的民族文化有进一步的了解。因此,导游员应高度重视旅游者的此类个别要求,认真、热情、耐心地设法予以满足,使旅游者高兴而来,满意而归。

(一)餐饮方面个别要求的处理

1. 特殊的饮食要求

由于旅游者来自不同的国家、地区,因其生活习惯、宗教信仰、身体状况等原因,有些旅游者会提出一些特殊的饮食要求,如不吃猪肉或牛肉,不吃荤、不吃油腻、辛辣食品,甚至不吃盐、糖、味精等。

若这些特殊要求事先在旅游协议中有明确规定,接团社应早作安排,地陪在接团前应检查落实情况,不折不扣地兑现。

若旅游团(者)抵达后临时提出特殊要求,需视情况而定,一般情况下,地陪应与餐厅联系,在可能的情况下尽量满足;如确有困难,地陪应该说明情况,也可协助其自行解决。如建议旅游者到零点餐厅临时点菜或带旅游者到附近餐馆(最好是旅游定点餐馆)用餐,应向旅游者说明餐费自理,原来的餐费也不予退还。

2. 要求换餐、加菜、加饮料

有时旅游者要求换餐,如把中餐换成西餐、便餐换成风味餐,更换用餐地点,改变餐饮档次规格等。

旅游团(者)在用餐前3小时提出换餐要求,地陪要尽量与餐厅联系,如餐厅同意,可以满足,由此造成的损失或价差及有关费用要向客人说明,由客人自己承担;接近用餐时旅游团(者)提出换餐,一般不应接受要求,但导游员要做好解释工作;若旅游者仍坚持换餐,导游员可以建议他们自己点菜,由此造成的损失及有关费用要向客人说明,由客人自己承担。旅游者用餐时要求加菜、加饮料的要求可以尽量满足,但需要提前讲明,增加的菜肴和饮料费用自理。若客人要求退餐,一般不予接受,若客人坚持,损失费自理。

3. 要求单独用餐

由于旅游团的内部矛盾或其他原因,个别旅游者不愿意与大家一起用餐,要求餐厅让自己单独用餐,此时导游员应耐心解释,并告诉领队,请其协助调解;如旅游者坚持,导游员可以协助旅游者与餐厅联系,但餐费自理,并告知未享受的综合服务费不退。

旅游者由于某些原因而不随团用餐,如:外出自由活动、访友、生病、疲劳不想用餐,导游员应同意该旅游者的要求,但应向其讲明餐费不退。

4. 要求提供客房内用餐服务

若旅游者生病,导游员或饭店服务员应主动将饭菜送进房间以示关怀。若健康的旅游者希望在客房用餐,应视情况办理;若餐厅能提供此项服务,可以尽量满足旅游者的要求,但需告知服务费自理;若餐厅不能提供此项服务,要向旅游者耐心解释。

5. 要求自费品尝风味餐

旅游团要求外出自费品尝风味餐,导游员可协助与有关餐厅联系订餐。风味餐订妥后旅游团又不想去,导游员应予劝说,说明若不去用餐需赔偿订餐损失费(离用餐时间越近,交付的损失费越多)。若旅游者邀请导游员一起去,要注意这时旅游者是主人,导游员是客人,不可以反客为主。

6. 要求推迟或者提早用餐时间

旅游者因生活习惯或有关活动的安排等原因要求提早或推迟用餐时间,导游可与餐厅联系,视餐厅的具体情况办理。一般情况下,导游员要向旅游者说明餐厅有固定的用餐时间,过时用餐须另付服务费,旅游者若同意付费,可满足其要求。

(二)住房方面个别要求的处理

1. 要求掉换饭店或房间

团队旅游者到一地旅游时,对我方协同领队安排的住房一般无异议,因为客房的星级、规格、类型在协议中都有明确的规定,甚至在什么样的城市下榻哪一家饭店都写得清清楚楚。所以,接待社向旅游团提供的客房即使符合标准,但若用同星级的其他饭店替代协议中标明的饭店,旅游者也会提出异议。若有时由于季节原因、工作差错,导致安排的住房低于标准,或者只能用同等级的其他饭店的客房代替,旅游者都可能会对此提出异议。若提供的客房低于标准,旅行社应负责予以掉换;若掉换确有困难解决不了,须向旅游者说明原因,并且给予某种补偿。若是用同等级的其他饭店的客房替代,旅行社要提出有说服力的理由,并且要耐心地向旅游者解释。

由于客房条件差,如用具破损,客房内有臭虫、蟑螂、老鼠等,旅游者不愿意入住,要求换房,导游员要尽量满足旅游者的要求,必要时应更换饭店。若客房内设备尤其是房间卫生达不到清洁标准应立即打扫、消毒。若因房间位置不好,如朝向不好、观景角度不佳、楼层不好等原因要求掉换房间时,若饭店有空房,且不存在档次差别,可适当予以满足,或请领队出面,在旅游者中间互相调剂;若无法满足时,应作耐心解释,并向旅游者致歉。

2. 要求更高标准的客房

有的旅游者要求较高,要住高于合同规定标准的房间,只要条件好,不惜房价高,若饭店有高于合同规定标准的高档次空房,可以予以满足,但需要收取两种档次客房的房费差价及原订房间的退房损失费;若原饭店没有高于合同标准的高档次空房,旅游者又同意交付原饭店的退房损失费和高档次饭店与合同饭店的房费差价,导游员应与比合同饭店档次高的饭店联系,尽量予以满足。

3. 要求住单间

住标准间的旅游者要求住单人间,如果饭店有空房,可予以满足,但房费和损失自理。同住一房间的旅游者因闹矛盾或生活习惯不同而要求与他人合住或住单间,导游员可以请领队调节,或者在内部调整。若调解、调配不成,饭店有空房,可满足旅游者的要求,但导游员应事先说明,单间房费由旅游者自理(一般由谁提出住单间谁付房费)。

4. 要求购买客房中的摆设品

有时旅游者看上了客房内的某一使用、装饰物品,要求购买时,导游员应协助游客与饭店有关部门联系,由客人直接与有关人员交涉完成购买事项。

5. 要求延长住店时间

由于某些原因,如生病、访友、改变旅游日程等,中途离团的旅游者提出延长在本地的住店时间,导游员可先与饭店联系,若饭店有空房,可以满足旅游者的要求,但导游员应向游客说明延长期的房费由其自付,若原住饭店没有空房,导游员可协助联系其他饭店,房费由游客自付。

(三) 文娱活动方面个别要求的处理

娱乐活动是西方旅游者晚间活动的重要内容,一般在活动日程中事先都有安排,也有的是客人临时要求的。在我国,为国际旅游者提供的娱乐活动有京剧、古代音乐舞蹈、杂技、民族歌舞、地方戏、体育游戏等,也有饭店员工和旅游者联欢的文娱晚会,这些活动不仅充实了旅游活动的内容,也使旅游者对中国的传统文化有所了解,给他们留下难忘的印象。对于娱乐活动,旅游者各有爱好,一般不强求统一,由旅游者自愿参加,如有个别要求,导游员应本着"合理而可能"的原则,视具体情况妥善处理。

1. 计划内的娱乐活动

计划内的娱乐活动,一般在协议书中有明确规定,一般情况下,导游员应按接待社的具体安排,准时带领旅游者到指定的娱乐场所观看演出;若无明文规定,导游员最好事先与旅游者商量,然后再安排。若本地有几场文艺演出可供客人欣赏,导游员应选其中较有特色、具有新意、旅游者比较感兴趣的演出。

旅行社已安排好观赏某文娱演出后,部分旅游团(者)却要求观看另一演出,导游员应与接待社有关人员联系,若时间许可又有可能掉换时,尽可能予以掉换;如无法安排,导游员要耐心解释,并告知票已订好,不能退换,请旅游者谅解;旅游者若坚持要求观看别的演出,导游员可予协助,但事先告知费用自理。

若已决定一部分旅游者观看旅行社安排的演出,另一部分旅游者观看另一种演出,如果两部分人所去的地方在同一线路,导游员要与司机商量,尽量用同一辆车送达或接返;若不在同一线路,可为提出要求者另行安排车辆,但事先告知车费自理。

2. 计划外的娱乐活动

旅游者提出自费观看文娱演出或参加某种娱乐活动,导游员一般应予以协助,如向其介绍本地较有特色的演出,并帮助购买门票、安排出租车等,通常不陪同前往,但要提醒旅游者记好饭店地址及联系方式,注意安全,并向其介绍本地的民俗禁忌、法律规章制度等。

如果旅游者要求去大型娱乐场所或情况复杂的场所,导游员须提醒旅游者注意安全,必要时应陪同前往。

3. 要求前往不健康的娱乐场所

旅游者要求去不健康、不文明的娱乐场所和过不正常的夜生活时,导游员应断然拒绝,并介绍中国的文化传统和道德观念,严肃指出不健康的娱乐活动和不正常的夜生活在中国是禁止的,是违法行为。

(四) 购物方面个别要求的处理

购物是参观游览活动的重要补充,也是旅游者的旅游动机之一。旅游者通过购买旅游商品,既具有使用价值,又具有纪念意义,还会对一个国家(地区)的民族文化和风俗民情有进一步的了解,由于旅游者的需求不同,因此,往往会提出各种各样的个别要求,导游员要掌握旅游者的意愿,要不怕麻烦,并设法予以满足,但不得强行安排。

1. 要求单独外出购物

旅游者在集体购物时间之外,要求单独外出购物,导游员要予以协助,当好购物参谋,如建议旅游者去某家商场购物,为其安排出租车并写便条让其带上(条上写明商店名称、地址和饭店名称等)。但在旅游团快要离开本地时,导游员要劝阻旅游者不要单独外出购物,以免误了飞机或火车。

2. 要求退换商品

旅游者购物后发现是残次品、计价有误或对物品不满意,要求导游员帮旅游者交涉退换时,导游员应积极协助,视情况决定陪同前往或请旅游者单独前往,不能以走不开为理由拒绝,更不能说"你为什么当时不看好?""商品售出后是不会给退换的!"之类的话来推托,若是退货,容易引起纠纷,应该与商店联系,说明情况,请其按规定处理。

3. 要求再去某商店购买相中的商品

旅游者在某家商店购物时,相中某一(贵重)商品,当时犹豫不决,回饭店后又下决心购买,要求导游员协助时,一般情况下只要时间许可,导游员可写个便条(上写商品名称和请售货员协助之类的话)让旅游者租车前往该商店购买,也可陪同前往。

4. 要求购买古玩或仿古艺术品

海外旅游者希望购买古玩或仿古艺术品,导游员应带游客到文物商店购买,买妥物品后要提醒其保存发票,不要将物品上的火漆印(如有的话)去掉,以便海关查验。若旅游者想逃避关税,暗示商店开假发票,导游员应向其解释中国的有关政策,婉言拒绝。旅游者要在地摊上选购古玩,导游员应劝阻,并告知我国海关规定:携带我国出口文物(包括古旧图书、字画等),应向海关递交中国文物管理部门的鉴定证明,否则不准携出,地摊是无法为旅游者提供这种证明的。若发现个别旅游者有走私文物的可疑行为,导游员须及时报告有关部门。

5. 要求购买中药材、中成药

海外旅游者想购买中药材、中成药时,导游员应告知我国海关的规定:入境旅游者出境时携带其购买的中药材、中成药,前往国外的,总值限人民币300元;前往港、澳地区的,总值限人民币150元。中药材、中成药的价格,均以境内法定商业发票所列价格为准。麝香不准出境。严禁携带犀牛角和虎骨入境和出境。

6.要求代为托运物品

旅游者购买大件物品后,要求导游员帮忙托运时,导游员可告诉他商店一般都可以办理托运业务,购物后当场即可办理;若商店无托运业务,导游员要协助旅游者到有关部门办理托运手续。

旅游者欲购某一商品,但当时无货,请导游员代为购买并托运,对旅游者的这类要求,导游员一般应婉拒。实在推托不掉时,导游员要请示领导。一旦接受了旅游者的委托,导游员应在领导指示下认真办理委托事宜:收取足够的钱款(余额在事后由旅行社退还委托者),得知货到后及时购买,并办好相关手续,而后把发票、托运单及托运费收据寄给委托人,旅行社保存复印件以备检验。

二、要求自由活动和转递物品的处理

(一)旅游者要求自由活动的处理

在旅游过程中给予旅游者适当的自由活动时间,可以缓解集体活动带来的紧张节奏,使旅游者做到有张有弛,更好地达到旅游的目的,这是符合旅游者心理要求的。他们往往需要一定的自由活动时间,选择自己感兴趣的项目参观游览,或处理其他事务。导游员要充分理解这种情况,当旅游者要求自由活动或单独活动时,导游员应不怕麻烦,不要借口保证旅游者安全而取消自由活动,而应根据不同情况,按"合理而可能"的原则妥善处理,并认真回答旅游者的咨询,向他们提出建议,并尽量满足他们的要求。

1.一般情况下允许旅游者自由活动

个别旅游者因个人爱好、职业兴趣或已来华多次,或已多次游览过某一景点等原因,不愿意随团参加集体活动,而希望离团自由活动。如果个别旅游者的要求不影响整个旅游活动,导游员可以满足并提供必要的协助。如:导游员提醒旅游者带上饭店的店徽,写一便条交给旅游者,便条上写明前往目的地的名称、地址、下榻饭店的名称及电话等;帮助找出租车,提醒旅游者晚饭的用餐时间和用餐地点;提醒旅游者注意安全,保护好自己的财物;必要时将导游员自己的手机号告诉旅游者。

到某一游览点后,若有个别旅游者希望不按规定的线路游览,而希望自由游览或摄影时,若环境许可(游人不太多,秩序不乱),导游员可满足旅游者的要求,并提醒其集合的时间、地点及旅游车的车号;必要时留一字条,上写集合时间、地点和车号,以及饭店名称和电话号码,以备不时之需。

晚上如果没有活动安排,旅游者要求自由活动时,导游员一般应满足旅游者的要求,并且建议其不要走得太远,不要去秩序乱的场所,不要回饭店太晚。

总之,当旅游者要求自由活动时,导游员一定要做细致的工作,确保旅游者的人身、财产安全。

2. 需劝阻旅游者自由活动的几种情况

下述情况不宜让旅游者单独活动,导游员应进行劝阻:

(1)如旅游团计划去另一地游览,或旅游团即将离开本地时,若有人要求留在本地活动,由于牵涉面太大,为了不影响旅游团活动计划的顺利进行,导游员要劝旅游者随团活动。

(2)如地方治安不理想,导游员要劝阻旅游者外出活动,更不要单独活动,但必须实事求是地说明情况。要劝阻旅游者去复杂、混乱的地方自由活动。不宜让旅游者单独骑自行车去人生地不熟、车水马龙的街头游玩。

(3)在即将离开某地之前,为了防止误机(车、船),一般应提醒旅游者不要自由活动,尤其是当这种自由活动需要较长时间,如到热闹的地方购物等,更不应答应旅游者的这种要求,以免影响旅游团按规定时间准时抵达机场(车站、码头)。

(4)游河(湖)时,旅游者提出希望划小船或在非游泳区游泳的要求时,导游员不能答应,更不能置旅游团于不顾而陪少数人去划船、游泳。

(5)旅游者要求去不对外开放的地区、机构参观游览,导游员不应答应此类要求,并提醒对方尊重中国的有关规定。

总之,出现以上情况时,导游员要向旅游者耐心解释,说明原因,以免发生误会。如果个别旅游者很固执,导游员做不通旅游者工作时,可请领队和旅行社领导帮助。

(二)旅游者要求转递物品的处理

旅游者要求旅行社和导游员帮助旅游者向有关部门或亲友转递物品和信件时,导游员应视具体情况按相应规定和手续办理。

一般情况下,导游员应婉拒并建议旅游者将物品亲手交给接收人,或通过邮局邮寄,或快递给接收部门或接收人。如果旅游者确有困难,导游员实在无法推托时,可给予协助。

1. 旅游者要求转递物品

旅游者要求转递,导游员须问清转递的是何种物品。若是应交税物品,应促使旅游者纳税;若是贵重物品,导游员一般要婉拒,无法推托时,要请旅游者书写委托书,注明物品名称和数量并当面点清,签字并留下详细通信地址、电话等;接收人收到物品后,要写收条并签字盖章;导游员将委托书和收条一并交旅行社保管。

旅游者要求转递的物品中若有食品,导游员应婉言拒绝,请旅游者自行处理。

2. 旅游者要求转递信件和资料

旅游者若要求转递信件或资料,导游员应请旅游者自行去邮局办理,但可提供必要的协助。如果要求转递的是重要资料和信件,最好请旅游者自行处理;若导游员答应转递,转递手续必须完备。应请旅游者书写委托书,注明资料和信件的名称、交付的时间,作必要的记录并留下委托者的详细通信地址;收件人收到资料和信件后,要出具收据,交旅行社保存。

3. 收件人是外国驻华使、领馆或其人员

外国旅游者要求导游员帮助将物品或信件转递给外国驻华使、领馆及其人员时,导游员应建议旅游者自行办理,但可给予必要的协助;若旅游者确有困难不能亲自去送,导游员应详细了解情况并向旅行社领导请示,将转递物品交旅行社,由其转递。

三、探亲访友和亲友随团活动要求的处理

(一)旅游者要求探亲访友

旅游者在中国旅游期间,希望探望旅游者在中国的亲戚朋友,这可能是旅游者旅游的重要动机之一,甚至是最大的心愿。导游员如果能促成旅游者与其亲友会见,或帮助旅游者找到亲友,就会使旅游者心情愉快,有利于旅游活动的顺利进行。因此,当旅游者向导游员提出此类要求时,导游员应设法予以满足。

1. 一般处理方法

若旅游者知道亲友的中文姓名、职业、工作单位、详细地址,导游员应协助联系,并向旅游者讲明具体乘车路线。如果旅游者的亲友居住在旅游线路以外的城市和地区,一般不应同意旅游者离团前往探亲访友,可协助其约亲友到旅游线路内的城市见面。若旅游者只知其亲友姓名或某些线索,但地址不详,也没有联系方式,导游员可通过旅行社请公安户籍部门帮助寻找,找到后及时告诉旅游者并帮其联系,若旅游期间没找到,可请旅游者留下联系地址和电话号码,待找到其亲友后再通知他。

若海外旅游者要求与我有关方面(如教育、卫生、妇女、城建、法律、宗教等)人士进行专题座谈时,导游员应弄清座谈的具体题目,然后同有关单位联系;若海外旅游者要求会见中国同行洽谈业务、联系工作、捐款、捐物等活动,导游员应向旅行社汇报,在领导指示下给予积极协助;若海外旅游者慕名求访某位名人,导游员应了解旅游者要求会见的目的,并向领导汇报,按规定办理。

2. 应注意的事项

导游员在帮助外国旅游者联系会见亲友或同行时,一般不参加会见,没有担当翻译的义务,如果一方或双方希望导游员协助翻译,在不影响旅游团活动的前提下,可以答应。

导游员如发现个别中国人与旅游者之间以亲友身份作掩护进行不正常往来,或旅游者会见人员中有异常情况,应及时汇报。

若外国旅游者要求会见在华外国人或驻华使、领馆人员,导游员不应干预;如果要求协助,导游员可提供地址和行车路线等帮助,一般不陪同前往;若外国旅游者邀请导游员参加其使、领馆举行的活动,导游员应先请示领导,经批准后方可参加。

(二)旅游者要求亲友随团活动

有的旅游者到某地后,提出希望旅行社准许旅游者的亲友参加旅游团在当地的活动,甚至随团一起到外地去旅行游览。当旅游者向导游员提出此类要求时,在条件允许(如车上有空位)的情况下,导游员应根据不同情况处理:

(1)先征得领队和旅游团其他成员的同意。

(2)与旅行社有关部门联系,如无特殊情况可到旅行社办理入团手续:出示有效证件、填写表格、交纳费用。办完随团手续后,方可随团活动。

(3)若是外国外交官员随团活动,应请示旅行社领导,对他们的接待和活动安排应严格按我国政府的有关规定办理。

(4)若旅游者的在华亲友以记者身份参加旅游团的活动,一般不予同意,特殊情况需请示有关部门批示。

导游员对旅游者随团活动的亲友,应做到服务周到、热情,一视同仁,提供同等服务。

四、要求中途退团或延长旅游期限的处理

旅游团或团中的个别旅游者由于生病、急事或其他原因被迫或主动要求缩短旅游期,或延长旅游期。旅游者的这种特殊要求不是导游员所能解决的,所以当旅游团或团中个别旅游者提出此类要求时,导游员必须立即报告接待社,由其视具体情况作出决定,导游员则应在领导指示下做些具体工作,协助旅游者。

(一)旅游者要求中途退团

旅游者因患病、家中出事、工作上急需或因其他特殊原因(如严重的天灾人祸),要求提前离开旅游团并中止旅游活动,经接待社与组团社协商后可予以满足。至于未享受的综合服务费,应按旅游协议书的有关条款规定或两社协商的办法,可部分退还或不予退款。

旅游者若无特殊原因,只是某个要求得不到满足而提出提前离团时,导游员要配合领队做好劝说工作,尽可能劝旅游者继续随团旅游;若接待社确有责任,应向客人道歉,并设法弥补;若旅游者提出的是无理要求,要做耐心解释;若劝说无效,旅游者仍执意要求退团的,可满足其要求,但应告知其未享受的综合服务费不予退还。

若由于接待服务质量太差,严重服务缺陷过多,领队一再交涉仍无明显改进,

可能会导致整个旅游团强烈不满,终止旅游,提前结束旅游计划。出现这种情况,处理起来比较麻烦,导游员和旅行社应通过采取必要的补偿措施,争取使旅游者改变态度。若仍无效果,可按投诉的有关规定处理。

外国旅游者不管因何种原因要求提前离开中国,导游员都要在领导指示下协助旅游者重订航班、机座,办理分离签证及其他离团手续,但所需费用由旅游者自理。

(二)旅游者要求延长旅游期限

外国旅游者因伤病住院治疗需要延长在中国的居留时间,导游员应为旅游者办理有关手续,还应不时地前往医院探视,并帮助解决伤病者及其家属在生活上的困难。

外国旅游者在旅游团的活动结束后仍有余兴,要求继续在中国旅行游览,若不需延长签证,一般可满足其要求;若需延长签证,原则上应予婉拒。若个别旅游者确有特殊原因需要留下,导游员应请示旅行社,然后向旅游者提供必要的帮助:陪同旅游者持旅行社的证明、护照及集体签证,去当地公安局办理分离签证手续和延长签证手续,协助其重订航班、机座,帮其订妥客房。由此引起的一切费用应由旅游者自理。旅游团离境后,留下的旅游者若要求旅行社继续为其提供导游等服务,则需另签合同协议,并按有关规定收取费用。

第六节 导游带团技能实训

一、途中活跃气氛

(一)实训安排

实训项目	途中活跃气氛
实训目的	1.通过实训,使学生了解带团途中活跃气氛的常用方法,并能够根据实际情况灵活运用 2.通过实训,使学生认识到途中活跃气氛是导游员的一项重要技能,需要导游员平时多用心积累
实训时间	1学时
实训方法	老师介绍途中活跃气氛的常用方法,并举例示范;模拟旅游团途中情景,请同学们现场活跃气氛

续表

实训项目	途中活跃气氛
实训材料	活跃气氛所需的各种小道具
实训要求	1. 布置学生课前做好相关准备 2. 活跃气氛应杜绝低级趣味的东西,例如黄色段子、黑色幽默等 3. 教师在设置模拟场景时,可以变换不同的客人类型、不同的场合,使学生有针对性地活跃气氛,同时形式应多种多样,有表演性的和参与性的,便于学生得到全面训练 4. 为了取得较好的效果,模拟场景最好选择在校车内进行
实训步骤	1. 教师讲解活跃气氛的方法 2. 教师给出背景材料,模拟旅游团途中情景 3. 学生进行现场活跃气氛 4. 填写实训报告,实训结束

(二) 实训内容

实训内容	操作要领	常见错误
唱歌(戏)	导游员平时应至少准备好一两首拿手的歌曲;带团时,应针对客人的喜好,选择歌曲或戏曲来唱,争取客人参与;也可以为客人表演一些民歌或地方戏,帮助客人了解当地文化;选择适合特定场合的歌曲,例如接团时和送团时各准备一首歌	导游员对歌(戏)曲的选择只考虑自己的喜好,而没有考虑客人的喜好,例如对中年旅游者唱流行歌曲
讲笑话	导游员平时要多注意搜集各种素材的逸闻趣事;带团时可以根据旅游者的特点,选择与旅游者相关的题材,或是与旅游活动相关的题材,以引起旅游者的兴趣	为了迎合个别旅游者的低级趣味,讲黄色段子或黑色幽默;不分场合、对象,讲旅游者忌讳的笑话
讲故事	掌握讲故事的技巧;选择适合旅游者特点及当时场合的故事;讲解时注意"轻重有别",不要拘泥于故事原形,根据需要调整故事长短,可加强缩写、扩写的训练	讲故事套路固定,千篇一律;讲解没有语音、语调的变化;逐句背诵故事,生硬、不灵活

续表

实训内容	操作要领	常见错误
组织游戏	带团前,准备好适合自己团队的特点、全员参与的小游戏,包括相关的小道具、有特色的小奖品等,以激发旅游者的积极性	选择的游戏不适合旅游者的特点;没有做好组织游戏的相关准备,现场效果不佳
图文声像方式	导游员提前准备一些适合团队特点或与旅游活动相关的图文声像资料,以便在途中为旅游者播放,调节气氛	导游员没有准备好合适的图文声像资料
其他方法	导游员平时应注意多留心、多学习,丰富自己的资料库,掌握几手"绝活"	平时不重视活跃气氛方法的学习和训练

(三) 考核测试

1. 测试方法

按百分制计分,其中随堂测试50分,实训报告50分。

2. 测试表

组别:_____ 姓名:_____ 时间:_____

项　目	应得分	实际得分
活跃气氛方法选择的针对性	10	
活跃气氛方法选择的灵活性	10	
活跃气氛方法是否健康向上	10	
活跃气氛的实际效果	20	

3. 实训报告

同"迎接服务实训考核测试"中的实训报告表。

案例分析

针对以下不同的客人类型和场景,分组请同学上来示范如何活跃气氛,之后请同学们进行讨论并回答问题。

(1)某夏令营团,正在前往某海滨浴场的途中,还要两个小时的车程;

(2)导游员即将送别某美国旅游团,在前往机场的途中;

(3)某来自广东的领导干部旅游团,在前往某红色景点的途中(需要5个小时车程)。

思考:

(1)哪些同学活跃气氛的方法比较成功?分析其成功的原因。

(2)你还能想到哪些途中活跃气氛的方法?

(3)要具备活跃气氛的高超技能,你认为应该怎么做?

二、协调沟通能力

(一)实训安排

实训项目	协调合作关系的技巧
实训目的	通过实训,熟悉、掌握处理合作关系的技巧,并能够根据实际情况灵活运用
实训时间	1学时
实训方法	1.以学生参与表演的情景剧形式表现真实情景,学生分组讨论并回答问题 2.案例教学
实训材料	开放性教室、多媒体教学设备
实训要求	1.协调合作关系的技巧情景剧的表演,教师应选好同学,课前进行必要的排练,以达到应有的效果 2.导游在处理合作关系时要注意,虽然每一种关系都有各自的利益,难免发生冲突,但根本目标是一致的,就是共同做好接待工作
实训步骤	1.实训前,教师选几位学生按案例描述的场景扮演各角色进行排练 2.教师讲解处理合作关系的技巧 3.情景剧表演开始 4.表演结束,学生分组讨论,回答问题 5.教师直接给出案例,学生进行分组练习 6.填写实训报告,实训结束

（二）实训内容

实训内容	操作要领	常见错误
与领队的配合技巧	1.同领队协商 （1）主动与领队商讨活动日程安排，听取领队的意见和建议 （2）经常征求领队对旅游服务的意见和建议，听取领队关于旅游者的反应 （3）发生旅游故障或事故时，争取领队配合 （4）旅游计划被迫更改，首先同领队协商，争取领队理解、支持和配合 2.支持领队工作 积极协助领队开展与旅游活动有关的工作；尽量避免介入旅游团内部事务，必要时可协助领队做好解释和调解工作 3.调动领队积极性 在适当的机会，多给领队留"面子"和表现的机会：旅游日程商定后，由领队向全团宣布；活动安排可由领队通知旅游者；如领队对某些旅游项目熟悉，可请领队先介绍； 对领队的失误，要善意地在私下指出，平时在客人面前多说领队好话 4.与不合作的领队共事 （1）严格按照接待计划执行，不能让领队牵着鼻子走，以免被动 （2）做好旅游者的工作，争取旅游团内大多数旅游者的理解与支持 （3）对领队的苛求，要有理、有利、有节地争辩；注意交谈时不与之当面冲突，要适时地给其台阶下，争取今后合作	1.缺乏对领队的尊重，对于日程安排、计划变更等问题越过领队，直接与旅游者协商 2.缺乏与领队的沟通，不注意征求领队的意见 3.由于经验不足缺乏自信，面对不合作的领队，一味地迁就 4.对于领队的无理要求，激烈争辩，得理不饶人
与全陪或地陪的配合技巧	1.与全陪 （1）尊重全陪的工作，认真执行接待计划，注意维护旅游者的利益，遇到问题不推诿责任 （2）多与全陪协商，特别是在日程需要调整、旅游团内发生交通事故、失窃等重大问题时 2.与地陪 （1）认真监督接待质量，发现问题及时与地陪沟通，以期改正或弥补 （2）接待过程以地陪为主，做好配合工作，如在带队参观、旅游者因病住院或丢失证件时，等等 3.注意任何情况下全陪、地陪不可当众争吵	1.没有严格执行接待计划，擅自增减项目或降低接待标准 2.发现问题，没有及时与地陪沟通，而是一味地指责对方失误

续表

实训内容	操作要领	常见错误
与司机的配合技巧	1. 尊重司机的工作 (1) 与司机研究日程安排，征求司机对日程的意见和建议，使司机积极参与导游服务工作 (2) 同旅游者初次见面，要主动介绍司机，并强调司机的重要性 (3) 提醒旅游者注意保持旅游车厢的清洁，不要把垃圾扔在座位周围，减轻司机的清扫工作量 2. 与司机及时地沟通 (1) 旅行中凡涉及用车、行车的问题，要提前和司机沟通，以便其做好准备工作，特别是旅游线路变化，应提前告诉司机 (2) 如果司机对路线不太熟悉，导游最好提前做好准备，并在途中注意提示司机行车的路线 3. 协助司机做好安全行车、停车工作 (1) 旅游者到达景点下车后，导游员应协助或提醒司机关好车门、车窗 (2) 行车时，注意提醒司机不要开快车；开车前，提醒司机不要饮酒 4. 适时地称赞司机 在经过一段艰难的行车，或是旅行圆满结束时，可以在旅游者面前称赞司机的工作，并请旅游者一同对司机的工作表示感谢	忽视司机在接待过程中的重要地位，旅行前没有与司机认真研究日程安排；带团过程中，与司机缺乏沟通，对于出发时间、集合地点、线路变化等没有提前通知司机
与其他接待单位的协作	及时、有效地与旅游接待单位沟通，时间上不拖延，沟通对象应为直接负责的接待人员；协助弥补供给缺陷，注意原则，讲究方式，不能以命令口气；主动争取旅游接待单位的帮助	对于计划变更、特殊要求等信息没有及时通知接待单位；没能直接与接待单位负责部门沟通；不善于利用接待单位的协作关系争取帮助；对接待单位的失误一味指责

(三) 考核测试

1. 测试方法

按百分制计分，其中随堂测试 50 分，实训报告 50 分。

2. 测试表

组别：_____ 姓名：_____ 时间：_____

项 目	应得分	实际得分
与领队的配合技巧	10	
与全陪或地陪的配合技巧	10	
与司机的配合技巧	10	
与其他接待单位的协作	10	
处理合作关系的实际效果	10	

3. 实训报告

同"迎接服务实训考核测试"中的实训报告表。

☞ 案例分析

W小姐现在已经是一个成熟的导游员了，但是她却一直记着刚刚开始带团的经历，记着那些向自己毫无保留地介绍经验的司机师傅，她把这些司机师傅称为自己的老师。她说："在我刚刚开始带团的那些日子里，我从与我合作的司机师傅那里学到了很多东西。这些司机，和许多导游员合作过，他们不仅了解导游员的工作程序和技巧，尤其可贵的是，他们经历过许多导游员处理紧急情况的过程，有许多丰富的间接经验。这些东西，对司机的直接用处并不大，但是对于导游员的用处却是很大的。所以有一段时间，我一下团就和司机切磋交流，向他们请教各种问题。这种学习经历，对于我迅速走向成熟起了重要作用。那段时间，我每带过一个团，总要请司机对我在各个方面的表现做一个综合评价，特别是要请他们指出我工作中的不足。直到今天，我依然记得当年许多由司机为我作出的点评。比如，有一位已经记不起姓名的司机点评我的带团工作时说：'你肯用力，更要肯用心；用力可以使你合格，加上用心才能使你优秀。'这一条意见，我一直记在心里，至今依然让我继续受益。"

思考：看后请思考W导游的经历对你有什么样的启示？

☞ 案例分析

情景剧脚本

出场人物：导游 招待所接待人员

时间：团队刚刚入住某招待所

地点:庐山上某招待所内

情景:团队中有一位老年人患有关节炎,但房间内却很潮湿。导游于是找到了接待人员。

导:您好,我是××团的导游。

接:您好,请问有什么问题吗?

导:是这样的,我们团队中有位老年旅游者患有关节炎,但房间内很潮湿,我怕老人家会受不了,看能不能掉换一间向阳的、比较干燥的房间。

接:好的,我可以给他调一间房,只是楼层会高一些。但是房间还会有一些潮,因为您知道我们庐山当地的气候本身就很潮湿。

导:是的,我知道。只是这位老年旅游者身体情况比较特殊,您看还有没有什么办法?

接:那我再想办法给他送一条电热毯吧。按我们的规定,只给一楼的客房才配有电热毯。

导:那太谢谢您了,麻烦您现在先帮我的这位客人掉换一下房间。

接:好的。

思考:分析导游员的做法。面对旅游接待中的不足,导游员应如何与接待单位的相关人员协调合作?

三、心理服务技能

导游员服务的对象是旅游者,他们由于国籍、民族、年龄、职业、性格、爱好等的差异,在旅游中的需求也各不相同。对导游员来讲,要把这些特点各异的旅游者凝聚在自己周围,以保证旅游活动能够顺利地进行,并使导游服务更有灵活性和针对性,就必须分析旅游者的心理,掌握一定的与旅游者交往的技巧。

(一) 实训安排

实训项目	心理服务技能
实训目的	通过实训,要掌握获得旅游者相关信息的主要渠道,能够通过基本信息来判断旅游者的特征,从而提供有针对性的服务;学会在导游服务中充分地尊重旅游者,保持微笑服务;能够在游览过程中对旅游者的消极情绪进行积极有效的引导
实训时间	1学时
实训方法	1.准备好相关的信息卡片,在课堂上分发给学生,请学生填写卡片,并对卡片所提供的信息进行有效的分析 2.对老师准备的案例进行评析

续表

实训项目	心理服务技能
实训材料	相关信息卡片
实训要求	所准备的卡片要带有普遍性和针对性
实训步骤	1. 教师讲解与旅游者交往的技巧 2. 学生填写信息卡片,并对其中的信息联系实际导游工作,进行分析 3. 教师直接给出案例,学生进行讨论,并回答问题 4. 填写实训报告,实训结束

(二) 实训内容

实训内容	操作要领	常见错误
了解旅游者	1. 从个人背景了解旅游者。上团前,通过接待计划了解旅游者的国籍、性别、年龄、职业、文化层次、宗教信仰,等等;接团后,注意观察或通过有针对性的聊天,发现旅游者的特长、爱好及习惯 2. 从出游动机了解旅游者。在和旅游者的交往中,要主动了解和把握旅游者的出游动机和需要,有的放矢地安排活动 3. 通过分析各阶段心理变化,了解旅游者 4. 通过性格特征了解旅游者。在和旅游者的相处过程中,导游员可通过观察旅游者的言行举止从而判断其性格,进行有针对性的交流	1. 带团前没有认真阅读接待计划,没有分析旅游者的基本特征及所带旅游团队旅游者的结构情况,对旅游者情况不清楚 2. 带团过程中不注意观察旅游者,对旅游者的心理动机和个性不了解
尊重旅游者	1. 使用柔性语言 与旅游者说话时要语气亲切、语调柔和、措辞委婉、说理自然,常用商讨的口吻与旅游者说话 2. 善于倾听 (1) 倾听时,注意用友好的目光关注对方,表现出自己思想集中、表情专注 (2) 倾听时要注意随时察觉对方对服务的要求,以示尊重 (3) 无论旅游者说话是误解、投诉或无知、可笑,语气严厉或不近人情,都应耐心、友善、认真听取;意见不同时,婉转地表达自己的想法 (4) 倾听时要随时作出反应,例如边点头、边微笑地听,同时可以说"我明白您的意思"	1. 与旅游者交往时不注意自己的语言表达,语气生硬,常用命令的口吻 2. 倾听时,目光没有注视着对方 3. 对旅游者话语中流露的需求或顾虑没有留心 4. 对于旅游者的误解或投诉,在表情和举止上流露出反感、藐视之意;倾听过程中随意打断对方说话或任意插话辩解;对于旅游者的不同意见,当面提出否定意见

续表

实训内容	操作要领	常见错误
微笑服务	嘴角微微向上翘起,让嘴唇略呈弧形,在不牵动鼻子、不发出笑声、不露出牙齿的前提下,轻轻一笑 1. 面含笑意,但笑容不可太显著 2. 要做到目光柔和发亮,双眼略为睁大,眉头自然舒展,眉毛微微向上扬起 3. 微笑时要力求表里如一,一定要有一个良好的心境与情绪作为前提,发自内心地微笑 4. 平常可对着镜子练习微笑,寻找自己的最佳微笑,并注意运用到工作中	1. 微笑勉强不自然,"皮笑肉不笑" 2. 微笑没有注意服务场合,当旅游者满面哀愁或出了洋相而感到极其尴尬时,仍面露微笑
与旅游者建立伙伴关系	1. 接团后,尽快熟记每一位旅游者的姓名 2. 尽快与旅游者建立伙伴关系	带团过程中不注意和旅游者进行沟通,不能尽快熟悉团队中的每一位旅游者

(三)考核测试

1. 测试方法

按百分制计分,其中随堂测试 50 分,实训报告 50 分。

2. 测试表

组别：_____ 姓名：_____ 时间：_____

项 目	应得分	实际得分
了解旅游者的途径	10	
对旅游者可能需求的分析	10	
调整旅游者情绪方法的运用	15	
调整旅游者情绪的效果	15	

3. 实训报告

同"迎接服务实训考核测试"中的实训报告表。

案例分析

旅游者性别、年龄特征

请将下列旅游者特征填入相应的旅游者类型后,并针对其特征分析可能的旅游需求(提示:在导游讲解方面、在聊天话题的选择方面、在生活照料方面等)。

A. 稳重、务实、追求安逸
B. 谨慎、好倾听、情感丰富、好购物
C. 好表现、冲动、幻想
D. 依赖、好奇心强、受外界影响大
E. 开朗、随便、理智、爱面子、表现欲强
F. 喜欢热闹、保守、节奏慢

女性旅游者_____ 男性旅游者_____ 儿童_____
青年_____ 中年_____ 老年_____

案例分析

有一年洛阳牡丹花会期间,导游员小张接待了一个来自台湾的旅游团。这个旅游团人数不多,并且大多为老年人,喜爱养花,一路上对洛阳牡丹早已是心驰神往。但由于这年气温回升较早,洛阳牡丹花期提前,往年的盛花期,这时候牡丹园内的很多牡丹却已经开始凋零。尽管小张在车上向客人提前解释了这个情况,但到了洛阳的牡丹园内,面对着满园凋零的牡丹,老人们仍然是满脸的遗憾。小张只好又带客人去了园中的牡丹温室内,欣赏一些精品牡丹,尽量弥补遗憾。当旅游者们情绪低落地走出牡丹温室,却见导游员小张手里拿着牡丹花环,微笑着递给每一位旅游者。原来小张为了调整大家的情绪,自掏腰包给每位客人买了一个牡丹花环,客人们深受感动,情绪也一下子好转起来,纷纷戴上花环要和导游合影。

请分析导游员小张是采用了哪种方法调整客人情绪的?效果如何?

四、餐饮、住房、娱乐、购物方面个别要求处理实训

食、住、行、游、购、娱是保证旅游活动顺利进行的六要素,而餐饮、住房、文娱、购物涉及六要素中的四个因素。旅游者在这些方面往往会提出较多的个别要求,因此,导游员对旅游者提出的此类个别要求应高度重视,在合理而可能的前提下,尽力设法予以满足。

（一）实训安排

实训项目	旅游者餐饮、住房、文娱、购物方面个别要求的处理
实训目的	通过实训，使学生掌握旅游者在餐饮、住房、文娱、购物方面各种个别要求的处理原则和方法
实训时间	1学时
实训方法	1. 教师示范讲解 2. 学生分组模拟场景实训，教师点评
实训材料	本系的模拟餐厅实验室、模拟客房实验室、当地的旅游定点商店、本系实习基地的星级酒店
实训要求	1. 实训中，教师示范完后，请学生分组模拟练习，教师要注意及时纠正不标准的处理程序和原则 2. 为了取得较好的效果，最好选择在室外，并配合校车到酒店、景区等实训基地进行训练 3. 实训后，教师要提醒学生学以致用，在今后的工作中注意正确使用处理旅游者的个别要求的程序和原则，对存在的一些不良习惯注意纠正
实训步骤	1. 教师讲解示范正确处理旅游者各种个别要求的程序和原则 2. 教师给出背景材料，设定场景 3. 学生情景剧表演，看后分组分析并讨论 4. 学生分组进行练习并随堂测试 5. 学生填写实训报告，实训结束

（二）实训内容

实训内容	旅游者的个别要求及处理的操作要领	处理的原则方法
旅游者餐饮方面个别要求的处理	1. 要求换餐、加菜、加饮料：积极协助，差价自理 场景设定：一境外旅游团上午11时30分向导游员提出要将原定12时的中餐换成西餐 2. 要求单独用餐或不随团用餐：费用自理，餐费不退 场景设定：一旅游团，因团员间出现矛盾，用餐时向导游员提出分餐要求，使原本安排的两席餐不得不分为三桌或四桌 3. 要求自费品尝风味餐：积极协助，满足要求 场景设定：旅游团中有三个年轻人自费到地方餐馆中品尝风味餐，找到导游要求退还他们没有用的那顿晚餐的费用	1. 导游员应首先做好解释工作，按常规，用餐前三小时以上提出退餐、换餐，餐厅方有接受的可能，否则，不予接受；若旅游者坚持换餐，导游员可建议旅游者自己点菜，并告知费用自理 2. 耐心解释我方难以照办的理由；请领队调节，让旅游团团员自行调整席位，解决矛盾；如仍坚持分餐，可协助其与餐厅联系。但餐费自理，并告知综合服务费不退 3. 耐心解释，据旅游合同规定，正常情况下，单项服务费不退；团队用餐统一安排，一般不可能分餐服务，更不可能单独退还某一部分餐费

续表

实训内容	旅游者的个别要求及处理的操作要领	处理的原则方法
旅游者住房方面个别要求的处理	1. 要求掉换饭店或房间：弄清情况，酌情处理 场景设定：一位旅游者找到全陪，提出要求：因住同一房间的旅游者夜间打鼾太厉害使自己无法入睡，请给自己掉换一间房 2. 要求住单间：协助解决，房费自理 场景设定：一香港旅游团共18人，因出现了一个自然差，所以共需住房10间。到达洛阳后，有位旅游者提出自己愿意付费住一单间，于是便取消了房间安排中的自然差。第二天，领队找到导游要求将自然差中的房费退还给他。应如何处理？	1. 如果因闹矛盾或生活习惯不同而要求调房的，应请领队在内部调整，若调不成，可根据饭店住房情况予以满足；但需事先说明，房费由提出调房者自付。若无法满足，应做耐心解释，并向客人致歉 2. (1) 耐心向领队解释，说明以下情况：自然单间原是接待社的经济损失，现在消除了自然单间，只不过减少了损失，并未因此而增加收益；自然单间优惠原是接待社对旅游者的一种优惠，一旦取消了自然单间，也就取消了这种优惠。(2) 若自然单间的费用原由领队所属旅行社负责，根据合同规定解决。(3) 无论属于何种情况，导游员均应向宾馆说明取消自然单间这一变化
旅游者文娱活动方面个别要求的处理	1. 计划外的娱乐活动：协助安排、费用自理 场景设定：旅游团中几个年轻人晚上提出要到地方的某个影院看电影 2. 要求前往不健康的娱乐场所：断然拒绝 场景设定：晚上一位日本客人特邀导游员小王一起去一处酒吧参与不健康的娱乐活动	1. 对于计划内的娱乐活动：准时前往、全程陪同。该场景属于计划外的娱乐活动，可介绍他们到一些秩序较好、安全有保障的影院去；安排好往返交通，费用自理；导游员一般不陪同前往 2. 小王应拒绝，并介绍中国的传统和道德观念；还应告诫客人在中国这种活动是禁止的，参与这种活动是违法行为，劝阻其不要参加
旅游者购物方面个别要求的处理	1. 购物时请求导游员帮助定夺 场景设定：在一家画店里，一位日本客人想买幅真正有价值的中国字画，却又拿不定主意，于是便求助于导游员 2. 要求退换商品：积极协助，设法解决 场景设定：一位旅游者在景点某商店买到一件贵重工艺品，到达宾馆后，经人指点方知是一件毫无价值的赝品，她找到导游员要求协助退货 3. 要求购买古玩或仿古艺术品：讲清规定，提高警惕 场景设定：有一位旅游者是位古玩爱好者，希望购买一些古玩 4. 要求代为托运物品：协助办理 场景设定：一位韩国旅游者想购买一件文物复制品，但直到出境时也未能买到，他委托导游员代为购买	1. 实事求是地向客人介绍中国字画的价值；根据自己对字画的理解程度如实评价；让客人根据自己的理解程度和欣赏水平去选择并最终做出决定 2. 导游员不得敷衍搪塞，更不能以"商品售出，概不退换"之类的话来推托；积极协助，必要时陪同前往退换 3. 建议他去文物商店购买；买妥后要提醒客人保存好发票；注意物品上的火漆印，以便海关查验；劝阻旅游者不要在地摊上购买古玩 4. 首先婉言拒绝，推托不掉时请示领导；若同意接受委托，则按要求认真办理委托事宜

（三）考核测试

1. 测试方法

按百分制计分,其中随堂测试 50 分,实训报告 50 分。

2. 测试表

组别：_____　　姓名：_____　　时间：_____

项目	应得分	实际得分
旅游者餐饮方面个别要求的处理	10	
旅游者住房方面个别要求的处理	10	
旅游者文娱方面个别要求的处理	10	
旅游者购物方面个别要求的处理	10	
导游员处理个别要求的实际效果	10	

3. 实训报告

同"迎接服务实训考核测试"中的实训报告表。

五、旅游者要求自由活动的处理

（一）实训安排

实训项目	自由活动、亲友随团活动、延长旅游期限或中途退团方面个别要求的处理
实训目的	使学生掌握旅游者提出自由活动、亲友随团活动、延长旅游期限或中途退团方面个别要求时的处理原则和方法
实训时间	1 学时
实训方法	教师示范讲解处理这些类别问题的原则、程序和方法；学生分组扮演导游和旅游者,模拟各种情景进行现场练习
实训时间	1 学时
实训材料	导游模拟教室
实训要求	1. 课前应要求学生熟悉练习内容,分配好角色,并做好相应准备 2. 实训中,要求学生按处理问题的原则进行模拟练习,教师及时纠正不正确的做法
实训步骤	1. 教师设定场景,讲解示范实训内容的方法和要求 2. 学生分组练习并进行随堂测试 3. 教师进行点评和总结 4. 学生填写实训报告,实训结束

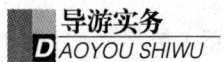

(二)实训内容

实训内容	操作要领	处理的原则方法
旅游者要求自由活动的处理	1.旅游者已多次游览过某一景点,要求不随团活动:主要根据对旅游活动有无影响来决定是否同意 2.到某景点后,要求自由游览:视景区具体情况而定 场景设定:在某景点游览时团队中有位旅游者向导游员提出,他已多次来过这个地方,所以想离团独自游览,自由拍照 3.要求到非游泳区游泳:应劝阻旅游者 场景设定:某旅游团在行车至一条小河旁时,团中有许多年轻人要求组织他们到河中去游泳	原则:一般情况下允许旅游者自由活动,但有几种情况需劝阻旅游者自由活动 1.不影响整个旅游活动的前提下,可以满足要求,并提供相应帮助,提醒相关事宜 2.可允许其单独活动;但必须交代清楚集合时间、地点和行动路线;最好写张中文便条,以备找到集合地点;提醒单独游览时应注意的事项 3.耐心劝阻客人不可到未开发的海滨或江湖中游泳;若想游泳可组织他们到游泳池游泳;导游员绝不可置全团于不顾,陪少数人游泳;要提醒游泳者注意安全
亲友随团活动要求的处理	对此类要求应根据不同情况处理 场景设计:旅游团到达重庆后,团中一位台湾旅游者与其失散多年的亲友取得了联系,并高兴地找到导游员,要求让旅游者的亲友随团活动	导游员应予以协助,尽量满足游客的要求:先了解双方关系及亲友情况,再征得领队和旅游团其他成员同意;到旅行社办理入团手续:出示有效证件,填写有关表格,交纳费用。注意游客的亲友身份
旅游者要求延长旅游期限或中途退团的处理	1.延长旅游期限:入境旅游者因伤病需延长期限,导游员应为旅游者办理有关手续;因游兴未尽想继续游览,应视情况具体确定 2.中途退团:因客观原因中途退团和非客观原因中途退团,处理方法有异、有同	1.因伤病原因需延长期限,导游员应为旅游者办理有关手续、探望、解决困难。因其他原因延长时,不需延长签证,一般可满足旅游者的要求;需延长签证,一般应婉拒 2.因客观原因中途退团:接待社与组团社协商,可予以满足;因非特殊原因中途退团:说服;属接待社责任设法弥补、耐心解释;不论何原因退团,都应协助办理相关手续

(三)考核测试

1.测试方法

按百分制计分,其中随堂测试50分,实训报告50分。

2. 测试表

组别：_____   姓名：_____   时间：_____

项　目	应得分	实际得分
旅游者要求自由活动的处理	10	
探亲访友和亲友随团活动要求的处理	10	
旅游者要求延长旅游期限的处理	10	
旅游者要求中途退团的处理	10	
导游员处理个别要求的实际效果	10	

3. 实训报告

同"迎接服务实训考核测试"中的实训报告表。

本章小结

对于一个旅游团而言，旅游活动能否愉快、顺利地进行，一方面需要旅行社提前精心安排，而另一方面则取决于导游员的带团技能。导游员在带团时，首先要树立自己的良好形象，确立自己在团队中的主导地位，取得旅游者的信任；其次要协调好导游服务集体的合作关系，以及与各有关接待单位和人员的合作关系，保障接待工作的顺畅进行；在与旅游者的交往中，导游员还应注意把握好分寸，尊重每一位旅游者，在充分了解旅游者的前提下，引导旅游者圆满地完成各项旅游活动；再次，导游员在完成接待任务的同时，还应注意旅游促销，在旅游者自愿的前提下，增加旅游收益；最后，导游员还要注意对重点旅游者，如老年人、儿童等的接待细节，以及接待技巧，在规范化服务的同时提供个性化服务。

旅游者在旅游过程中会提出各种各样的个别要求，对此，导游员要熟悉旅游者在餐饮、住房、文娱、购物、自由活动、转递物品、探亲访友和亲友随团活动、延长旅游期限或中途退团等方面经常会提出的个别要求，注意总结其规律。应针对旅游者的各种具体要求，按照处理的原则和方法进行妥善处理，尽心尽力地为旅游者解决问题，使旅游者的旅游活动舒适、愉快、顺利、圆满。通过本章的学习，可以使学生了解和掌握旅游者的个别要求及处理的方法和技巧，在此基础上，通过实践积累经验，锻炼和培养处理问题的能力。

案例分析

1. 某年"五一黄金周"期间，杭州市内各大饭店房源紧张，某旅行社费尽周折，才将接待的一个五十多人的旅游团安排在了杭州远郊的一家新建星级饭店里。尽管地陪导游和全陪导游商议后,提前向旅游者说明了情况,但当旅游者到了这家饭店还是纷纷表示不满并抗议入住,认为饭店距离市区太远,与合同上所写的"住杭州"不符,晚上无法看到杭州市的夜景,也无法去逛街。地陪和全陪再次耐心解释,请客人先看看房间的设施,并提出晚饭加菜弥补,客人也不接受。该车的司机很有经验,主动向导游员建议,表示晚餐后,可以免费拉着客人再到杭州市中心逛一逛,欣赏一下杭州市的夜景,客人这才同意入住。

这个案例对你有哪些启示,请分析说明。

2. 一位巴基斯坦旅游者找到导游员说,他的一位中国朋友是中国援外医疗队的医生,目前在巴基斯坦工作。到中国旅游之前该医生让旅游者给家中捎带些物品及书信,请导游员协助转递一下,导游员应该怎么处理?

思考与练习

1. 填空题

(1) 导游员的带团技能,是指导游员根据_____和_____,熟练运用能提高旅游产品_____的方式、方法和技巧的能力。(2003年湖南省导游考试导游业务试题)

(2) 旅游者在旅游活动的不同阶段,其心理变化各不相同,游览初期阶段:主要表现为_____、_____;游览中间阶段:主要表现为_____和_____;结束阶段:忙于个人事务。(2004年河南省导游考试导游业务试题)

(3) 由于_____、_____和身体状况等原因,有些旅游者会提出饮食方面的特殊要求。

2. 选择题

(1) 调整因旅行社的原因使旅游者产生不良情绪的方法很多,其中主要是:(   )

    A. 补偿法   B. 转移注意法

    C. 分析法   D. 触景生情法   E. 类比法

(2) 泛舟游三峡可以领略"两岸猿声啼不住,轻舟已过万重山"的审美体验,这是运用了观景赏美中的_____方法。(   )

    A. 动态观赏   B. 静态观赏

    C. 观赏时机   D. 观赏位置

(3) 观赏美景要掌握时机,即掌握_____的变化。(   )

    A. 地点   B. 气象   C. 季节   D. 时间

(4)旅游团可以在用餐前＿＿＿＿＿＿小时提出退餐、换餐要求,餐厅方有接受的可能,否则将不予接受。
A.1　　　　　B.2　　　　　C.3　　　　　D.5

(5)按照中国海关的有关规定,旅游者携带中药材、中成药出境,前往国外的,总值限人民币＿＿＿＿＿＿元。
A.300　　　　B.150　　　　C.450　　　　D.1000

3.思考题

(1)导游员如何塑造良好的第一印象?

(2)导游员应如何处理好导游服务集体的合作关系?

(3)导游员应如何与旅游接待单位搞好协作关系?

(4)导游员应如何进行购物促销?

(5)导游员应从哪些方面引导旅游者欣赏美景?

(6)如何正确处理个别旅游者提出的给其提供客房内用餐服务的要求?

(7)如何正确处理个别旅游者提出的计划外的文娱活动?

(8)如何正确处理个别旅游者提出的邀请导游员参与不健康的娱乐活动?

(9)如何正确处理个别旅游者提出的邀请导游员品尝风味小吃?

4.实训题

(1)导游小张被安排上一个"夕阳红"老年团队,你认为他应注意哪些方面,才能确保团队服务质量?

(2)某旅游团17日早上到达K市,按照计划上午参观景点,下午自由活动,晚上19时观看文娱演出,次日乘早班机离开。抵达K市当天,适逢当地举行盛大民族节庆活动,并有通宵篝火歌舞晚会。部分团员提出,下午想去观赏民族节庆活动,并放弃观看晚上的文娱演出,同时,希望导游员能派车接送。针对这种情况,假设你是导游员,应该怎样处理?应做好哪些工作?

第五章 常见问题与事故的预防和处理

引言

本章主要讲述导游员在工作过程中经常遇到的问题和事故,通过本章的学习,要求导游员了解和认识旅游活动过程中这些常见的问题和事故,熟悉其产生的原因、处理的依据、程序和方法,深刻认识旅游事故对旅游业、旅游地、旅游企业及导游员的负面影响。在教学过程中加强对学生的实训,并以此来提高导游员的事故意识、防范意识和处理这些问题和事故的能力。

学习目标

- 了解导游过程中经常出现的旅游问题和事故的内容。
- 掌握旅游过程中经常出现的问题和事故的预防方法,形成良好的防范意识、工作习惯与方式。
- 掌握旅游过程中问题和事故的处理程序与方法,培养较强的发现问题、分析问题和解决问题的能力。

第一节 漏接、空接、错接的预防和处理

接团是导游员与旅游者的第一次接触,它会产生"第一印象",将会影响导游员在今后与旅游者的相处,也会影响到导游员的工作,因而是非常重要的。所以导游员必须加强责任意识、增强敬业精神、熟悉并严格遵循旅行社制订的日程安排计划,加强预防,尽量避免漏接、空接和错接。

一、漏接的原因、预防与处理

漏接，是指旅游团（者）抵达一站后无导游员迎接的现象。漏接的原因有很多，也并不全是导游员的责任，但对旅游者而言，无论是什么原因造成的漏接都是令人不快的，他们会对导游员不满、发火，甚至投诉。所以，导游员应尽快设法消除旅游者的不满情绪，及时分析原因、解释清楚、请求谅解，以挽回影响。

（一）漏接的原因

1. 客观原因造成的漏接

（1）原定班次或车次变更，旅游团提前到达；但本站接待社有关部门没有接到上一站旅行社的通知；

（2）本站接待社有关部门虽接到关于旅游团提前抵达的通知，但没有及时通知该团的导游员，导致旅游团到达后无人接站；

（3）由于交通部门的原因，如国际航班提前抵达，致使旅游团提前抵达。

2. 由于导游员的主观原因造成的漏接

（1）导游员未按规定的时间提前抵达接站地点；

（2）导游员由于工作疏忽，将接站地点搞错；

（3）新旧时刻表交替，导游员没有查对新时刻表，仍按旧时刻表去接站，造成漏接；

（4）由于某种原因，班次变更，旅游团提前到达，接待社有关部门已在接待计划（或电话记录、传真）上注明，但导游员没有认真阅读变更通知，仍按原接待计划时间接站。

（5）导游员举牌接站时未站在出口处醒目位置造成漏接。

（二）漏接的预防

1. 认真阅读接待计划

导游员在接到接待任务后，要认真阅读计划中的每个细节，应了解旅游团抵达的日期、时间、接站的具体地点并认真核对清楚。

2. 核实交通工具到达的准确时间

导游员在旅游团抵达的当天，要主动与旅行社有关部门核实旅游团抵达的时间，及时了解时间的变更情况。并及时与有关交通部门联系，核实抵达的确切时间。

3. 提前抵达接站地点

导游员要增强时间观念及对时间的掌控能力。要熟悉最近本地区的交通情况，要准确计算接站的时间，与司机商定好出发时间，保证按规定提前30分钟到达约定地点接站，以确保接站工作的顺利进行。

(三)漏接的处理

不管是旅游者,还是旅行社企业或导游员,都不希望出现漏接问题。一旦出现漏接,不论是由于什么原因造成的,导游员都应诚恳地积极采取措施妥善处理。由于导游员的主观原因造成漏接时,导游员的做法是:要实事求是地向旅游者说明情况,真诚地道歉,并请求旅游者的谅解;并用自己更加热情、周到的服务来弥补这个过失。当然,导游员也可以采用其他措施来将功补过。

对于客观原因造成的漏接,导游员不要认为与自己无关就不闻不问,因为那样会引起旅游者更加不满,导游员应该做到:立即与旅行社有关部门联系以查明原因;向旅游者解释清楚,以免引起误会;尽量采取补救措施来完成接待任务,使旅游者的损失减少到最低限度;必要时,请旅行社的领导出面赔礼道歉,或酌情给予旅游者一定的物质补偿。

二、空接的预防与处理

空接,是指由于某种原因旅游团推迟抵达某站,导游员仍按原定班次或车次接站而没有接到旅游团的现象。

(一)造成空接的原因

(1)由于某种原因,旅游团仍滞留于上一站或途中,上一站和下一站的旅行社均不知道这种临时变化,而全陪或领队又无法及时通知地方接待社。

(2)班次变更后,旅游团推迟到达,上一站旅行社未将变更通知下一站,或虽通知了,但接待社工作疏忽,未能及时通知导游员。

(3)由于旅游者本身的原因,如临时有急事、生病等,临时取消旅游活动。

(二)空接的预防

旅游团迟到,或者不到,都是造成空接的直接原因,但根本原因在于上一站旅行社、接待社、被接的旅游团,以及参与接待的有关人员之间的协调出现了矛盾。因此,为了预防或者避免空接,有关各方必须本着对旅游者负责、对彼此负责的态度,加强彼此的协调工作。及时协调,才能按时接待。另外,导游员应该加强工作积极性和主动性,主动与有关部门和人员联系,以避免空接。

(三)空接的处理

导游员在遇到空接问题时,要立即与本社联系,查明原因,然后采取相应举措。如推迟时间不长,可留在接站地点继续等候;如推迟时间较长,应按照旅行社的指示,重新安排接团事宜;如旅游团在本地的旅游活动临时取消,导游员应按照旅行社的安排立即结束接团工作。

三、错接的预防与处理

错接,是指导游员在接站时未认真核实,接了不应该由他接的旅游团(旅游者)。错接,属于导游服务工作中的责任事故。

(一) 错接的预防

(1)接站前,导游员要认真细致地阅读接待计划,充分掌握所接旅游团的详细情况。

(2)导游员应提前到达接站地点迎接旅游团。

(3)最重要的是,导游员接团时要认真核实。导游员要加强责任心,接到团队后,要认真逐一核实旅游者源地旅行社的名称、旅游目的地组团社的名称、旅游团的代号、人数、领队的姓名(无领队的旅游团要核实旅游者的姓名)、下榻的饭店等,确认无误后再接走。

(4)提高警惕,严防社会其他人员非法接走旅游团。

(二) 错接的处理

如错接发生在同一家旅行社接待的两个旅游团时,导游员应立即向领导汇报,经领导同意,地陪可以不再交换旅游团。如果是地陪兼全陪,则应立即交换旅游团并向旅游者道歉。

若错接的是另一家旅行社的旅游团时,导游员应立即向旅行社领导汇报,设法尽快交换旅游团,并向旅游者实事求是地说明情况,并诚恳地道歉。

第二节 旅游计划和日程变更的处理

一、旅游计划变更的原因与情况

(一) 旅游计划变更的原因

旅游过程中,由于客观情况发生变化,如突发事件、天气突变、自然灾害、交通故障等不可预料的因素的影响等,迫使旅游计划、线路和活动日程也要发生相应的变更。此外,由于导游工作出现差错和失误等主观原因,如导游员疏忽大意导致误机、误车等,也会出现旅游计划不得不更改的情况。

需要指出的是,如果是由于旅游团(者)主观要求改变旅游计划,提出变更路线和活动日程的要求时,导游员原则上应按照合同执行。如果旅游者有非常特殊情况,应上报组团社,按照组团社的指示做好工作。

(二) 旅游计划变更的情况

旅游计划的变更大致有三种情况:一是缩短或取消在某地的游览时间;二是延长在某地的游览时间;三是在某地的游览时间不变,但旅游活动项目被迫更改,用一种旅游活动项目取代另一种旅游活动项目。

二、应对旅游计划变更的措施

（一）一般应变措施

1. 制订应变计划并报告旅行社

当原来的计划与实际情况发生冲突时，原计划就必须变更，导游员应在认真分析问题和形势的基础上，对问题的性质、严重性和后果作出充分的估计和正确判断，根据实际情况迅速制订相应的应变计划并上报旅行社。经批准后，方可执行新计划，这是一个非常重要的工作制度。

2. 做好旅游者的工作

地陪与全陪应先就有关问题进行协商并取得一致意见，然后找准适当时机向领队和团中有影响的旅游者实事求是地说明情况、诚恳地道歉，求得他们的谅解；继而将应变计划向他们解释清楚，争取他们的认可和支持；最后分头做其他旅游者的工作，只有当大多数旅游者同意后，导游员才能实施计划的变更。

3. 适当给旅游者一些补偿

必要时经旅行社领导同意，可采取适当的物质补偿措施，如加菜、加酒、赠送具有本地特色的小纪念品等补偿方法，或请旅行社领导出面向旅游者表示歉意，力求问题处理得圆满，让旅游者满意。

（二）具体措施

1. 延长在一地的游览时间

旅游团提前抵达或是推迟离开，都会延长旅游者在一地的游览时间，地陪应采取相应的措施：

（1）与旅行社有关部门联系，重新落实安排该团用餐、用房、用车的安排。

（2）调整活动日程，酌情增加旅游景点；适当延长在重要旅游景点的游览时间；晚上安排文体活动，努力使活动内容充实、丰富多彩。

（3）如果推迟离开本站，要及时通知下一站，也可提醒旅行社与下一站联系。

2. 缩短或取消在一地的游览时间

旅游团提前离开或是推迟到达，都会缩短旅游者在一地的游览时间，地陪应采取相应的措施：

（1）导游员应尽量抓紧时间，将计划内的游览项目安排完成；若确有困难，应有应变计划；应安排旅游者游览观赏本地最有代表性、最具特色的旅游景点，以求旅游者对本地的旅游景观及其特色有一个基本的了解。

（2）如果提前离开本站，要及时通知下一站，也可提醒旅行社与下一站联系。

（3）向旅行社领导和有关部门报告，与饭店旅游交通部门联系，及时办理退餐、退房、退车等事宜。

3. 被迫改变部分旅游计划

(1) 减少（超过半天）或取消一地的游览时间。若取消或减少超过半天的游览时间，全陪应该报告组团社，由组团社作出决定并通知有关地方接团社；地方接待社也要通知国内组团社并通知下一站接待社。在此种情况下，导游员只能代表接待方表示真诚的歉意，并尽心尽力做好自己的工作。

(2) 游览时间不变，但被迫改变旅游活动项目。有时在旅游活动过程中，会遇到景点关闭等特殊情况，不得不改变原定游览项目。虽然这种变更涉及面不太大，但导游员依然要实事求是地将情况向旅游者讲清楚，请求其谅解；并提出替代景点的游览方案，与旅游者协商，在征得多数旅游者同意的情况下，才能实施新的方案。而且，导游员所选择的替代旅游景点也应该是具有特色，同时，导游员要以精彩的讲解和最佳的安排激起旅游者的游兴，使新的安排得到旅游者的认可，以弥补因计划变更带来的遗憾和不快。

案例分享

中秋节夜访兵马俑

西安的导游员小赵按计划要接待一个美国旅游团。但由于上一站的原因，整整等候了两天，美国旅游团才终于抵达西安。而该团次日早离陕赴沪的机票早已买好，无法更改日期。这样原计划在西安停留两天半的日程一下子变成了一个晚上。一见到该团领队，导游小赵就把情况悄悄告诉了领队。

那天恰好是中秋节，小赵特地请餐馆为客人准备了可口的饭菜和月饼，用餐时，小赵给他们讲了我国中秋节的由来。客人们正在高兴时，小赵和领队将该团在西安只停留一晚的情况告诉了大家，客人们先是惊讶，后是议论纷纷。小赵已向旅行社汇报过，此时又和该团领队及旅游者商量，决定连夜乘车直奔秦陵兵马俑博物馆。

在去兵马俑博物馆的路上，车内客人情绪低落、默不做声。小赵从十五的月亮讲到自己的结婚纪念日，从秦始皇和长城讲到西安的巨大变迁，小赵生动的讲解吸引了客人，他们的情绪逐渐高涨起来。

秦始皇陵兵马俑博物馆专门在深夜为旅游团开了馆。在静悄悄的巨大展厅内，面对着千军万马的地下军阵，小赵的精彩讲解和夜游兵马俑博物馆的独特经历使旅游者们的情绪格外兴奋高涨。在回西安的路上，虽然已是凌晨2点多钟，大家却忘记了日程变化所带来的不快，忘记了疲劳，对小赵的精明能干赞不绝口。清早，旅游者们愉快地登上了开往上海的飞机。

（资料来源：王连义.怎样做好导游工作.北京：中国旅游出版社，2005.）

第三节 误机(车、船)事故的预防与处理

误机(车、船)事故是指由于某些客观原因,或由于旅行社有关人员工作的失误,旅游团(者)没有按原定航班(车次、船次)离开本站而导致暂时滞留。

误机(车、船)事故在导游服务工作中属于重大事故,一旦发生,不仅会导致旅游者在一地的暂时滞留,给旅游者带来诸多不便和经济损失,影响到旅游者后面的整个行程,从而造成许多问题和矛盾,还会给旅行社带来巨大的经济损失,严重影响到旅行社的形象和声誉。导游员要高度认识误机(车、船)事故的严重后果,杜绝此类事故的发生。

一、误机(车、船)事故的原因

(一)客观原因造成的非责任事故

首先,由于自然灾害方面的原因,如大雨造成的山体滑坡冲毁路基,交通工具无法通行,大雪、大雾使飞机不能正点起降等;其次,由于旅游者方面的原因,如突发重病、摔伤、走失或其他意外事故;再次,由于交通方面的原因,这类事故颇为常见,如遇到交通事故、严重堵车、交通工具抛锚等情况造成迟误等。由于这些方面的原因引起的误机(车、船),属于非责任事故。

(二)主观原因造成的责任事故

由于导游员或旅行社有关人员工作上的疏忽和差错造成的。如导游员没有认真核实交通票据,粗心大意将离站的时间或地点搞错;班次已变更,但旅行社的有关人员没有及时通知导游员等;导游员当日安排的日程不当或过紧,使旅游团(旅游者)没能及时按规定时间到达机场(车站、码头)等。由于这些方面的原因引起的误机(车、船),属于责任事故。

二、误机(车、船)事故的预防

误机(车、船)造成的后果非常严重,而杜绝此类事情发生的关键在于预防。导游员要加强责任意识,提高自己的组织能力。

(一)提前落实交通票据

地陪、全陪要提前做好旅游团离站交通票据的落实工作,并认真核实日期、班次、时间、目的地等。如交通票据是否落实,带团期间要随时与旅行社有关部门联系,了解班次有无变化。核实交通工具离开的时间。

(二)安排日程适当

旅游团快离开本站前,一般不要安排旅游团到范围广、地域复杂的景点参观游

览,对每个旅游景点的游览时间要科学安排、严格控制。不安排旅游团到热闹的地方购物或自由活动。以免旅游者走散,难以准时集合。

(三) 按规定时间赶赴交通港

安排充裕的时间去机场(车站、码头),保证旅游团按以下规定的时间到达离站地点:乘国内航班:提前 90 分钟到达机场;乘国际航班:提前 120 分钟到达机场;乘火车或轮船:提前 60 分钟到达车站或码头。

三、误机(车、船)事故的处理

一旦发生误机(车、船)事故,导游员应按照以下程序处理:

(1)导游员应立即向旅行社领导及有关部门报告,并请求协助。

(2)地陪和旅行社尽快与机场(车站、码头)联系,争取让旅游者尽快乘后续班次(车次或船次)的交通工具离开本站,或采取包机(车厢、船)等方式,或改乘其他交通工具前往下一站,以免造成更大的损失。

(3)稳定旅游团旅游者的情绪,向旅游者说明情况并赔礼道歉。安排好在滞留期间的生活和活动等事宜,尽力缓解旅游者的不满情绪,把不利影响降低到最低程度。

(4)及时通知下一站,对旅游计划作相应的调整。

(5)写出事故报告,查明事故的原因和责任,事故责任者应承担经济损失并接受纪律处分。

第四节 证件、钱物、行李遗失的预防和处理

一、证件、钱物、行李丢失的预防

在旅游期间,旅游者丢失证件、钱物和行李的现象时有发生,发生这种情况不仅给旅游者本人造成诸多不便和经济损失,也给导游员的工作带来不少麻烦和困难,不仅影响旅游活动的正常进行,还会影响到旅行社和旅游目的地的形象。导游员应该采取各种措施,预防此类问题的发生。

(1)多做提醒工作。在热闹、拥挤的场所和购物时,导游员要提醒旅游者保管好自己的钱物;参观游览时,导游员要提醒旅游者带好随身物品和提包;离开饭店去下一站时,导游员要提醒旅游者清点自己的物品和证件,不要遗留任何东西,等等。

(2)提醒旅游者保管好自己的证件。导游员在工作中需要旅游者的证件时,要由领队收取,用毕立即如数归还,不要代为保管;还要提醒旅游者保管好自己的证件。

(3)切实做好每次行李的清点、交接工作。

(4)每次旅游者下车后,导游员都要提醒司机清车、关窗并锁好车门。

二、旅行证件丢失的处理

旅行证件是旅游者在旅游期间必备的有效证件。主要分为护照、签证、港澳居民来往内地通行证、台湾同胞旅行证明和我国内地居民身份证。旅游者丢失证件后,导游员应请旅游者冷静地回忆,详细了解丢失情况,尽量协助寻找;如确已丢失,应马上向旅行社报告,根据旅行社的安排,协助旅游者向有关部门报失,补办必要的手续。所需费用由旅游者自理。

(一)丢失外国护照和签证

如旅游者丢失护照和签证,应由旅行社出具证明;请失主准备本人彩色照片;失主本人持旅行社证明去当地公安局(外国人出入境管理处)报失,由公安局出具证明;持公安局的证明去所在国驻华使、领馆申请补办新护照;领到新护照后,再去公安局办理签证手续。

(二)丢失团队签证

如丢失团队签证(9人以上旅游团持团体签证),在补办时必须有签证副本和团队成员护照,并重新打印全体成员名单,填写有关申请表(可由一名旅游者填写,其他成员附名单),然后到公安局(外国人出入境管理处)进行补办。

(三)丢失中国护照和签证

1. 华侨丢失护照和签证

华侨丢失护照和签证后,失主准备本人照片,由当地接待社开具证明后,失主持遗失证明到省、自治区、直辖市公安局(厅)或授权的公安机关报失,并申请办理新护照;再持新护照到其所侨居国驻华使、领馆办理入境签证手续。

2. 中国公民出境旅游时丢失护照、签证

请当地陪同协助在接待社开具遗失证明,再持遗失证明到当地警察机构报案,取得警察机构开具的报案证明;持当地警察机构的报案证明和遗失者照片及有关护照资料到中国驻该国使、领馆办理新护照;新护照领到后,携带必备的材料和证明到所在国移民局办理新签证。

(四)丢失港澳居民来往内地通行证

失主应持当地接待社的证明向遗失地的市、县公安部门报失,经查实后,由公安机关的出入境管理部门签发一次性有效的《中华人民共和国出境通行证》。

(五)丢失台湾同胞旅行证明

失主应向遗失地的中国旅行社,或侨办,或公安局户籍管理部门报失,经查证核实后,由公安机关的出境和入境管理部门发给一次性有效的出境和入境通行证。

（六）丢失中华人民共和国居民身份证

丢失中华人民共和国居民身份证的，由当地旅行社核实后开具证明，失主持证明到当地公安机关报失，经核实后开具身份证明，旅游者可凭证登记住宿、购买机票，机场安检人员核准放行。

三、行李丢失的处理

旅游者的行李丢失主要发生在公共交通运输途中和搬运过程中，因而责任一般在交通运输部门。虽然不是我方导游员的责任，但行李丢失会给旅游者的旅途生活带来许多不便，影响旅游者的情绪，使旅游活动的顺利进行受到干扰。因此，导游员应认真对待，在工作的各个环节注意防止行李丢失，一旦发生这种情况，导游员也应该积极帮助寻找，设法解决问题。

（一）来华途中丢失行李

海外旅游者乘飞机来华时丢失行李，其责任主要在所乘飞机的航空公司，导游员的责任是协助失主同所乘航班的航空公司交涉，以追回行李。

导游员应先带失主到机场失物登记处办理行李丢失和认领手续。失主须出示机票及行李牌，详细说明始发站、转运站，说清楚行李的件数及丢失行李的大小、形状、颜色、标记等特征，并一一填入失物登记表。导游员应将失主下榻酒店的名称、房间号和联系方式告诉登记处，并记下登记处的电话和联系人，记下有关航空公司办事处的地址、电话，以便联系。

旅游者在当地游览期间，导游员要不时打电话询问寻找行李的情况，如果一时找不回行李，要协助失主购置必需的生活用品。

如果离开本地前行李还没有找到，导游员应帮助失主将接待社的名称、全程旅游线路，以及各地可能下榻的饭店名称转告有关航空公司，以便行李找到后及时运往最合适的地点，交还失主。

如行李确系丢失，失主可按照航空公司的有关规定向其索赔。

（二）在中国境内丢失行李

旅游者在中国境内旅游期间丢失行李，主要发生在行李交接和运送的各个环节中，一般是交通部门或行李员的责任，但导游员应该认识到，不论是在哪个环节出现问题，责任在我方。所以，导游员应高度重视，积极设法查找。

1. 冷静分析，找出差错的环节

如果旅游者在出站前领取行李时，找不到托运的行李，则有可能是上一站行李交接或行李托运过程中出现了差错。此时，导游员可采取以下措施：带失主到机场失物登记处办理行李丢失和认领手续，由失主出示机票和行李牌，填写丢失行李登记表；同时，导游员应立即向旅行社领导汇报行李丢失情况，请其安排有关部门和人员与机场、上一站旅行社、民航等单位联系,积极寻找。

如果抵达饭店后,旅客没有拿到行李,则问题可能出在饭店内,或本地交接,或运送行李过程中,此时,地陪应采取如下措施:和全陪、领队一起先在本团成员所在住房寻找,查看是否是饭店行李员送错了房间,还是本团客人误拿了行李;如找不到,就应与饭店行李科迅速取得联系,请其设法查寻;如饭店行李科工作人员仍找不到,应向旅行社汇报。

2. 做好失主的工作

导游员要主动关心安慰失主,对丢失行李事故向失主表示歉意,并帮助其解决因行李丢失而带来的生活方面的困难。

3. 随时与有关方面联系

在当地游览期间,导游员要随时与有关方面联系,询问查找进展情况。若行李找回,应及时将找回的行李归还失主,并向其说明情况。

4. 丢失后的处理

如果确定行李已经遗失,则应由旅行社领导出面向失主说明并表示歉意。帮助失主根据惯例向有关部门索赔。事后应写出书面报告。报告中要写清行李丢失的经过、原因、查找过程及失主和其他团员的反映等情况。

四、钱物丢失的处理

在旅游过程中的安全问题主要包括两方面,一是人身安全,二是财物安全。旅游者在旅游过程中丢失钱物,这是常见的旅游安全事故。导游员一旦发现此类事故,首先,自己要冷静,同时要注意稳定旅游者的情绪;其次,要及时详细了解失物的物理特征和经济价值,分析失物丢失的原因、可能时间和地点,并积极帮助寻找。

若丢失的是进关时登记并须复带出境的贵重物品,接待社要出具证明,以备出海关时查验或向保险公司索赔。证件、财物,特别是贵重物品被盗是治安事故,导游员应该立即向公安部门和保险公司报案,协助有关人员查清线索,争取破案,找回被窃物品,挽回不良影响。若无法找回被盗物品,导游员应协助失主持旅行社的证明到当地公安局开具失窃证明书,以备出海关时查验,或向保险公司索赔。同时,导游员要提供热情、周到的服务,安慰失主,缓解他的不快情绪。且在同时,导游员可以提供必要的物质帮助和经济援助,以解燃眉之急。

第五节 旅游者走失的预防和处理

一、旅游者走失的预防

旅游过程中由于旅游者较多,再加上旅游景点的不断变换,非常容易发生人员走失事故。造成旅游者走失的原因一般有三种：一是导游员没有向旅游者讲清停车的位置或景点的游览路线，或没有做好必要的提醒工作；二是旅游者忘记了导游员的提示或因对某种现象或事物感兴趣，或因摄影滞留时间较长而脱离团队，自己走失；三是在自由活动、外出购物时没有记清路线和地址造成走失。发生旅游者走失，不仅会影响旅游者的情绪，严重时会影响旅游计划的完成，甚至会危及旅游者的生命和财产安全。

因此，导游员必须增强责任心，加强防范意识，时刻注意防止此类事故的发生。导游员的主要预防措施如下：

（1）加强责任心，制订科学周详的旅游日程计划，防止旅游者走失。

（2）多做提醒工作。在旅游过程中，导游员要经常地提醒旅游者需要注意的事项，要做到时时、处处、事事、人人提醒，应该认识到，提醒是防患于未然的最好方法，且是避免事故发生的重要措施。导游员要提醒旅游者记住接待社的名称、旅游车的标志和车号；下榻饭店的名称、电话号码等。游览时，要提醒旅游者不要走散；自由活动时，提醒旅游者不要走得太远，不要太晚回饭店，不要去热闹、拥挤、秩序乱的地方。尤其要对关键时间、关键地点和重点旅游者要多注意提醒。例如，自由活动的时间、旅游者购物的时间、旅游者众多的大型旅游景点、旅游者出现注意力不集中的时候、上下车的时候、离开某一地点的时间、那些曾经掉队或自由散漫的旅游者，等等。

（3）做好各项安排的预报。每天出发前，或旅游车离开饭店后，导游员要向旅游者通报全天的游览日程、游览景点、用餐点的名称和地址，抵达时间和逗留时间；以便旅游者万一走失后可以自己去餐厅或下一旅游点与旅游团汇合；在到达景点下车游览之前，要告知全团旅游者旅游车的停车地点，再次提醒记住车的特征和车号；在景点示意图前，要向旅游者介绍游览路线、游览所需时间、集合时间和地点等。

（4）常清点人数。清点人数是防止旅游者走失和发现旅游者走失的重要方法。导游员要养成经常清点人数的习惯。特别是旅游者"散"与"集"的时候，例如，自由活动归来时、每一次上车时、离开某地（景点、酒店、车站、码头、机场、购物中心等）时等。

（5）地陪、全陪和领队要密切配合、共同防止旅游者走失。参观游览时，导游员应时刻和旅游者在一起，地陪要举社旗在前面讲解，全陪和领队要在旅游团的后面负责观察旅游者的动向、经常清点人数、及时提醒旅游者跟上队伍，等等。

（6）导游员要提高自己的讲解水平和技巧，吸引旅游者。在旅游的过程中，有时旅游者走失是因为导游员讲解的精彩程度不够，对旅游者的吸引力不强，旅游者于是将注意力转移到其他方面，最终导致走失。因此，导游员要提高自己的讲解水平,以便在游览中用高超的讲解技巧和丰富的讲解内容吸引旅游者。

二、旅游者走失的处理

旅游者走失后,导游员的主要处理措施如下:

(一)及时了解情况,迅速寻找

导游员应该立即向旅游团内其他旅游者了解走失旅游者的情况,分析、推测走失的时间和地点,然后取得领队和全陪的协助,及时组织人力分头寻找。一般情况下,由全陪和领队分头寻找,自己带领其他旅游者继续游览。

(二)争取有关部门的协助

在经过认真寻找仍然找不到走失的旅游者时,导游员应立即向游览点的派出所和管理部门求助,告知走失旅游者的特征,请相关的派出所和管理部门在人多的地方和各进出口等地点协助寻找;同时与该旅游团下榻的饭店联系,询问旅游者是否自行返回饭店;如果仍然找不到走失的旅游者,导游员应向接待社及时报告,并请求帮助,必要时经领导同意向当地公安机关报案。

(三)做好善后工作

找到走失的旅游者后,导游员应问明情况,分析原因。若是自己的原因,应向旅游者赔礼道歉;如果责任属于走失者,应对其进行善意的批评,讲明利害关系,提醒以后注意。若旅游者因离团走失而受到惊吓,应对旅游走失者进行安慰;如果发生严重的旅游者走失事故,事后要查清责任。导游员应写出书面报告,记录事故发生的原因、经过、结果、善后处理及旅游者对这件事的反映,为今后的工作提供经验和教训。

第六节 旅游者患病、死亡问题的处理

在旅游过程中,由于旅途劳累、气候变化、水土不服、起居习惯经常改变等原因,旅游者突然患病、患重病,甚至病危的情况都有可能发生,特别是对那些年老、体弱和有病的旅游者更是如此。导游员应该积极主动地采取一些措施,尽量避免人为原因导致旅游者发生此类事故。如果旅游者患病,或患重病,导游员应沉着冷静,及时处理,并努力使旅游活动继续进行。

一、旅游者患病的预防

首先,导游员要详细了解旅游团内成员的身体健康情况。接团前,导游员要根据旅游团的有关资料,认真分析、仔细研究,全面、真实地了解旅游者的身体状况,然后根据旅游者的年龄、身体状况来安排旅游活动。

其次，导游员要科学安排游览活动。要做到劳逸结合、动静结合、节奏适中、景点搭配合理和随机应变。同日游览景点不可贪多，体能消耗大的旅游景点不能太集中，日程的安排既要考虑到健康旅游者的需求，也要考虑到患病旅游者的特殊情况，而且要照顾到旅游者的生活规律，尽量尊重旅游者的正常生活习惯，切不可为了"省钱"或"赶时间"，该吃饭时，旅游者不能吃饭；该休息时，旅游者不能休息；同时，时间安排要留有余地。

第三，要注意饮食卫生。饮食卫生是旅途中旅游者发病的一个重要因素，导游员要高度重视这个问题。要选择卫生条件较好的酒店吃住，不喝生水和"三无"饮品，不吃小摊、小贩卖的食品，要注意个人卫生，等等。

第四，要注意天气变化。导游员要经常收看或收听天气预报，及时提醒旅游者增减衣服、带雨具，气候干燥的季节或旅游地，要提醒旅游者多喝水、多吃水果等。

二、旅游者患一般疾病的处理

旅游期间，旅游者所患一般疾病主要包括：感冒、发烧、晕车（机、船）、中暑、失眠、腹泻、便秘等。对这类疾病，导游员应该做好以下工作：

（1）关心旅游者的病情。病人在生病的时候，心理、感情都非常脆弱，尤其是对一个在异地他乡又无亲人在旁的旅游者来说，更是如此。因此，导游员应该多关心这类旅游者，多给他们一些温暖、问候、方便和照顾，如主动前去探望，询问身体状况，以示关心；安排好患病旅游者的用餐，必要时通知餐厅为其提供送餐服务。

（2）劝患病的旅游者及早就医并多休息。对一般疾病，应坚持"及时发现，及时治疗"的原则。导游员一旦发现旅游者有病情，就立即建议患者到附近的医院治疗，必要的情况下，导游员可以陪同前往。

（3）旅游者的治疗费用自理。要向旅游者讲清楚看病的费用自理。

（4）严禁导游员擅自给患者用药。

三、旅游者突患重病的处理

旅游者突患重病，是旅游过程中的棘手问题，导游员应全力以赴，采取措施，积极组织抢救。

（一）旅游者在旅游途中突患重病，导游员应该做应急处理

若旅游者在乘旅游车前往景点的途中突发急病，必须立即将患者送往就近的医院，可拦车或拨打急救电话120，叫救护车将患者送往医院，必要时暂时中止旅游，用旅游车将患者送往医院；同时及时通知旅行社，请求指示和派人协助。

旅游者在旅游景点游览的过程中突患重病，导游员应立即组织现场急救，如人

工呼吸、对中暑的处理等;同时,拨打电话,叫救护车请求急救;联系景点单位的管理部门,请求他们帮助;导游员也应及时将有关情况通知旅行社予以协助。

旅游者在长途交通工具(飞机、火车、轮船)上突患重病时,导游员应采取措施就地抢救;导游员请求机组人员、列车员或船员通过交通工具上的广播系统在乘客中寻找医护人员对患者进行抢救,并通知下一站急救中心和旅行社准备抢救,以便更及时有效地治疗。

若旅游者在饭店里突患重病,导游员应立即请饭店的医护人员前来抢救,然后,送往当地的医院救治,并将情况及时报告旅行社。

(二)在对突患重病的旅游者实施救治时,导游员应注意的问题

(1)患者病危时,导游员应立即协同领队和患者亲友送病人去急救中心或医院抢救,要及时、积极救治,切不可拖延。

(2)若患者是国际急救组织的投保者,导游员还应提醒其亲属或领队及时与该组织的代理机构联系。

(3)在抢救过程中,导游员应要求患者亲友在场,并详细记录患者患病前后的症状和治疗情况,保管好书面资料,并请接待社领导到现场或与接待社保持联系,随时汇报患者情况。

(4)如果需要手术,须征得患者及家属的同意,如果亲属不在身旁,须由领队同意并签字。

(5)若患者病危,且家属不在身边时,导游应及时提醒领队通知其家属;如果患者是海外旅游者或外国旅游者,导游则应告知领队通知患者所属国驻华使、领馆,由他们协助处理;患者亲属到达后,应协助患者解决生活方面的问题,若找不到患者亲属,一切按使、领馆的书面意见处理。

(6)有关患者诊治、抢救及动手术的书面材料,应由主治医生出具并签字,由医院妥善保存。

(7)导游员在安排治病救人的同时,应该安排好其他旅游者的旅游活动。全陪应继续随团旅游。

(8)若病人转危为安,但仍需继续住院治疗时,导游员应该协助办好有关住院手续,地陪要不时地探望病人,并帮助患者办理分离签证、延期签证,以及出院、回国手续和交通票证等善后事宜。

(9)导游员要告知病人住院及医疗费用自理,患者离团住院时未享受的综合服务费由旅行社之间结算,按协议规定处理;患者亲属在华期间的一切费用自理。

四、旅游者死亡的处理

旅游者死亡会出于不同的原因,主要有:因病亡故、交通事故、治安事故、自杀或在自然灾难中丧生。旅游者在旅途中死亡,这是旅游过程中最严重的事故,一旦出现此类事故,导游员应立即向当地的接待社报告,让领导出面处理死者后事,按照接待社的安排和有关规定办理,导游员不得自行其是。同时,导游员要稳定旅游团内其他旅游者的情绪,继续做好旅游接待工作。

如果死者的亲属不在身旁,导游员应立即通知死者的亲属;如死者是外国旅游者,应通过领队和外事部门通知死者所属国驻华使、领馆,由他们通知死者的家属。

由参加抢救的医师向死者的亲属、领队及有关人员详细报告抢救的经过,并经医院开具"抢救经过报告"、"死亡诊断证明书",由主治医师签字后盖章,复印后分别交给死者的亲属、领队和旅行社。

死者的遗物由死者的亲属或领队、全陪和接待社共同清点,列出清单,一式两份,由有关人员分别签字后分别保管。遗物由死者的亲属或领队带回(或交使、领馆)。

如需要,由领队向全团宣布对死者抢救的经过及死讯。

遗体的处理,一般应在当地火化。遗体在火化前,应由死者的亲属或领队填写火化申请书,交我方留存。

因某种原因,如宗教方面的原因,死者亲属要求将遗体运回祖国(或居住地),除需办理上述手续外,还应由医院对尸体进行防腐处理,由殡仪馆成殓,并发给装殓证明书(灵柩要用铁皮密封,外廓要包装严实)。

若旅游者死亡地不是出境口岸,应由地方检疫机关发给死亡地点至出境口岸的检疫证明"外国人运带灵柩(骨灰)许可证",然后由出境口岸检疫机关发给中华人民共和国某某检验站"尸体/灵柩/进/出境许可证"。冉由死者所持护照国驻华使、领馆办理一张遗体灵柩经由国家的通行护照,此证随灵柩一起同行。

如果旅游者是非正常死亡,导游员应该保护好现场,并及时报告当地公安部门和旅行社,配合他们处理事故。如需解剖尸体,要征得死者亲属和所在国驻华使、领馆人员或领导同意、签字,经医院有关部门同意后方可进行,解剖后写出"尸体解剖报告"。

第七节　旅游安全事故的预防和处理

旅游活动中,凡涉及旅游者人身、财产安全的事故均为旅游安全事故,在旅游接待过程中可能发生的旅游安全事故,主要包括:交通事故、治安事故、火灾事故和食物中毒等。

一、交通事故的预防与处理

(一)交通事故的预防

交通事故中最常见的是汽车交通事故。为了更有效地避免交通事故,旅行社在租用交通工具的时候,应选择实力雄厚、信誉好的交通公司,挑选有经验、技术精湛、服务态度好、稳重的司机,这是预防旅游交通事故的保障。同时,导游员应具备安全意识,配合司机做好旅游过程中事故的预防工作:

(1)导游员要科学安排旅游日程,时间上要留有余地,严格把握每个旅游景点的旅游时间,不要为"赶时间"而催促司机开快车。

(2)司机开车时,导游员不要与司机聊天,以免分散其注意力。

(3)如遇天气不好(下雪、下雨、有雾)、交通堵塞、路况不好,尤其是狭窄道路、山区行车时,导游员要主动提醒司机注意安全,谨慎驾驶;地陪对日程安排可适当灵活调整,必须把安全放在第一位。

(4)阻止非本车司机开车。提醒司机在工作期间不要饮酒。如遇司机酒后开车,绝不能迁就,地陪要立即阻止,并向领导汇报,请求改派其他车辆或掉换司机。

(5)提醒司机经常检查车辆,发现事故的隐患,及时提出更换车辆的建议。

(二)交通事故的处理

一旦发生交通事故,只要导游员没有负重伤,神志还清醒,就应立即采取各种有效措施,冷静、果断地处理,尽最大努力减少人员伤亡和财物损失,并积极做好善后工作。发生了交通事故,导游员应该做到:

(1)立即组织抢救。导游员应立即组织现场人员迅速抢救受伤的旅游者,特别是抢救重伤员,并尽快让旅游者离开事故车辆。如不能就地抢救,应立即打电话叫救护车(医疗急救中心电话120)或拦车将重伤员送往距出事地点最近的医院抢救。

(2)保护好现场,立即报案。事故发生后,不要在忙乱中破坏现场,要设法保护现场,并尽快通知交通、公安部门(交通事故报警电话122),请求尽快派人到现场调查处理。

(3)迅速向接待社报告。地陪应迅速向接待社领导报告,讲清交通事故的发生和旅游者伤亡情况,请求派人前来帮助和指挥事故的处理,并要求派车把未受伤和轻伤的旅游者接走,送至饭店,或继续旅游活动。听取领导对下一步工作的指示。

(4)做好安抚工作。事故发生后,导游员在积极抢救、安置伤员的同时,要做好其他旅游者的安抚工作,力争按计划继续进行参观游览活动。待事故原因查清后,请旅行社领导出面向全体旅游者说明事故原因和处理结果。

(5)请医院开出诊断和医疗诊断书,并请公安局开具交通事故证明书,以便向保险公司索赔。

(6)写出书面报告。交通事故处理结束后,需有关部门出具有关事故证明、调查结果,导游员要立即写出书面报告。内容包括:事故发生的时间、地点、性质、事故的原因和经过;抢救经过和治疗情况、最后结论;人员伤亡情况和诊断结果;事故责任及对责任者的处理结果;受伤者及其他旅行者对处理的反映等。书面报告力求详细、准确、清楚、实事求是。最好和领队联署报告。

二、治安事故的预防与处理

在旅游活动过程中,遇到坏人的骚扰、行凶、抢劫、偷盗、诈骗等而导致旅游者身心健康及财产受到不同程度损害的事故,统称治安事故。

(一)治安事故的预防

治安事故,也是旅游活动中的常见事故。导游员在旅游活动中要时刻提高警惕,要多提醒旅游者有关注意事项,采取一切有效措施,防止治安事故的发生。

(1)入住饭店时,导游员应建议旅游者将贵重的财物存入饭店保险柜。不要随身携带大量现金或将大量现金放在客房内。

(2)提醒旅游者不要将自己的房号随便告诉陌生人;更不要让陌生人或自称饭店维修人员随便进入旅游者的房间;尤其是夜间决不可贸然开门,以防意外;出入房间一定锁好门。提醒旅游者不要与私人兑换外币,并讲清关于我国外汇管理的规定。

(3)旅游者下车前,导游员要提醒旅游者不要将证件或贵重物品遗留在车内。旅游者下车后,导游员要提醒司机锁好车门,关好车窗,尽量不要走远。

(4)在旅游景点活动中,导游员要始终和旅游者在一起,随时注意观察周围的环境,发现可疑的人或在人多拥挤的地方,提醒旅游者看管好自己的财物,如:不要在公共场合拿出钱包,最好不买小贩的东西(防止物品被小贩偷去),并随时清点人数。

(5)汽车行驶途中,不得停车让非本车人员上车、搭车;若遇不明身份者拦车,导游员应提醒司机不要停车。

(二)治安事故的处理

导游员在陪同旅游团(者)参观游览的过程中,遇到治安事件的发生,必须挺身而出,全力保护旅游者的人身安全。绝不能置身事外,更不能临阵而逃。发现不正常的情况,立即采取行动。

1.全力保护旅游者

遇到歹徒向旅游者行凶、抢劫,导游员应做到临危不惧,毫不犹豫地挺身而出,奋力与坏人拼搏,勇敢地保护旅游者。同时,立即将旅游者转移到安全地点,力争在现场的群众和公安人员的帮助下追回钱物、缉拿罪犯,但也要防备犯罪分子携带凶器狗急跳墙。所以切不可鲁莽行事,要以旅游者的安全为重。

2.迅速抢救

如果有旅游者受伤,应立即组织抢救,或送伤者去医院。

3. 立即报警（电话110）

治安事故发生后，导游员应立即向公安局报警；如果罪犯已逃脱，导游员要积极协助公安局破案。要把案件发生的时间、地点、经过、作案人的特征，以及受害人的姓名、性别、国籍、伤势及损失物品的名称、数量、型号、特征等向公安部门报告清楚。

4. 及时向接待社领导报告

导游员在向公安部门报警的同时，要向旅行社领导及有关人员报告。如情况严重，请求领导前来指挥处理。

5. 妥善处理善后事宜

治安事件发生后，导游员要采取必要措施，稳定旅游者的情绪，尽力使旅游活动继续进行下去，并在领导的指挥下，准备好必要的证明、资料、处理好对受害者的补偿、索赔等各项善后事宜。

6. 写出书面报告

事后，导游员要按照有关要求写出详细、准确的书面报告。

三、火灾事故的预防与处理

（一）火灾事故的预防

饭店、景点、娱乐、购物等场所发生火灾，会威胁到旅游者的生命和财产安全，给旅游者带来极大的损失和不幸，后果十分严重。为防止火灾事故的发生，在旅游活动中，导游员应该做到以下几点：

（1）做好提醒工作。提醒旅游者不携带易燃、易爆物品；不乱扔烟头和火种，不要躺在床上吸烟；向旅游者讲清楚，在托运行李时应按运输部门有关规定去做，不得将违禁物品夹带在行李中。

（2）熟悉饭店的安全出口和转移路线。导游员带领旅游者住进饭店后，在介绍饭店内的服务设施时，必须介绍饭店楼层的太平门、安全出口、安全楼梯的位置，并提醒旅游者进入房间后，看懂房门上贴的安全转移路线示意图，掌握因一旦失火时应走的路线。

（3）牢记火警电话和旅游团内所有旅游者房间号码。导游员一定要牢记火警电话（119）；掌握领队和全体旅游者的房间号码。一旦火情发生，能及时通知旅游者。

（二）火灾事故的处理

如果发生了火灾，导游员应沉着冷静，采取以下措施：

（1）立即报警，并迅速通知领队和全体旅游者撤离。在撤离时，镇定地与工作人员配合，听从统一指挥，组织旅游者通过安全出口迅速离开现场。

(2)判断火情,引导自救。如果情况危急,不能马上离开火灾现场而被困,导游员应采取的正确做法是:千万不能让旅游者搭乘电梯或慌乱跳楼。尤其是在三层以上的旅客,切记不要跳楼;必须穿过浓烟时,可用浸湿的衣物披裹身体,捂住口、鼻,尽量贴近地面顺墙爬行;若身上着火,可就地打滚,将火苗压灭,或用厚重衣物压灭火苗;大火封门无法逃出时,可用浸湿的衣物、被褥将门缝堵塞严或泼水降温,等待救援;可以在窗口摇动色彩鲜艳的衣物,争取救援。

(3)协助处理善后事宜。旅游者获救后,导游员应立即配合救援人员抢救受伤的旅游者,将重伤者立即送往医院。若有旅游者死亡,应按有关规定处理。采取各种措施,稳定旅游者的情绪,帮助旅游者解决因火灾所造成的生活上的各种困难,想办法使旅游活动能继续进行;火灾过后,导游员应将火灾的全过程写出详细的书面报告。

四、食物中毒的预防与处理

旅游者因食用了变质或不干净的食物,常会发生食物中毒,这是旅游过程中最常见的事故之一,其症状是头晕、头痛、上吐下泻。食物中毒潜伏期短,发病快,常常集体发病,若抢救不及时,会有生命危险。因此,导游员应重视旅游过程中的饮食卫生工作,做好预防工作,严防病从口入。

(一)食物中毒的预防

为防止食物中毒事故的发生,导游员应做到以下几点:

(1)严格执行在旅游定点餐厅就餐的规定。

(2)提醒旅游者不要在小摊上购买食物,不要喝生水。

(3)用餐时若发现食物、饮料不卫生,或有异味、变质的情况,导游员应立即要求更换,并要求餐厅负责人出面道歉,必要时向旅行社领导汇报。

(二)食物中毒的处理

(1)立即采取排毒措施。若发现旅游者食物中毒,导游员应立即设法为患者催吐,并让患者多喝水,加速排泄,以缓解毒性。

(2)开具证明。导游员应立即将患者送医院抢救、治疗,请医生开具诊断证明。

(3)迅速报告。导游员应迅速报告旅行社,并追究供餐单位的责任。

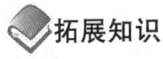拓展知识

饮食禁忌小贴士

在旅途中,要注意饮食卫生。如果乱吃乱饮,轻的拉肚子、呕吐,重的会中毒,以致造成生命危险,俗话说:"病从口入",所以我们必须了解饮食禁忌知识,把

好关。

（1）不宜饮头遍茶。茶叶在生产、包装、运输、存放的过程中，大多数会被霉菌污染。喝头遍茶对身体有害。

（2）勿空腹吃柿子。因柿子含有较多的柿胶酚、单宁和胶质，这些物质遇到较多的胃酸就会形成不溶性沉淀。

（3）柿子忌与螃蟹同吃。因蟹肉中的蛋白质遇到柿子中的鞣酸后会沉淀，凝固成不易消化的物质，长时间滞留在肠道内发酵，会出现呕吐、腹痛与腹泻等食物中毒现象。如果两者同食过多，还会发生严重的肠硬塞现象。

（4）食橘子忌同饮牛奶。因为牛奶进入胃和十二指肠后，牛奶中的蛋白质与胃蛋白酶和胰蛋白酶结合，然后进入小肠。如果吃了橘子，会使牛奶中的蛋白质与果酸及维生素C凝固成块，反而影响消化和吸收。两者同食后的主要症状，表现为腹胀、腹痛、腹泻等。

第八节　旅游者越轨言行的处理

越轨行为一般是指旅游者侵犯一个主权国家的法律和世界公认的国际准则的行为。外国旅游者在中国境内必须遵守中国的法律，中国旅游者在国内或出国旅游，也应遵守旅游目的地（国）的法律、法规。国内外旅游者无论谁触犯法律，都必将受到法律的制裁。

旅游者越轨言行系个人问题，但如果处理不当，会产生不良后果。因此，处理这类问题要慎重，要十分注意掌握政策和策略，要认真调查核实，分析原因。分清越轨行为和非越轨行为的界限；有意和无意的界限；无故和有因的界限；言论和行为的界限。只有正确地区别上述界限，才能正确处理此类问题，才能团结朋友，增进友谊，打击越轨者，维护国家的主权和尊严。

在导游接待中，导游员应积极向中外旅游者介绍有关法律及注意事项，多做提醒工作，以避免个别旅游者无意越轨言行的发生。同时，对有意发生的越轨言行，导游员也应提高警惕，发现可疑现象，要有针对性地给予必要的提醒和警告，迫使预谋越轨者知难而退。对顽固不化者，一旦发现危害我国主权和安全的非法活动，应报有关部门处理。

一、对攻击污蔑言论的处理

对于海外旅游者而言，由于社会制度的不同，政治观点也会有差异。因此，他们中一些人可能对中国的方针、政策及国情有误解或不理解，在一些问题的看法上产生分歧也是正常的现象。因此，导游员要积极地宣传中国，友好地介绍我国的国情,认真地回答旅游者提出的问题,阐明我国对某些问题的立场、观点,求同存异,以和为贵。

对于个别旅游者站在敌对立场上进行的恶意攻击、蓄意诬蔑或挑衅,作为一名中国的导游员,要立场坚定、观点鲜明、理直气壮地予以严正驳斥,必要时报告有关部门,查明后严肃处理。

二、对违法行为的处理

对于海外旅游者的违法行为,首先要分清是由于对我国的法规缺乏了解,还是明知故犯。对前者,应讲清道理,指出错误之处,并根据其违法行为的情节、危害程度,确定是否报有关部门处理。对那些明知故犯者,导游员要提出警告,明确指出明知故犯者的行为是中国法律和法规所不允许的,并报告有关部门严肃处理。

旅游者中若有人从事窃取国家机密和经济情报、宣传邪教、走私、贩毒、偷盗文物、贩卖黄色书刊及音像资料等犯罪活动,一旦发现,应立即汇报,并配合司法部门查明罪责,严正处理。

三、对违规行为的处理

(一)一般性违规行为的预防及处理

在旅游接待中,导游员应相机向旅游者宣传、介绍、说明旅游活动中涉及的具体规定,防止旅游者不知而误犯。例如,参观游览中某些地方禁止摄影、禁止进入,等等,都要事先讲清,并随时提醒。若在导游员已反复提醒的情况下明知故犯,则当事人会按规定受到应有的处罚。

(二)对异性越轨行为的处理

当发现海外旅游者对于中国异性有不轨行为时,导游员应予阻止,并告知中国人的道德观念和异性间的行为准则;对不听劝告者,应向其郑重指出其行为的严重性,令其立即改正;女性导游员遇到此类情况,为了自卫,要采取断然措施;情节严重者,应及时报告有关部门依法处理。

(三)对酗酒闹事者的处理

旅游者酗酒,轻者举止失态,重者失去理智。因此,旅游者酗酒闹事,导游员应该做到:先规劝,也可通过领队向酗酒闹事的旅游者做工作,并严肃指明可能造成的严重后果,尽力阻止;对醉酒的旅游者应用适当的语言尽力劝其停止饮酒;如果酗酒者不听劝告,扰乱社会秩序、侵犯他人、造成物质损失的,肇事者必须承担一切后果,直至承担法律责任。

第九节 常见问题和事故的预防与处理实训

一、旅游路线和日程变更实训

(一) 实训安排

实训项目	旅游计划变更
实训目的	熟悉事故预防的方法、措施,掌握旅游路线和日程变更时正确、合理的处理方法、程序、技巧和注意事项等,能够妥善处理计划变更问题,协调好各方面的工作
实训时间	1学时
实训方法	1. 教师讲解、学生分组讨论 2. 以学生参与表演的情景剧形式表现真实情景,学生记录导游的不规范行为,分组讨论,评析导游规范并回答问题
实训材料	文字材料、开放式教室
实训要求	实训中,教师讲解后,请学生训练时要严格要求,注意培养科学的思维方式和良好的工作习惯,存在的问题要注意及时指出并纠正。实训结束后,学生要进行自我总结和提高
实训步骤	1. 教师设定模拟情景、示范讲解有关要求 2. 学生分组进行练习 3. 学生情景剧表演,看后分析并讨论 4. 分组随堂测试 5. 老师点评、总结 6. 学生填写实训报告,实训结束

(二) 实训内容

实训内容	操作要领	常见错误
礼貌礼仪和态度	导游员在处理旅游者的临时性需求时,要注意礼貌,要尊重客人。在向旅游者解释的时候,要注意语气、语调和措辞	因旅游者的过多或过分要求而不耐烦、态度不好,导致言辞激烈、语气不好听等

续表

实训内容	操作要领	常见错误
缩短或取消在某地游览时间	1. 尽量完成计划内的游览项目;若确有困难,应突出本地最有代表性、最有特色的旅游景点 2. 与旅行社和有关部门联系,做好计划变更后的车、房、餐的安排	应变计划不合理,不能让旅游者在有限时间内对本地的旅游景观及其特色有一个基本了解
延长在某地的游览时间	1. 调整活动日程,酌情增加旅游景点;适当延长在重要旅游景点的游览时间 2. 努力使活动内容充实、丰富多彩;不要给旅游者留下应付或故意拖延时间的印象	活动日程的调整给旅游者留下浪费时间、无聊乏味的印象
被迫更改旅游活动项目	1. 所选择的替代旅游景点也应具有特色 2. 导游员要以精彩的讲解和最佳的安排激起旅游者的游兴,使新的安排得到旅游者的认可	所选替代景点没有特色,不能弥补因活动变更给旅游者带来的遗憾

(三)考核测试

1. 测试方法

按百分制计分,其中随堂测试50分,实训报告50分。

2. 测试表

组别:＿＿＿＿＿ 姓名:＿＿＿＿＿ 时间:＿＿＿＿＿

项　目	应得分	实际得分
礼貌礼仪	10	
态度	10	
制订应变计划的水平与质量	10	
应变能力及处理问题的程序	10	
导游讲解和活动安排的精彩程度	10	

3. 实训报告

同"迎接服务实训考核测试"中的实训报告表。

案例分析

情景剧脚本

地点：旅游车上

人物：导游、旅游者和司机

时间：晚餐后

情景：一天的旅游活动结束，在吃罢晚饭后，导游员就向各位旅游者宣告了次日的旅游日程安排，即离开这个旅游景点去下一个旅游景点。旅游者们在听罢导游员的旅游计划后，纷纷表示异议，都觉得在此地玩得不尽兴，要求再多玩一个上午。

看完情景剧，同学们分组讨论，并回答这位导游员，应该如何处理顾客的这种要求？并填写实训报告。

二、旅游安全事故的预防和处理

（一）实训安排

实训项目	旅游交通事故的预防和处理
实训目的	熟悉旅游安全事故预防的方法、措施，掌握事故发生后的正确、合理的处理方法、程序、技巧和注意事项等，以提高学生的专业综合素质和实践技能
实训时间	2学时
实训方法	1. 结合多媒体 2. 教师讲解有关要领、示范，学生分组讨论、模拟 3. 以学生参与表演的情景剧形式表现真实情景，学生记录导游的不规范行为，分组讨论，评析导游规范并回答问题
实训材料	文字材料、开放型多媒体教室
实训要求	1. 实训中，教师示范完毕，请学生练习时，要严格要求，及时发现问题及时解决 2. 培养学生按照事故处理的规定程序办事的思维和习惯 3. 实训后，学生要自我总结和提高
实训步骤	1. 教师设定模拟情景、讲解有关要求 2. 学生情景剧表演，看后分析并讨论 3. 分组随堂测试 4. 老师点评、总结 5. 学生填写实训报告，实训结束

(二)实训内容

实训内容	操作要领	常见错误
交通事故的预防知识	1. 司机的工作规范 2. 导游员的职责	司机酒后开车、开快车、粗心、随意停车等;导游员与司机说话、对司机监督不力
交通事故的处理能力	急救、报警、保护现场、安抚其他人员、报告有关单位及旅行社	1. 破坏现场 2. 救治时先己后客
随机应变能力	冷静果断、及时、思路清晰和高效;善后事情的处理得当	慌张、六神无主、手足无措;善后事情处理不当

(三)考核测试

1. 测试方法

按百分制计分,其中随堂测试 50 分,实训报告 50 分。

2. 测试表

组别:＿＿＿＿＿＿＿ 姓名:＿＿＿＿＿＿＿ 时间:＿＿＿＿＿＿＿

项目	应得分	实际得分
旅游交通事故的预防知识	10	
交通事故的处理能力	30	
随机应变能力	10	

3. 实训报告

姓 名		学 号		班 级		成 绩	
实训名称							
实训目的							
回答问题							
教师评语							

案例分析

情景剧脚本

地点：在去某旅游景点的途中

人物：导游、旅游者、司机等

时间：某上午

情景：某天上午，天正下着大雨，某旅游团在去景区的路上，由于下雨，能见度不高，路面太滑，加上车速太快，旅游车不小心开进路边的深沟里，结果造成1人死亡、7人受重伤、21人受轻伤的重大交通事故，其中导游员只受了点轻伤。

看完情景剧，同学们分组讨论，并分析事故发生的原因及导游员如何应对这起事故？如何避免此类旅游交通事故的发生？并填写实训报告。

本章小结

本章主要从9个不同角度概括了导游员在旅游服务过程中有可能遇到的问题和事故的预防与处理，导游员应该熟悉和掌握这些事故及其预防与处理的方法和程序，并不断通过日常工作，锻炼自己，提高自己分析问题、解决问题的能力。导游员在带团的过程中要树立"一切为了顾客"的服务观念，尊重顾客，体谅顾客，为顾客着想；要具备较强的法制观念，遵纪、守法，能够合情、合理、合法地处理问题与事故；要爱岗敬业，要有强烈的工作责任心，不可推卸或逃避责任。导游工作是一个时间性非常强、且对导游员的管理能力要求较高的综合性较强的工作。因此，要求导游员要有较强的时间观念和对时间的控制能力，要学会团队管理，具有较好的计划、组织、决策、控制和协调能力，要有较好的领导能力和随机应变能力。因此，导游员要善于学习，学会总结，能够防患于未然，争取少出事故、不出事故。

案例分析

导游员小王接待的某旅行团，原计划于12月23日16时由H市飞抵S市。22日晚餐后，小王突然接到内勤通知，该团因故必须乘23日8时的航班提前离开H市。第二天早晨该团即将抵达机场时，团员怀特夫人神色慌张地告诉小王，她将一条钻石项链放在枕头下面，因离店时匆忙，忘记取出，要求立即返回饭店。请分析：

(1)事故的性质。

(2)小王接到内勤通知后，应该做哪些工作？

(3)得知怀特夫人将钻石项链遗忘在房间后，小王应如何妥善处理？

 **思考与练习**

1. 填空题

(1) 导游员在接站时容易发生的三种事故是＿＿＿＿＿＿、＿＿＿＿＿＿、＿＿＿＿＿＿。

(2) 导游员在接站时的三种事故中,＿＿＿＿＿＿属于责任事故。

(3) 旅游安全事故主要包括＿＿＿＿＿＿、＿＿＿＿＿＿、＿＿＿＿＿＿、＿＿＿＿＿＿四种。

(4) 空接是指由于某种原因旅游团＿＿＿＿＿＿抵达某站,导游员仍按＿＿＿＿＿＿的班次或车次接站而＿＿＿＿＿＿接到旅游团的现象。

(5) 误机事故是指＿＿＿＿＿＿＿＿＿＿＿＿＿＿＿＿＿＿。误机事故属于＿＿＿＿＿＿事故。

2. 选择题

(1) 在预防漏接的措施中,最重要的是(　　)

    A. 对计划的了解程度　　　　B. 对时间的控制能力

    C. 导游员的责任心　　　　　D. 与有关部门的协调

(2) 游览计划的变更大致有三种情况,即(　　)

    A. 一是缩短或取消在某地的游览时间;

    B. 延长在某地的游览时间;

    C. 在某地的游览时间不变,而用一种旅游活动项目取代另一个旅游活动项目。

    D. 游览计划可以随意变化。

(3) 同一家旅行社的导游员接错了旅游团,除向旅游者说明情况、赔礼道歉外,对全陪和地陪要做如下处理(　　)

    A. 全陪不交换,地陪要交换　　　　B. 全陪要交换,地陪不交换

    C. 全陪、地陪都不交换　　　　　　D. 全陪、地陪都交换

(4) 下列各项事故中,属于旅游安全事故的有(　　)。

    A. 旅游车翻车　　　　　　　　B. 导游员漏接

    C. 旅游者被盗　　　　　　　　D. 食物中毒

3. 思考题

(1) 什么是漏接？如何防止漏接事故的发生？如何处理漏接事故？

(2) 什么是误机事故？如何预防和正确处理这类事故？

(3) 旅游者在旅行途中突患重病,怎么办？

(4) 如何做好旅游者走失事故的预防与处理工作？

(5)应对旅游计划变更的主要措施有哪些?
(6)导游员如何处理火灾事故?
(7)导游员如何预防和处理治安事故?
(8)导游员如何处理旅游者的投诉?

4.实训题

地陪小张接待一个40人的旅游团,按计划该团将乘16时45分的火车赴B市。午饭后旅游者出完行李,小张在14时30分将全团带到市中心广场并宣布:"请大家在广场自由活动,或去购物一个小时!"于是旅游者纷纷走散。一小时后只有34人返回,待最后几位客人返回时,已经是16时10分,旅游车匆匆驶至车站,火车早已驶离。

请就该设定情景进行模拟训练:

(1)分析此次事故的性质、原因和将会造成的损失;
(2)假设由你当地陪,当发现只有34人返回时你将如何处理此事?

第六章 导游讲解技能

引言

　　导游语言,是导游员从事导游服务工作的重要工具。导游员运用语言的技能在很大程度上影响,甚至决定导游服务效果的优劣。因此,本章旨在培养学生能够充分认识导游语言的职业特征,对导游口头语言、体态语言、交际语言各部分内容有一个比较全面的了解,并掌握导游讲解的基本方法,为学生在今后的工作中提高导游技能打下良好的基础。

学习目标

- 掌握导游语言、口头语言、体态语言的概念和基本要求。
- 掌握导游讲解的常用方法。
- 熟悉导游交际语言的相关内容。

　　导游讲解是导游工作的一个重要环节,是导游员在特定的环境中,借助语言艺术,传递旅游信息,满足旅游者需要的一项服务活动。导游员掌握的语言知识越丰富,驾驭语言的能力越强,信息传递的障碍就越小,与旅游者沟通得就越快,导游的讲解技能就越高。所以,每一位导游员都应该练好导游语言这一基本功。

第一节　导游语言

　　语言是人类表达和交流思想的重要手段。导游作为一种社会职业,在长期的社会实践中逐渐形成了具有本职业特点的语言——导游语言,它是导游员用来从事导游服务工作的专业工具。

一、导游语言的含义

导游语言有广义和狭义之分。

从广义上讲,导游语言是导游员在导游服务过程中必须熟练掌握和运用的所有具有一定意义,并能引起互动的一种符号。其中的"所有",是指在形式上不仅包括了口头语言,还包括书面语言、体态语言和副语言;"具有一定意义",是指能够传递某种信息,或表达某种思想情感;所谓"符号",是从语言学意义上来讲,指含有一定意义的媒介物。

从狭义上讲,导游语言,是指导游员用于同旅游者进行交流、传播知识、介绍景点、实现沟通的一种生动形象的口头语言。

导游语言是导游员做好导游工作必须熟练掌握的重要工具。由于导游员服务的对象是兴趣爱好不同、审美情趣各异的旅游者,导游员不仅要运用生动形象的导游语言向旅游者讲解秀美壮丽的自然景观,介绍内涵深厚的人文景观,以及丰富多彩的社会生活现实,把美的内涵传递给旅游者,使他们的审美需求得到满足,而且要通过细致、周到的生活服务为旅游者提供安全、舒适的旅行生活,使旅游者获得满意的旅游体验。因此,在导游服务过程中,导游语言的内容涉及大千世界的方方面面,导游服务的对象来自全球各地的不同阶层,导游服务的场合复杂多变,这种工作特点决定了导游语言具有"快、急、杂、难"的特点,常常需要导游员不仅要做到"眼急嘴快",还要辅助以恰当的手势、姿态和表情等来强化口头语言的效果。这就要求导游员应具备良好的语言表达能力,掌握运用语言、动作和表情传递信息、表情达意的技巧,以达到良好的导游服务效果。

二、导游语言的基本要求

导游员无论是进行导游讲解,还是同旅游者交谈,或者是回答旅游者的问题,在说话前都要对所讲、所谈的内容进行组织,将知识性、思想性、科学性、趣味性融为一体,然后表达出来。导游员在运用导游语言时,应遵循正确、清楚、生动、灵活的基本要求。

1. 准确

正确,是指导游员的语言必须以客观事实为依据,在导游讲解时要使用规范化的语言,内容正确无误,逻辑性强。导游语言应当正确,这是导游语言规范性和科学性的具体体现。在导游活动中,导游员要向旅游者传播中华文明,传递审美信息,正确性起着至关重要的作用。因而,正确是导游语言的基本要求。导游语言的正确性主要表现在下述三个方面:

(1)内容准确无误、有据可查。导游讲解的内容必须有根有据,对所讲景点的相关知识和信息一定要来源可靠,具有权威性和可信度。如讲解景点时涉及的历史沿革、历史史实、地质构造、数据资料等,必须准确、有史可考,有根据,有出处,不能胡编乱造、信口开河。即使是神话故事、民间传奇,也应该有一定的本源,有据可查,而不能道听途说,现场编造。如果遇有说法不一的事物,可选择几种有代表性的意见和观点介绍给旅游者,用共同探讨的态度请旅游者根据自己的理解作出判断。导游讲解还应注意与时俱进,有一些数字、地名等信息随着时代的变化而变化,必须注意到这些变化。需要注意的是,如果导游讲解内容不正确,不论导游员的语言表达能力有多强,也只能是信口开河,杜撰史实,一旦被旅游者发现,就会对导游员产生极大的反感,并由此对旅游目的地产生不应有的恶劣影响。

(2)语音、语调、语法、用词要准确。正确地使用语言,是内容正确的前提。如果仅仅内容正确,但语音、语调有误,语法、用词不当,信息的传递就会出现障碍,旅游者听不懂,就达不到传递信息、表达思想的目的。因此,导游员不论是使用什么语种,不论是外语、普通话,还是地方方言,都应该用高标准要求自己,注意发音的正确,努力做到地道纯正,避免南腔北调。遣词造句正确、词语组合恰当,是正确运用语言的关键,要按照语法规律和语言习惯进行有机的组合搭配。

(3)观点正确。导游语言的运用要考虑产生的社会效应。首先,导游员在讲解和回答问题时,要有鲜明、正确的观点和立场,能够客观、正确地评价事物,尤其是在涉及我国的国家尊严、大政方针,以及有关国际问题的态度时,导游员要态度鲜明、立场坚定,使旅游者对旅游目的地有一个全面、客观、公正的了解;其次,要坚持"内外有别"的原则,爱祖国、爱家乡,为树立国家和家乡的良好形象而努力;最后,导游员要自觉地维护国家的法律和法规,不得迎合个别旅游者的低级趣味,应坚持健康、生动、幽默的导游讲解,不讲格调低下的内容,不开政治性的玩笑。

2. 清楚

清楚,是指导游讲解时,要口齿清楚、条理分明、逻辑性强,把所讲的内容逐层地交代清楚。清楚,是导游语言科学性的又一体现。

(1)逻辑严密。导游员在讲解时应注意在思维和语言表达上符合逻辑规律,讲解的内容要层次分明、脉络清晰,对自己所要表达的内容需要仔细斟酌,想使旅游者了解什么,如何表达才能使旅游者更容易理解,都应事先做好准备。而不能心中无数,想起什么说什么,见到什么说什么,使旅游者感到层次不清、杂乱无章。应根据思维规律,将所讲内容按照一定顺序进行精心编排,确定先讲什么,后讲什么,如自然景观的成因和特征,文物古迹的历史背景和艺术价值,都必须逐层交代清楚,使旅游者感到导游员的讲解有清晰的脉络,内容清楚明白、层次分明、有条理。

(2)中心突出。在导游讲解时,面对众多的景观,要讲的内容可能很多,但由于旅游者的活动日程往往安排较紧,在任何景点的游览时间都很有限,而且游览时往往是站着听导游员讲解,如果导游员什么都想讲,但什么都没讲深、讲透,结果会使自己和旅游者都很疲惫,也不受客人欢迎。所以导游讲解时,一定要分清主次、主题明确、突出中心内容,这样不仅可以提高时间利用率,而且可以使旅游者对所讲景物留下较深刻的印象。

案例分享

历史文化名城——洛阳

洛阳位于河南省西部,黄河中游南岸,伊洛盆地北缘,因位于洛水之阳而得名。它东扼虎牢,西踞崤函,北依邙山,南对伊阙,东南面向嵩岳,洛、伊、瀍、涧四条河流蜿蜒其间。自古以来,洛阳就以其险固的地理形势和优越的地理位置,成为历代帝王理想的建都之所。据考证,先后有夏、商、西周、东周、东汉、曹魏、西晋、北魏、隋、唐、后梁、后汉、后晋等十三个朝代在此建都,时间长达1500多年。所以,洛阳是八大古都中建都年代最早、朝代最多、时间最长的"天下名都"。由于洛阳长期作为全国政治、经济、文化、科技、交通的中心,所以许多历史上的重大事件都发生在这里,有许多重要的历史人物也都活动在此。因此,宋代历史学家司马光诗说:"若问古今兴废事,请君只看洛阳城"这就是说洛阳是中国历史文化的缩影,如果您想了解五千年的中国历史,就必须来洛阳。

即使在今天,经过历史的冲刷,洛阳依然有丰富的文化遗存和名胜古迹,如被评为世界遗产的龙门石窟、被称为天下第一名刹的白马寺,等等,数量之众多、保存之完好,这里就无法历数了。我们将在这几天的游览过程中为大家一一讲解。

以上这段导游词主题明确,层次分明。洛阳作为历史文化名城,是中华五千年悠久历史文化的缩影,所以极不容易将其形象提炼和概括。可讲的内容非常多,怎样用有限的语言给旅游者一个突出的印象,使旅游者游完洛阳之后不至于和其他几个古都相混淆?作者突出了三个"之最":建都年代最早、朝代最多、时间最长的"天下名都",使洛阳作为古都在八大古都中的地位与特点凸显出来,使旅游者对洛阳作为古都在历史上的影响有了深刻的印象,同时使讲解内容的延伸也有了脉络。

3. 生动

生动,是指导游语言要具有活力,能打动人心,能引起旅游者的共鸣。它是导游语言艺术性和趣味性的具体体现。

旅游者在旅游过程中追求的是轻松、愉快,在游览中向往的是导游员活泼、风趣的讲解。俗话说:"看景不如听景",讲的就是导游员生动、形象的语言对突出景点所起的画龙点睛的作用。如果导游员在语言表达上平淡、无味,单调、呆板,必然会使旅游者兴趣索然,即使是好的、有价值的景点,也很难使旅游者在旅游活动中获得美的享受;相反,生动形象、声情并茂的导游语言,能使导游员自然地按照美的规律去创造意境,打动旅游者,引起他们的共鸣,起到引人入胜、情景交融的作用,使旅游者在亲切、愉悦的感觉中去感知和理解景物的外形美与内涵美,从中得到美的享受。为此,在导游语言的表达上应注意以下几方面:

(1)使用形象化的语言。在导游讲解时使用形象化的语言,恰当地使用比喻、比拟、夸张等修辞手法来"美化"自己的语言,把抽象变为具体,把无形变为有形,把陌生变为熟悉,把导游内容讲得有声有色,活灵活现,才能激发旅游者的想象力和热情,去体验导游语言所创造的美的意境。

(2)把握语音、语调。导游语言的生动性不仅要考虑讲解的内容,还应注意运用一定的语音、语调来传情达意。若把握不好语音、语调,在讲解时就会让旅游者感觉平淡、无味,难以留下什么印象。所以导游员在讲解时,应力求讲解内容和语音、语调等和谐一致,使导游语言更有感染力。

(3)适当幽默。风趣、幽默的语言如果运用得当,可以使导游的讲解锦上添花,给旅游者带来欢笑,迅速使导游员和旅游者之间的距离感缩短,使旅游者的旅游活动变得轻松、愉快,气氛活跃,提高客人的游兴。而且有时幽默还是处理问题的一种手段,它有助于缓解或消除旅游团人际关系中的某些不和谐气氛,有助于导游员摆脱某种尴尬局面。正如列宁所说:"幽默是一种优美的、健康的品质。"讲话幽默、风趣是导游语言艺术性的重要表现,又是人际关系的润滑剂,旅游者往往更加喜欢具有幽默感的导游员。但是,导游员在具体运用时要注意避免多用、滥用幽默,以免冲淡讲解的主要内容,甚至给旅游者留下"耍贫嘴"的感觉;另外,在使用幽默语言时,不能伤害旅游者的自尊心,更不能针对国家政治和宗教等方面的严肃问题。

4. 灵活

导游语言的灵活性,是指在导游讲解时要有针对性,要因人、因时、因地而异,不能千篇一律。导游员要善于根据不同类型、不同文化背景、不同兴趣爱好的旅游者和当时的时空条件,决定讲解的多少、内容的组织、语言的表达方式、语速的快慢和音量的大小,等等。要做到这一点,导游员需要了解旅游者的有关情况,如年龄、职业、兴趣爱好、文化水平、宗教信仰等,同时还要了解客源地的有关知识,然后作出正确的判断,并选择适当的讲解方法和内容,针对每一个旅游团,灵活地进行讲解,以适应不同旅游者的文化修养和审美情趣。如苏州的著名景点寒山寺,由于唐代诗人张继的《枫桥夜泊》一诗被列入日本小学课本而在日本闻名遐迩。同是接待日本旅游者,导游员在为一批文化水平较低的日本客人讲解时,只照字面意思讲解《枫桥夜泊》一诗的内容,重点讲解唐代寒山寺香火兴旺的盛景。讲日本朋友远道而来和中国人民一起在寒山寺聆听钟声,欢度新春佳节,是中日友好的象征。而面对一批日本教师时,这位导游员则先讲张继的身世和写诗的时代背景,并逐句精讲诗的含义。同时还带领客人观看碑廊,并详细介绍历代名人的诗文碑刻。讲诗中所咏古钟的经历和传说,着重讲解中日两国同文同种,友好交往源远流长,愿友谊长存!这位导游员的做法充分说明,景点是固定不变的,但人是灵活可变的,不同的人有不同的需求。导游员通过灵活地安排讲解内容,使其深浅恰当、雅俗相宜,有助于每个旅游者获得美的享受。

第二节 口头语言

在导游服务中,口头语言的使用频率最高。作为以说和听为形式的一种语言,如何把话说得好,说得令人信服,并不是一件易事。因此,导游员只有掌握了口头语言的特点和规律,掌握一定的表达技巧,才能使口头语言的表达具有较强的感染力和说服力。

一、口头语言的表达形式

口头语言的表达形式有独白式和对话式两种。

(一)独白式

独白式,是导游员讲、旅游者听的一种语言单向传递方式。如导游讲解中致欢迎词、欢送词、城市概况介绍、景点概况介绍、声像导游解说等,经常使用独白式。例如导游员对朱仙镇概况的讲解:

"我们今天要游览的是中国古代四大名镇之一的朱仙镇。朱仙镇距开封市区20公里,行车约需25分钟即可到达。利用行车的时间,我把朱仙镇的简单情况给大家作一下介绍。

朱仙镇历史悠久。秦朝时这里出了一个叫朱亥的人,因为刺杀秦王而名扬天下,于是就将此地命名为朱仙镇。南宋绍兴十年(公元1140年),民族英雄岳飞大败金兵于郾城,乘胜进军至此。古时,朱仙镇地处水陆要冲,商业繁荣。明、清时与景德镇、佛山、汉口合称四大镇。只是到了清中叶后,因为黄河泛滥,逐渐衰落。但它悠久的历史和辉煌的过去,给我们留下了很多名胜古迹和文化遗存,如著名的岳飞庙、关帝庙、清真寺、启封城遗址、牛头山、点将台、青龙背等,还有闻名全国的朱仙镇木版年画等。今天我们带领大家游览的是岳飞庙、木版年画和大清真寺。"

此例就是比较典型的口语独白式。我们可以从中看出独白式的特点:

1. 目的性强

导游员讲一段话,或是为了介绍情况,或是为了说明问题,或是为了表达情感,具有明显的目的性。

2. 对象明确

尽管独白是导游员一个人在说话,但话是说给旅游者听的。因此,当导游员独白时,应该始终面对旅游者讲话,以产生良好的语言效果。

3. 表达充分、完整

独白式讲解,一般都是事先已经做好充分准备,对所讲内容的选择、讲解层次的设计,都已经心中有数。在独白时间内,导游员可以把自己所要传递的主要信息有层次、完整地表述出来。一般情况下,导游员可以按照自己的思路进行讲解,不会节外生枝。所以,在这种表达方式下,导游员处于比较主动的地位,但同时,也对导游员的讲解提出了较高的要求,只有在准备充分的基础上,内容丰富、思路清晰的讲解,才可能获得好的效果。

(二) 对话式

对话式,是导游员和旅游者之间进行的一种语言双向传递方式,是导游员与一个或一个以上的旅游者之间所进行的交谈,这种方式可以是问答,也可以是商讨等。例如:

导游员:"各位知道天津什么风味小吃最有名气吗?"

旅游者:"知道。叫'狗不理'包子。"

导游员:"哪位知道它的来历吗?"

旅游者:"知道一点儿。好像'狗不理'是一个人的名字。"

导游员:"您说得很对。一百多年前,天津一家包子铺有个学徒叫高贵友,乳名叫狗不理。他做的包子味道特别鲜美……"

从以上的对话可以看出其特点:

1. 依赖性强

对话式对语言环境有较强的依赖性。主要表现在对话双方对话题有一定的共识,而且对方有谈话的兴致,才能实现有效的交流,达到信息传递的目的。如果没有双向信息的交流,则对话就无法进行。所以导游员应善于观察,选择旅游者感兴趣的话题。同时,导游员需要具有一定的应变能力,能够根据交谈的话题和旅游者的兴趣及时转换话题。

2. 反馈及时

对话式是双向语言传递形式,其信息反馈一般是以言语形式进行的,因而及时、明确。便于导游员根据反馈情况对谈话时间、内容以及话题进行调整。对话式有利于双方的互相沟通和交流。

二、口头语言的表达技巧

作为语言的一种形式,口头语言规范的构成应该包括:语音、词汇、语义和语法。但在日常对话中,比较重视语音和语义,其他构成要素常常被忽略。语音即说话的声音,包括音量、语调、语气和语速等要素。在口语中,它们的变化能引起语义上的差异。声音变化是口语表情达意的方式,同一句话,同一个字,由于声音高低、节奏、语速不同,造成听者不同的知觉和感受。在旅游活动中,声音可以传递很多重要信息,一个善于控制语音的导游员,其导游语言才会对旅游者产生较强的感染力。

(一)语音、语调适度、优美

语音、语调在传情达意方面起着十分重要的作用。导游员应学会正确地使用语音和语调,利用抑扬顿挫、起伏多变的语音和语调来表达情感。

1. 调节音量

音量是指说话时声音的强弱程度。在导游讲解中,导游员的声音要适度,以使在场的旅游者听清为宜。一是根据讲解场合和旅游者人数的多少来调整音量。在室外讲解时,或者旅游者的人数较多,导游员应注意提高音量;如果是在室内,或者旅游者人数不多,导游员可适当放低音量。二是根据讲解的内容来调节音量。对于重要的信息和需要强调的内容,导游员要加重语气、提高音量;需要增强语言表达效果的,也可以用高低不同的声音来营造气氛。

2. 掌握语调

语调是指说话的腔调,就是一句话里语音高低轻重快慢的配置,表示一定的语气和情感。任何语言都少不了要用抑扬顿挫、起伏多变的语调来表现和传达情感。

语调一般分为升调、平调和降调。

升调多用于兴奋、激动、惊叹、疑问等感情状态。如:"大家请看,这就是黄山的云海!"平调多用于表示平静、庄重、冷漠等感情状态。如:"郑州的行道树主要为梧桐树。"降调一般表示肯定、赞扬、期待、悲伤、厌恶等感情状态。如:"明天我们将游览少林寺。"语调被称为"声音的表情",有时即使是同一句话,不同的语调传达出的语意和情感也会不同。例如:"能登上去"这句话,如果用降调处理,语调平缓表示肯定;如果用升调,则语调上升表示疑问。

口头语言要善于运用语调变化,导游讲解在语调安排上要有高低起伏、抑扬顿挫的变化。语调的变化往往能使语言具有音乐般的节奏感、悦耳动听、亲切自然,容易吸引旅游者的注意力,激发他们的游兴。因此,导游员应勤说苦练,使自己的声音富于变化、悦耳动听,以增强口语表情达意的能力,使自己的讲解声情并茂。

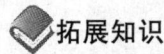拓展知识

导游员站位的技巧

导游员在讲解时的站位也非常有讲究。导游员应面向旅游者,将旅游者聚拢为一个半圆形,而导游员站在半圆圆心的位置上,这样声音可以均匀地传达给每一位旅游者;同时,旅游者人数较多时,导游员还可以选择一个较高的位置如台阶上站立,这样既利于旅游者看清导游员,又便于声音传播得更远。

(二) 正确掌握语言节奏

导游语言的节奏涉及说话的快慢、语句的停顿及声调的高低。节奏运用得当,不仅使旅游者听得清楚明了,而且可以使他们心领神会,情随意转,从而收到良好的信息传递效果。

1. 控制语速

语速指说话的速度。对语速快慢的调节,会影响导游语言的艺术效果。若导游员说话的速度快,旅游者可能听不懂,跟不上导游员的思维而达不到好的交流效果;语速过慢,客人听了上句等下句,既浪费时间,又令听者烦恼和不快。所以,导游员应善于根据讲解的内容及旅游者的理解能力、反应等情况决定节奏快慢,该快则快,该慢则慢,快慢结合,徐疾有致。具体来讲,对众所周知的事情、不太重要的事情或讲解进入高潮时,应加快语速;对需要特别强调的事情、想要引起旅游者注意的事情、严肃的事情、容易招致误解的事情及讲解涉及数字、人名、地名等时,应放慢语速。讲解的语速还要适宜旅游者的特点,对中青年旅游者,语速可快一些,而为老年旅游者讲解,要注意适当放慢语速,以其能听清楚为准。一般来讲,正常的讲解语速掌握在每分钟200字左右为宜。

2. 注意停顿

停顿是指说话时语音上的间歇。是根据说话内容的要求所作的停顿。在导游讲解中适当地安排停顿,不仅是正确表达语义的需要,且是旅游者完成心理反应的需要。要使旅游者听懂并基本接受讲解内容,就必须给旅游者一定的时间。

在导游讲解中,停顿可分为以下几种:一是语义停顿,是根据词语的意思所作的停顿。在一句话说完后,一层意思表达完后,或一个段落之后,均应有相应的停顿;二是暗示省略停顿,是导游员不明确表示肯定或否定,只用停顿来暗示,让旅游者自己领会;三是等待反应停顿,为了增强讲解在旅游者心理上反应的效果,导游员在讲解到关键之处,突然停顿,故意终止话头,暂时沉默,以激起听众的反应。这样的停顿,可以吸引旅游者的注意力,引发旅游者的思索,加深旅游者内心的印象。

总之,导游讲解时恰到好处的停顿,可以丰富表达内容,使语言变得流畅而有节奏,使表达富有情趣和新意,往往会收到意想不到的效果。

(三)活用修辞技巧

口头语言的表达,不仅要注意语音、语调、语速的正确运用,以保证语言的准确性,同时还要注意不同修辞手法的应用,这是增强语言趣味性和感染力的重要方面。

修辞,即修饰语言的词句。恰当地运用修辞,能使导游语言表达得准确、鲜明而生动有力,富有情趣。修辞的主要方法有比喻、比拟、夸张、映衬和引用等手法。

1. 比喻

比喻,即打比方,就是用某些相似的事物来对比想要说的内容,以使语言表达更为生动和形象。比喻是修饰语言最常用的方法,它可以使抽象事物形象化,使人物和景物形象更加鲜明,使想象更加丰富精彩,使语言简洁明快。例如:

"站在听涛岭,您侧耳细听,可以听到两种大自然的乐章。左耳,隆隆水声如古筝弹出的高山流水;右耳,哗哗涛声如劲风吹动满山林叶,给人们一种豪迈的激情。"(重渡沟风景区导游词)。在这里,水声、涛声是一种抽象的概念,而这么一比就形象化了。

"诸位请看,水边的那块扁形巨石好似正在饮水的鳄鱼,匍匐水边,默送着清溪流入白河,汇入长江,奔向海洋。"(白云山国家森林公园导游词)。这种比喻,使自然景物更加形象化,鲜明而生动。

在运用比喻时,应注意几点:首先,要"以易喻难"。要选择熟悉的、通俗的事物来比喻陌生的事物,以使人容易理解为目的,而不能相反,否则,就失去了比喻的意义,反而越比越不明白;其次,要力求新颖,不落俗套。独特、新颖的比喻,能给人以强烈的艺术感染力,而落入俗套,与别人雷同的比喻,则令人毫无新鲜感,也失去了比喻的意义。

2. 比拟

比拟,是根据想象把物拟作人,或把人拟作物的修辞方法。在导游语言中,最常用的是把物拟作人。例如:

"各位请看,山上的迎客松正在微笑着,向我们伸出了热情的手,欢迎各位的到来。"在这里,把迎客松拟人化,赋予它人的思想感情,会"微笑",会"伸出热情的手",使情景交融,增强了语言的感染力和讲解效果。

导游员在运用比拟时,应注意的一是表达要恰当、贴切,要符合事物的基本特征;二是拟人手法在讲述景物和神话传说时比较常用,但是在景点概述和回答问题时一般不宜采用。

3. 夸张

夸张,是指在客观真实的基础上,用夸大或缩小的词句对事物进行描述的修辞方法。夸张可以强调事物的特征,可以启发旅游者的想象力,同时,又能够较好地表现导游员的情感,增强导游语言的感染力。夸张的手法多和比喻、比拟等形式一起使用。例如:

"大家看这片庞大的壁流石,它像滔天大水从天而降,呼啸奔腾着跌下绝壁,有'飞流直下三千尺,疑是银河落九天'的磅礴气势。"(鸡冠洞风景区导游词)。这里用滔天大水、呼啸奔腾来夸张地表现壁流石的景观奇特,启发人们的想象。

在运用夸张的修辞手法时,应该注意两点:一要注意以客观实际为基础,使夸张具有真实感,而不能毫无根据地无限夸大;二要明确,要让人一眼就能看出,一听就能明白。

4. 引用

引用是在自己的语言中用别人现成的语句或材料来说明问题,强化说服力。在导游语言中,引用名人名言、中外典故、寓言、谚语、成语、诗词、事件等,可以使语言的内涵延伸,富有文采,往往能生动、感人,增强语言的表达力。引用可分为明引、暗引和意引三种。

明引,是指直接引用原话、原文。它的特点是出处明确,说服力强。如:"唐代诗人刘禹锡的'惟有牡丹真国色,花开时节动京城。'生动地描绘出盛唐时期洛阳人们赏花的狂热程度。"(洛阳牡丹导游词)

暗引,是把别人的话直接组织在自己的语句中,不注明出处的直接引用。如:"盛夏时节,'接天莲叶无穷碧,映日荷花别样红'成了西湖夏季一道独特的景观。"(杭州西湖导游词)

意引,是指只引用原话、原文的主要意思,而不用原话、原文的引用。即引用的不是原文而是原意,但在导游讲解中同样具有一定的说服力。

在使用引用修辞手法时,要注意尊重原文原意,不要断章取义,随意删改。

第三节 体态语言在导游服务中的作用

体态语言,是以人的表情、姿态和动作等来表示一定语义、进行信息传递的一种伴随性语言,它又被称为态势语言、肢体语言、动作语言等。在导游讲解中,导游员正确、恰当地使用体态语言,能够有效地配合口头语言传递信息,起到补充和强化口头语言表达效果的作用。

体态语言主要包括表情语、姿态语、手势语、服饰语、界域语等。

一、表情语

表情语,是通过人的面部表情来传递感情和信息的体态语言。据有关资料记载,美国心理学家艾伯特·梅拉比安在一系列研究的基础上得出一个公式:"信息的总效果 =7% 言辞 +38% 语调 +55% 面部表情。"可见面部表情在交际中具有重要作用。导游员在讲解过程中大多与旅游者面对面,必须重视表情语的运用。对导游员来讲,比较重要的表情语是目光语和微笑语。

(一)目光语

目光语,是通过视线接触所传递的信息。人们常说:"眼睛是心灵的窗户",通过这扇窗户,导游员可以随时观察到旅游者情绪、心理的变化,及时调整自己讲解的内容、语速等,与旅游者进行有效的沟通。同时导游员还可以通过目光语,传递或自信、或关切、或暗示等各种信息,与旅游者交流感情。在导游服务中,导游员的目光要坦诚、友好,注意目光注视的方式、部位和时间。一般情况下,导游员的目光应是正视和环视,即多以平行的视线接触旅游者,避免仰视和俯视;目光注视的部位应是旅游者面部从两眼到嘴部之间的区域,这个区域又被称为"社交注视区",它传达的是一种礼貌、友好的信息,有利于双方的目光交流;目光注视的时间不宜过长,或过短,应占全部交谈或讲解时间的 40% 左右,以免引起客人的反感和误解。与个别旅游者交谈时应正视对方,表示对他说话的关注,在认真地听;而面对全团成员致词与讲解时要用正视与环视相结合的方式,目光不要停留在个别人或少数人身上,要照顾到所有人,让处在每个位置上的旅游者都感到受重视,造就一种友好和谐、服务周到的良好气氛。除了夏季阳光照射特别强烈外,导游员一般不要戴墨镜,视力不好需要戴眼镜者,也不宜选择有色、变色眼镜。否则,旅游者看不到导游员的眼神会心里没底,不利于双方的交流。

(二)微笑语

微笑语,就是通过不出声的笑,即面带笑意来进行信息的传递。微笑,是世界上最美好的共同语言,能沟通心灵,消除陌生感,表达友好、愉快、欣赏、拒绝、歉意等各种含义,被形象地称为"解语之花"、"忘忧之草"。

微笑,是导游员必须具备的接待表情。微笑有助于导游员给旅游者留下良好的第一印象,传达对客人的尊重之意,缩短导游员与旅游者之间的距离,创造融洽的交际气氛;微笑还有利于改善和加强同旅游者之间的沟通与交流,取得旅游者的谅解(服务不到位时)、信任和合作。微笑能说服旅游者接受导游员的正确意见，化解彼此间的误解和不愉快。因此，导游员要做好服务、树立良好形象，就必须学会用真诚的微笑面对旅游者。

二、姿态语

姿态语，是身体在一定场合中用体姿所传递的信息。不同的体姿伴随着有声的语言表达，可以表达出各种微妙的意义，并反映出一个人的气质修养和精神风貌。导游员必须注意使自己的体姿端庄大方，以给客人留下素质修养好、可以信赖的良好印象。"站如松，坐如钟，行如风"，就是指人们在公共场合应保持稳重、文雅的体姿。与导游服务关系密切的姿态主要有站姿、坐姿和走姿。

(一)站姿

站姿，是优雅举止的基础，导游员要通过站姿传递给客人一种彬彬有礼的感觉。导游员的站姿应追求稳重、自然。站立讲解时，应保持身体端正，双肩展开，挺胸，收腹，双脚分开与肩同宽，将身体重心放在双脚，两臂自然下垂，或双手相握于小腹前。

导游员在站立时应避免躬背，给人以病态之感；也不要将双手插在衣裤袋内，显得漫不经心；不要双手叉腰，使旅游者觉得导游员傲慢无礼；也不要双臂抱于胸前，显得松懈、懒散。男性导游员的站姿应给人以刚毅之美；女性导游员应体现文雅之美。

(二)坐姿

导游员的坐姿要端庄、稳重，最好能自然流露出温文尔雅的感觉。入座时，导游员应轻、缓，又不失朝气。男导游员应上身正直，微微分开双腿而坐；女导游员坐下后上身保持正直，头部保持平稳，两眼平视，双膝并拢。坐时可根据椅子的高低及有无扶手、靠背，注意身体的自然协调。在坐姿中，应避免"二郎腿"，坐下后也不要前仰后合或者抖腿，以免给人一种目中无人、缺乏教养的印象。

(三)走姿

导游员带团游览中，时时在展现走姿。导游员应注意走姿的大方、得体和灵活，要给人以轻盈、稳健之美。走路时要保持上身的自然挺拔，身体重心可略略前倾，抬头，挺胸，两臂自然摆动，摆幅不超过30°。行走时，导游员应注意多观察旅游者的动向，不要自顾自闷头走路，以免有人掉队甚至走失；也不要把手插在裤袋里，以免显得过分随便。

三、手势语

手势语，是通过手及手指动作来传递信息和进行交往的一种体态语言。优雅的手势有助于增强口头语言表情达意的情感色彩,有时还能表达口语中难以表述的内容,手势语主要包括握手语、招手语和手指动作等。

(一)握手语

握手的语义是见面致意或离别欢送,在一定场合也表示友好、祝贺、信任、鼓励等。

握手礼,是交往双方共同演示的一种礼节。双方既是施礼者,同时又是受礼者。一般认为,男士、晚辈、学生、下级及客人见到女士、长辈、老师、上级及主人时,应先行问候,待后者伸出手来之后,再趋前握手。告辞时待客人先伸出手,主人再伸出手与之相握。否则,有逐客的嫌疑。

导游服务中导游员在接站时与旅游者初次见面和送站时与旅游者道别通常都采用握手的方式。握手时,要立正,上身稍向前倾,面带微笑,目视对方;注意握手时不要把另一只手插在裤兜里,也不要与对方握手时眼睛看着他人或与他人打招呼,多人在一起时应避免交叉握手,男士与女士握手,往往只轻握一下对方的手指部分。

(二)招手语

招手的语义一般是打招呼、致意和再见等。招手通常用在朋友、同事即熟人之间。导游员在与旅游者熟悉之后,当旅游者向导游员问好时,导游员既可口头回答,也可面带微笑招手致意。在人多或口头不便表达的场合,或者双方距离较远时,目光接触后也可掌心向外招手致意。

(三)手指语

手指语,是通过手指动作来传递信息的,它是一种比较复杂的伴随语言,在双方理解的情况下,起到传递信息和相互沟通的作用。由于不同国家、不同民族的文化传统和生活习俗不同,同样的手指动作可能表示不同的,或者相反的语义。这就要求导游员在接待外国旅游者时,要提前了解客人所在国及民族的手指语,以免产生误会,或造成尴尬。如竖起大拇指,在很多国家(包括中国)都表示"好"、"了不起"、"高明";但在日本表示"男人"、"您的父亲"、"最高";在韩国表示"首领"、"自己的父亲"、"部长";在美国、法国、印度等国,人们拦路搭车时则用这一手势。英国人习惯伸出食指和中指构成字母"V",表示胜利,而中国人常用此手势表示数字"2"。美国人爱用拇指和食指尖形成一个圆圈,且手心向前,表示"OK";而在巴西、希腊和阿拉伯国家,这个手指动作表示"诅咒";在日本则表示"钱";在法国是"没有"或"微不足道"的意思。伸出小指,在日本表示女人、女孩子、恋人;在菲律宾表示小个子;在泰国、沙特阿拉伯表示朋友;在缅甸、印度表示去厕所;而在美国、韩国、尼日利亚等国表示打赌。

☞ **案例分享**

"8"的手势

西安一位导游员在为某美国旅游团讲解兵马俑时,高举右手,伸出拇指和食指,做成"8"的手势对老外说:"秦始皇兵马俑堪称世界第八大奇迹。"每当此时他都发现老外眼神中流露出疑惑和不解,对此,他百思不得其解,直到一天有位会讲汉语的美国领队告诉他,他做的那个手势,按照老外的理解,应该是"手枪",是"枪毙"的意思,而老外打手势表示"8",应该是右手伸出一个巴掌(表示"5"),左手再伸出3个手指头,而且是伸拇指、食指和中指来表示。

四、服饰语

服饰语,是通过服装和饰品来传递信息的一种体态语言。常言道:"佛靠金装,人靠衣装"、"三分长相,七分打扮"。现代人更加注重自己的外表,就像一本装帧精美的书更能吸引读者一样,一个穿着得体的人,才会赢得别人的尊重。

服饰语能显示一个人的道德修养、文化素养、审美情趣和精神面貌。它有很多构成要素,如色彩、款式、质地等,其中色彩是第一要素。对导游员来讲,首先要考虑"三色"原则,即整体着装应限制在三种颜色之内,颜色过杂,显得庸俗土气。其次,导游员的着装还要遵循"TPO"原则。"TPO"是英文"time"(时间)、"place"(地点)、"occasion"(场合)三个单词的缩写,是指人们的穿着打扮要兼顾时间、地点、场合并与之相适应。在时间上,导游员的着装要考虑季节和日期;在地点上,要考虑地理位置、自然条件及生活习俗;在场合上,导游员的着装要区分上班、社交、休闲等不同场合。上班着装要整洁、大方,与自己的年龄、职业、肤色、性格相符合;社交场合的穿着要讲究庄重、典雅;休闲装适宜于游览过程中穿着,但要舒适得体。导游员的着装除了"三色"原则、"TPO"原则外,还应对细节有所关注,注意身份与饰品的搭配。服饰配件除有装饰作用外,还有一定的象征意义。比如戒指,是成年男女婚姻状况的标志,导游员在带团时,应能从旅游者的戒指上读懂相应的语言。另外,对导游员而言,在工作状态不宜佩戴过多的饰品,假如非戴不可,也应含而不露,切忌花枝招展。

五、界域语

界域语,是交往者之间的距离所传递的信息。在心理学中,空间的存在具有心理学的意义,比如个人都有自己心理上的个体空间,它像一个无形的安全圈一样,自己在这个安全圈中会获得安全感。在人际交往中,这个安全圈主要由身体周围的空间组成，如果别人擅自闯入，人们就会觉得不安全。比如一个旅游者正在一块石头后面给自己的恋人打电话，如果导游员走近，他就会下意识地转过身去，压低声音，因为别人闯入了他的安全圈。

界域语可分为三类，即亲热界域语、个人界域语和社交界域语。亲热界域语，是接触性界域语，即双方有身体上的接触，如拥抱、亲吻等，导游员通常不用，假如出于尊重对方习俗非用不可，也应慎重，注意符合对方的习俗礼仪；个人界域语，是接近性界域语，距离一般为一米左右，语义为"亲切、友好"，如促膝交谈、围坐聊天等；社交界域语，是交际性界域语，距离一般为两米左右，语义为"严肃、庄重"，如商务谈判、导游讲解等。导游员在带团过程中，比较常用的是个人界域语和社交界域语，应避免使用亲热界域语。无论是讲解服务，还是生活服务，要注意给旅游者留出充足的个人空间，避免侵犯他们的隐私，这既是一种修养，更是对旅游者的尊重。

第四节　交际语言在导游服务中的运用

导游交际语言，是导游员在同旅游者和协作单位有关人员进行接触交往时的语言形式，主要包括见面时的语言、道歉、提醒以及回绝的语言等。在导游活动中，导游交际语言使用得当，不仅可以提高导游服务的质量，化解矛盾，解决难题，而且已被视为导游员不可缺少的一种基本素养。

一、见面

导游员与旅游者大多互不相识，在初次见面时，旅游者会根据自己对导游员言行举止的判断，产生第一印象。这个第一印象，就形成了旅游者同导游员以后交往时的定式思维，因此，导游员应注意见面语的恰当运用。

（一）招呼语

招呼语，属于礼貌用语。在旅游活动中使用礼貌用语，可以使导游员显得富有良好的教养，也可以更明确、直接地向交谈对象表述自己的尊重与友好之意。常用的招呼语有以下几类：

1. 欢迎与问候语

在初次见面时，一定要使用欢迎语，表达对客人到来的诚挚欢迎。欢迎语一般与握手、微笑等体态语共同使用，如"欢迎光临！""欢迎各位前来观光旅游！"等。

在带团的过程中，导游员应根据不同的时间和场合，主动向客人表示问候，如早晨见到旅游者，可以说"早上好！""昨晚休息得好吗？"晚上游览回来，道一声"一路辛苦了"；对生病的旅游者，可以用"您感觉好点了吗"来表示关心。

在同旅游者打招呼时,要避免使用亲热有余而庄重不足的语言,要注意口头语和体态语的配合,如果一面问候"早上好",一面扭头看别人,那就很不礼貌了。在同外国旅游者打招呼时,应避免使用中国式的招呼语,像"您吃了吗?""您上哪儿去呀?"他会误以为你想请他吃饭,或你在打听他的私事,应注意不同民族、不同文化的差异。

2. 称呼

导游员应能够根据不同旅游者的身份、不同的导游交际场合对旅游者进行恰当的称谓。一般情况下,可以使用那些适应范围广、适应对象灵活的称谓语,如"旅游者们"、"各位朋友"、"各位团友"等;也可以根据旅游者的具体身份而加以灵活变化,如是一个教师团体,可以称呼"老师们"、"各位辛勤的园丁",如是一个学生团体,可以称呼"同学们"等;还可以根据特定的交际场合使用恰当的称谓,面对全体旅游者,其称呼语可以正式一些,如果与旅游者熟悉后,在一对一或一对少的场合,或者交际气氛十分活跃时,可以使用随和一点的称谓语。但不论对什么身份的旅游者,不论在正式场合,还是非正式场合,导游员对旅游者的称呼语都必须尊重旅游者,尊重对方的习俗。否则,就会导致交际的失败。

3. 祝愿语

祝愿语,大致可分为三类,一是节日祝愿,如"祝您节日快乐!""祝大家春节快乐!"等;二是生日祝愿,如"祝您生日快乐!"等;三是一般性的祝愿,如"祝各位旅途愉快!"但注意对于乘坐飞机离开的旅游者,忌祝愿其"一路顺风!"

4. 征询与委婉语

征询语的使用可以让旅游者倍感尊重与体贴,而委婉语可以避免尴尬,消除紧张和矛盾。得体的征询语和委婉语,既能传达导游员的善意和尊重,又能显示其良好的职业素养。例如:"我能为您做什么吗?""需要我帮助您吗?""您需要……吗?""您喜欢……吗?""我会打扰您吗?"

(二)自我介绍

导游员与旅游者见面时进行自我介绍,可以让他们迅速认识、了解导游员,消除双方的陌生感,建立信任感。在自我介绍时,除了注意态度和方式外,还应把握自我评价的适度。恰如其分的自我评价,是缩短距离、赢得信任的有效途径;如果自我评价过低、过于自谦,会给人一种缺乏自信的感觉;如果自我评价过高,则让人觉得你在夸夸其谈、自吹自擂。为使自我评价取得良好的沟通效果,可以在语言中适当加入幽默的成分,让旅游者在会心的微笑中接纳你。例如:"我是××旅行社的导游,名叫张力,是力量的力,不是美丽的丽。尽管我没有美丽的容貌奉献给大家,但我会尽心尽力,带领大家享受我们的美丽风光。"

二、交谈

在导游员与旅游者的交谈中,应注意以下几方面的问题:

(一)话题的选择

一般来讲,应选择对方,特别是旅游者感兴趣的话题,如和老人谈谈养生之道,与儿童交流科普传奇,与女性谈谈保健美容,与西方旅游者谈谈中国的风土民情、悠久历史等。在选择话题时应尊重对方的习俗,不能涉及对方的禁忌。西方旅游者私人生活的内容均属个人隐私,不能作为谈话的内容,如年龄、婚姻状况、工资收入等。另外,导游员与旅游者之间的谈话不要涉及不愉快、不吉利的内容,荒诞离奇、黄色下流的内容,有损人格、国格的内容。

(二)交谈的方式

交谈,最好能轻松自然地进行。在有了谈话主题后,应先试探性地接触,再巧妙地进入正题,如先称赞对方的衣服款式不错,谈谈天气或国际大事等,这些内容对方容易接受,避免了单刀直入的唐突和尴尬。旅游,本身是一种愉快的行为,交谈的方式也应是轻松、愉快的。与多人交谈时,应注意不要厚此薄彼,多关注那些性格内向、不善言谈的旅游者,营造一种融洽、愉快的气氛。

(三)把握谈话过程

交谈是一种双向的行为,要求双方拥有共识领域和谈兴。导游员要留意观察对方,如果谈兴正浓,就不要轻易打断对方或终止谈话;如确有要事非中断不可,要向对方表示歉意,约定下次再谈,才能离开;若发现对方不耐烦,心不在焉,应知趣地终止交谈。谈话结束,要给对方一个愉快的印象,"与您交谈我感到非常愉快"。如果是与长者交谈或涉及的内容知识性较强,应向对方表示尊敬和感谢,如"与您交谈我受益匪浅"、"听君一席话,胜读十年书"。

三、道歉

导游服务工作复杂多变,内容涉及食、住、行、游、购、娱诸方面,导游员难免因工作失误或其他意想不到的麻烦,引起旅游者的不满和抱怨,甚至投诉。一旦出现不愉快,不管原因是主观的或客观的,导游员都应妥善处理,向旅游者道歉。导游员道歉并不完全是认错,而是为了消除误会,求得谅解,恢复与旅游者的和睦关系。

在道歉时导游员应把握好道歉的语言艺术,注意以下几个方面:

(一)真诚及时

对服务中的失误,旅游者往往一股脑地把怨气撒在导游员身上,面对恼怒的客人,导游员即使委屈,也应真诚道歉。俗话说,"要想公道,打个颠倒"。导游员应先摆正自己的位置,设身处地地为旅游者想一想,这样就没有什么不平衡的了。道歉应及时,越早越好。知错就改,勇于承认自己的过失,不仅不会被旅游者轻视,反而会使他们觉得你是一个坦诚又有责任心的人。相反,遮遮掩掩只会增加旅游者的不满,使自己越来越被动。导游服务关联度高,服务效果往往取决于相关的协作单位,导游员要有团队精神和协作意识,替人受过是工作中常有的事,也是导游员应有的风度。

(二)把握分寸

分寸,就是尺度,这是道歉中难把握却又不能忽视的一点。有错就改、勇于自责当然好,但勇于承担责任并不是把责任全部揽在自己身上,过于自责反而会带来被动,让旅游者认为你是一个什么都做不好的人,因此,在道歉语言的选择上,是遗憾,还是表示歉意,是道歉,还是认错,必须把握表达时的分寸。

☞ 案例分享

漏接时的道歉

旅游团在上一站改乘其他班次的火车提前到达下一站,而上一站没有及时通知下一站,造成漏接,当地陪赶到车站时,旅游者已等了一个多小时,怨气冲天。上车后,地陪诚恳地说:"对不起,我是刚刚得知各位提前到达。虽然我们没有接到通知,但作为导游员,我向大家表示道歉,并恳求各位的谅解,希望各位能给我机会弥补这次过失。各位有什么要求,请尽管提出来,我一定尽力。"

(三)方式灵活

一般情况下,用口头语言表达歉意即可。"对不起"、"请原谅"、"给您添麻烦了"等道歉语在大多数情况下都能收到良好的效果。但有时导游员不便或不必口头道歉时,还可以借助于体态语言。如团队中的某位旅客感到自己被忽略而不快,导游员察觉后特意增加一些对他的关照,多和他说说话,帮忙拿拿行李等,也会使他体会到导游员的歉意。此外,在因计划更改给旅游者带来较大损失的情况下,口头语言、体态语言都不足以表达歉意,还应考虑给旅游者一定的补偿。

四、提醒

旅游者出行的目的可能各不相同,但大部分是为了轻松、休闲和快乐。由于离开原来的生活环境,旅游者身心完全放松,懒散心态也随之而来,在游览的过程中,丢三落四、迟到、走失、摔伤、不遵守公共秩序等现象经常发生,这就需要导游员不断地督促和提醒。《导游员管理条例》中也要求"导游员在引导旅游者旅行、游览过程中,应当就可能发生危及旅游者人身、财物安全的情况,向旅游者作出真实说明和明确警示"。

由于提醒本身就包含命令的成分,所以,导游员在提醒时应注意:

(一) 委婉、含蓄

导游员首先应尊重旅游者,在尊重的基础上,提醒的语言尽量委婉、含蓄,避免"不准"、"不许"、"必须"等命令性语言,应注意把情感融入提醒中,体现对旅游者的关心,使提醒能在愉悦的气氛中被接受。例如在爬山的过程中,导游员见一位老人很吃力,已气喘吁吁,就亲切地说:"老人家,这儿的景致真美,咱们坐下来好好观赏观赏吧。"老人会欣然同意。假如导游员说:"您这么大年纪了,腿脚不方便,别再往前走了,坐下休息休息吧。"会引起老人的不快,伤害他的自尊心,使他以为自己成了团队的累赘。不同的表达方式会收到不同的效果,导游员在传达自己的意愿时应注意方式、方法的选择。

(二) 适度幽默

导游员在提醒时还可以使用一些富有幽默感的语言,使旅游者在欢愉的气氛中受到启示和警觉。比如一些旅游者在游览中往往不注意保护环境,乱扔垃圾,随手攀折树枝,导游员可以这样提醒:"希望大家在今天的参观游览中,留下的只有脚印,带走的都是美好的回忆。"这样比简单地要求客人爱护环境要生动得多。

五、拒绝

在导游服务中,导游员常常会遇到客人提出的某种要求,从情理、逻辑、规范等方面考虑,应该拒绝,但又碍于面子,担心伤害旅游者的感情,感觉难以张口说出"不"字。这就需要导游员学会掌握拒绝的语言艺术,减少旅游者被拒绝时的不快、失望情绪,寻求谅解和认同。

(一) 婉言拒绝

被人拒绝的滋味总是令人遗憾的,因此,导游员在拒绝旅游者时,要以尊重和理解对方为前提,尽可能婉言拒绝,不伤害他人的自尊,特别是在他们的要求合理但满足不了时,最好先肯定他们的动机,然后婉言拒绝。比如旅游者要求增加计划外的景点,但时间不允许,导游员可以说:"这个建议很好,只要时间允许,我们将尽量安排。"让旅游者感觉导游员是善解人意的,即使安排不了,也确实是时间原因。

有时导游员也可以借助体态语言表示拒绝,避免尴尬,取得"此时无声胜有声"的效果。比如有男性旅游者请女导游员喝酒,女导游员可以面带歉意地微笑并摇头表示拒绝。

(二) 直接拒绝

对于一些既不合理、又无法满足的需求,导游员应当直接拒绝,不能含糊其辞,模棱两可,否则,容易让对方产生误解,抱有不切实际的期待。比如一些旅游者提出免费提高伙食标准、增加游览景点等要求,导游员可以根据旅行社与旅游团签订的合同直接拒绝。但拒绝时要注意态度和语调,不要太生硬,尽量不要引起旅游者的反感。

第五节　导游讲解常用方法

　　导游员要想使自己的讲解成为旅游者的注意中心,并将他们吸引在自己的周围,必须讲究导游讲解的方法,因为科学、实用的方法能够极大地提高讲解的效果。一名成功的导游员应针对不同旅游者的需求特点,灵活运用各种导游讲解的方法,结合旅游活动的内容,解惑释疑,制造悬念,引人入胜;要尽可能启发联想,做到触景生情;还要有选择地介绍,并通过有问有答、交流式对话,努力使旅游者渐入佳境,满足各类旅游者求知的合理需求,使旅游活动轻松、愉快。

　　正是由于导游讲解方法对导游效果影响极大,所以,许多中外优秀的导游工作者都在工作实践中积极探索,寻求最佳的导游讲解方法,以提高导游服务水平。在长期的实践基础上,导游工作者总结出了很多行之有效的导游讲解方法和技巧,下面择要介绍几种。

一、概述法

　　"概述法"就是用直截了当的语言,简明扼要地介绍参观旅游点概况的讲解方法。这种方法一般用于开始参观游览前,导游员结合景点入口处的示意图向旅游者进行景点的概述,使旅游者对该景点有一个整体认识,为随后对景点各部分的游览和导游员对景点的讲解进行铺垫。讲解的内容一般包括景点的历史沿革、位置、布局、规模、游览路线等。使用概述法应注意此时旅游者游兴正浓,长久的期待就在眼前,若在入口处长篇大论,会引起他们的不耐烦。

☞ 案例分享

岳阳楼导游词节选

　　导游员引领旅游者到岳阳楼游览,在登楼前,导游员可以这样讲解:"这就是驰名中外的岳阳楼,它与武昌的黄鹤楼、南昌的滕王阁合称为江南三大名楼,素有'洞庭天下水,岳阳天下楼'的美誉。它原是三国时代东吴名将鲁肃训练水师的阅兵台,唐代建为岳阳楼,宋代由巴陵县令藤子京主持重修。整个阁楼为纯木结构,重檐灰顶,1984年落架大修后重新开放。现在楼高20米,由四根楠木柱支撑,楼顶就像古代将军的头盔。全楼没有一根铁钉,这在力学、美学、建筑学、工艺学等方面都有杰出的成就。楼内现藏有清代刻的《岳阳楼记》雕屏,大家要想领略'衔远山,吞长江,浩浩荡荡,横无际涯'的风光,请随我登楼观赏。"

二、分段讲解法

"分段讲解法"是指将一处大的景点分为前后衔接的若干部分,结合不同的景点内容进行段落式讲解的方法。这种方法适用于范围较大、讲解点多的景点。在使用这种方法时,导游员一般先要用概述法介绍景点(包括历史沿革、占地面积、欣赏价值等),并介绍主要景观的名称,使旅游者对即将游览的景点有一个初步印象,然后到现场顺次游览。导游员在使用分段讲解法时,不宜太超前或滞后,要"眼前有景,口中说景",使讲解内容一环扣一环,环环扣人心弦。

三、突出重点法

"突出重点法"是指导游员在讲解时避免面面俱到,而要突出某一方面的讲解方法。这种方法可以给旅游者留下深刻的印象。一处景点,需要讲解的内容很多,导游员应根据不同的时空条件和讲解对象区别对待,有的放矢,做到轻重搭配、重点突出。一般来讲,导游员讲解时应突出的内容如下:

(一)突出代表性的景观

资源规模大的景点,导游员必须做好周密的计划,明确要重点介绍的代表性景观。这些景观既要有自身的特征,又要在景区中具有概括性或典型性。如去天坛游览,导游员讲解的重点是祈年殿和圜丘坛(包括皇穹宇)这两组建筑,因为它们是天坛最具代表性的景观。导游员讲好了这两组建筑,再绘声绘色地介绍当年皇帝在圜丘坛祭天的仪式和场面,不仅使旅游者了解了天坛的全貌(历史、面积、用途等),还能使他们欣赏到举世无双的中国古代建筑艺术。

(二)突出与众不同之处

旅游资源是否具有吸引力主要在于其独特性。导游员讲解的重点应是景点与众不同之处并尽力突出。中国佛教寺院甚多,但同为佛教寺院,其历史、宗教、规模、结构、建筑艺术、供奉的佛像各不相同,导游员在讲解时应突出介绍其独特之处,以有效吸引旅游者的注意力,避免产生雷同的感觉。

(三)突出旅游者感兴趣的内容

旅游者的兴趣爱好各不相同,但从事同一职业的人、文化层次相同的人往往有共同的爱好。导游员在研究旅游团的资料时,要注意旅游者的职业和文化层次,以便在游览时重点讲解旅游团内大多数成员感兴趣的内容。例如参观一座博物馆,导游员可将讲解的重点或放在青铜器上,或突出陶瓷,或侧重碑林,一切视博物馆的特色和旅游者的兴趣而定,避免蜻蜓点水式的参观、讲解方式。

(四)突出"……之最"

导游员讲解应突出景点最值得关注的方面,导游员可依据实际情况用最大、最小、最高、最长、最古老等内容吸引旅游者,激发他们的游兴。这些"之最"可以是世界之最,也可以是中国之最、本地之最。如北京故宫是世界上规模最大的宫殿建筑群,长城是世界上最伟大的古代人类建筑工程,洛阳白马寺是中国最早的官办佛教寺庙等。这样的导游讲解突出景点的地位和价值,可以给客人留下深刻的印象。但在使用这种方法时,必须实事求是,要有根据,绝不能无中生有,也不要张冠李戴。

四、问答法

"问答法",就是导游员在讲解时,向旅游者提问题或启发他们提问题的讲解方法。这种讲解方法可以活跃游览气氛,激发旅游者的想象思维,融洽导客之间的关系;还可以避免导游员唱独角戏的灌输式讲解,加深旅游者对所游览景点的印象。问答法主要有如下几种形式:

(一)客问我答

导游员要善于调动旅游者的积极性和他们的想象思维,欢迎他们提问题。旅游者能提出问题,证明他们对某一景物产生了兴趣,进入了审美角色。旅游者提出的问题千奇百怪,可能高深,也可能幼稚可笑,无论是哪种问题,导游员都要认真对待,绝不能置若罔闻,只顾自己滔滔不绝地讲解,也不要笑话他们,更不能显示出不耐烦。导游员回答问题时也应讲求艺术,要有选择地将回答问题和讲解有机结合起来,不要问什么就马上回答什么,一般只回答一些与景点有关的问题,不要让旅游者的提问冲击导游员的讲解,打乱导游员的安排。

(二)我问客答

为提高旅游者的参与意识,导游员在导游讲解中也可以适当地设计一些问题请旅游者回答,这种方法的关键是问题要提得恰当,不能太难,估计他们不会毫无所知,也要估计到会有不同答案;导游员要诱导旅游者回答,但不要强迫他们回答,以免造成尴尬;旅游者的回答不论对错,导游员都不应打断,更不能笑话,而要给予鼓励,最后由导游员补充讲解。

(三)自问自答

自问自答,是导游员自己提出问题并作适当停顿,让旅游者猜想,但并不期待他们回答,只是为了吸引旅游者的注意力,促使他们思考,激起他们的兴趣,然后做简洁明了的回答或做生动形象的介绍,给旅游者留下深刻印象。比如,颐和园中的园中园——谐趣园共有八趣,但旅游者很少知晓,导游员提出问题后,略作停顿,将旅游者求知的目光吸引过来后,再自问自答地点出其八趣:时趣、水趣、桥趣、书趣、楼趣、画趣、廊趣和仿趣。这样讲解往往可以使旅游者对谐趣园的印象更加生动和直观。

五、虚实结合法

"虚实结合法",是指在导游讲解中将典故、传说与景物介绍有机结合,以求产生艺术感染力,使现场气氛轻松、愉快的导游方法。这种方法多在名胜古迹、名山大川、园林景观的导游讲解中运用。"实"就是实景、实物、史实、艺术价值等;"虚"就是与实景、实物有关的民间传说、神话故事、逸闻趣事等。导游员在讲解时,必须将"虚"与"实"有机结合,以"实"为主,以"虚"为辅,"虚"为"实"服务,以"虚"烘托情节,并以"虚"加深"实"的存在,努力将无情的景物变成有情的导游讲解。如带旅游者游览开封大相国寺的八角琉璃殿,在讲解殿中一尊三米多高的四面千手千眼观音菩萨像时,除了讲这尊立像是乾隆年间由一位民间艺人用一株完整的银杏树雕刻而成,四面造型相同,每面各有六只大手及扇状小手三至四层,每只手掌中均刻有一眼,共计1048只眼,民间俗称"千手千眼佛",除讲此造像的材料珍贵、雕工精巧,是相国寺的"镇寺之宝"外,还会讲到有关这尊千手千眼观音的一个美丽的传说,这种虚实结合的讲解方法就生动多了,会给旅游者留下深刻的印象。

在中国,几乎每个景点都有美丽的传说。导游员在讲解中选择"虚"的内容时要"精"、要"活"。所谓"精",就是选择的传说是精华,与讲解的景观密切相关;所谓"活",就是使用时要灵活,见景而用,即兴而发。

六、类比法

"类比法",就是以熟喻生,达到触类旁通的导游讲解方法。导游员在讲解过程中用旅游者所熟悉的事物和眼前陌生的事物相比较,可以使旅游者感到亲切,便于理解,从而达到事半功倍的导游效果。

类比法分为同类相似类比和同类相异类比两种。

(一)同类相似类比

同类相似类比,即将相似的两种事物进行比较,找出二者相同之处。如将北京的王府井大街比作日本东京的银座、美国纽约的第五大街、法国巴黎香榭丽舍大街;把上海的城隍庙比作日本东京的浅草;游览苏州时,可将其比做"东方威尼斯"(马可·波罗称苏州为"东方威尼斯")。此外,同类相似类比法还可进行不同年代、不同地方同一事物的比较,如秦代长城和明代长城的比较,八达岭长城和司马台长城的比较等。

(二) 同类相异类比

同类相异类比,即将同类的两种事物在规模、风格、价值等方面进行比较,找出不同点。如在规模上可将唐代的长安城与东罗马帝国的首都君士坦丁堡相比;在价值上可将秦始皇陵地宫宝藏同古埃及第18朝法老图坦卡蒙陵墓的藏宝相比;在宫殿建筑和皇家园林风格及艺术上,可将北京的故宫和巴黎附近的凡尔赛宫相比,还可将颐和园与凡尔赛宫花园相比等。这样的对比不仅使旅游者对中国悠久的历史文化有较深的了解,而且能使旅游者对东西方文化传统的差异有进一步的认识。

在运用类比法时,主要目的是通过互相对比加深旅游者对景物、人物的认识,所以,只要能使旅游者了解就可以了。但是在选取类比对象时,应注意一是不要触犯旅游者的禁忌,二是不能伤害对方的民族自尊心。

七、制造悬念法

制造悬念法,就是导游员在讲解时提出令人感兴趣的话题,但故意引而不发,激起旅游者急于知道答案的欲望,使其产生悬念的导游方法,俗称"卖关子"。制造悬念必须要找到恰当的时机,先进行应有的铺垫,引起旅游者强烈的兴趣和愿望。通常是导游员先引出话题或先提出问题,但不告之下文或暂不回答,让旅游者去思考、判断,最后才说出结果。这种方法先藏后露、欲扬先抑,一旦"发(讲)"出来,会给旅游者留下特别深刻的印象,而导游员可以始终处于主导地位,成为旅游者注意的中心。

制造悬念的方法很多,例如问答法、引而不发法、引人入胜法、分段讲解法等都可能激起旅游者对某一景物的兴趣,从而产生制造悬念的效果。制造悬念,是导游讲解的重要方法,在营造气氛、提高旅游者游兴、强化导游讲解效果方面往往能起到重要作用,所以导游员一般都比较喜欢使用。但是,再好的导游方法也不能滥用,"悬念"更不能乱造,以免起反作用。

八、画龙点睛法

"画龙点睛法",是在一般讲述的基础上用凝练的词句概括出所游览景点最精彩、最有特色之处的导游方法。这种方法能给旅游者留下突出印象。旅游者边听导游讲解,边观赏景物,一般都会有一番议论,导游员这时可作适当总结,以简练的语言,甚至几个字来点出景物精华之所在,帮助旅游者进一步领略景物的独特之处,使他们获得更高的精神享受。如游览颐和园后,旅游者可能对中国的园林大加赞赏,这时导游员可以指出,中国古代园林的造园艺术可用"抑、透、添、夹、对、借、障、框、漏"九个字概括,并帮助旅游者回忆在颐和园中所见到的相应景观。这种讲解方法不仅加深了旅游者对颐和园的印象,还使他们对中国园林艺术有了初步的了解。

除了上述八种常用的导游讲解方法外,还有许多其他有效的方法。如:触景生情法、妙用数字法、引人入胜法、创新立意法、启示联想法,等等,这里不再一一介绍。在具体导游工作中,导游员应善于总结,融合各种导游讲解方法和技巧,结合自己的特点,形成独具特色的导游风格和导游方法,并根据具体的时空条件和对象,灵活、熟练地加以运用,为旅游者提供良好的导游讲解服务。

第六节　导游词的撰写

导游词,是导游员进行导游讲解的前提和基础,产生于导游讲解之前的思考、相关知识的积累、讲解过程中的探索和导游讲解之后的总结。导游词的撰写过程就是导游员对所准备资料的取舍、设计和再加工的过程。

那么,在撰写导游词过程中我们要注意哪些方法和写作要点呢?以下我们将从欢迎词、沿途讲解导游词、景点景区讲解导游词和欢送词的撰写四个部分阐述。

一、欢迎词的撰写

从导游员本身来讲,致欢迎词是迎接客人的第一次亮相,也是导游工作的开始,有经验的导游员都十分重视开头工作,精心设计开场白,根据不同的对象,巧妙地运用各种导游技巧。

(一)介绍性质的欢迎词

1. 要点

满足欢迎词的5个基本要素。

2. 特点

标准、适用性强。

3. 适用范围

团队散客通用,也适用于导游资格证考试。

4. 示例

各位旅游者大家好!首先,请允许我代表××旅行社向各位的到来表示热烈的欢迎。接下来,作一下自我介绍,我姓×,名××,为我们开车的是×师傅。旅游中有什么意见和建议可以随时提出,我会尽力为您提供满意的服务。最后,预祝各位高兴而来,满意而归!

（二）针对性较强的开头方式

1. 要点

团体特征及共鸣点的把握。

2. 特点

具体、形式多样、针对性强。

3. 适用范围

同职业、同爱好、同门类等旅游团体。

4. 示例

对待医学界的专业人士，导游员可以采用著名演讲家李燕杰的即兴诗：

每当我忆起那病中的时光，

白衣战士就引起我深情的遐想。

他们那人格的诗、心灵的美，

还有那圣洁的光，

给我以顽强生活的信心，

增添着我前进的力量！

……

尊敬的爱心奉献者，圣洁的白衣天使，请允许我怀着崇高的敬意欢迎您的到来……

欢迎词撰写的方法还有许多种，如诗朗诵式、猜谜语式、采用小故事式等，原则上应短小精悍、风趣有益、随机应变，这样才能更具吸引力。

二、沿途讲解导游词的撰写

在带团过程中，当地接导游服务人员接到旅游团就意味着导游服务正式开始了，往往从接站地或旅游酒店到景区之间地接导游服务人员需要进行沿途讲解，不仅其内容的选择要满足旅游者好奇心和求知欲，同时也要体现地接导游服务人员的工作程序。内容可以涉及：行程说明、沿途风光介绍（城市标志性建筑物讲解）、目的地城市概况、景区概况、注意事项等。

（一）行程说明

行程说明，主要包括行车路线和旅游行程安排。示例：

我把今天的行程向大家简要作一介绍，现在我们已经踏上旅途，行驶在郑少高速，途经新密、登封，大约90分钟到达目的地——少林寺。上午，我们参观少林寺常住院、塔林，中午在××大酒店用餐，下午观看少林武术表演，晚上返回郑州。

（二）沿途风光（城市标志性建筑物讲解）、目的地城市概况的介绍

这部分内容主要介绍市容、市貌，在沿途讲解中是核心部分，直接影响旅游者对目的地城市的印象和定位，至关重要。市容讲解，是指导游员对旅游者所抵达或经过的城市、乡镇，进行的有关当地的历史沿革、地理概况、经济、文化、民俗、餐饮等方面的讲解，其中沿途风光（城市标志性建筑物讲解）讲解的内容要求与所见景物同步，语言节奏明快，取舍得当。

市容讲解内容一般包括下述几个方面：

1. 市容特色和历史沿革

每一座城市都有其自身发展的历史，每一座城市都有其自身的性格和特色。历史沿革也是城市特色中的主要内容，在长期的历史发展中，每个城市都形成了区别于其他城市的独特个性。它的创建成因、发展轨迹、历史地位、重大事件、重要历史遗存，以及与名人的因缘、对社会的影响、美丽的神话传说、生动的文学形象等都是构成城市自身特色的重要因素，比如"二七纪念塔"这个重要的历史遗存就成为了人人皆知的郑州地标性建筑物。

2. 经济、文化概述

对于一座城市而言，经济是命脉，文化是灵魂。靠经济的支撑，一座城市才会有巨大的发展和变化；靠文化的哺育，才能有辉煌的过去和未来。经济和文化造就了城市独特的个性，是导游员的市容导游必不可少的内容。

城市的经济介绍，可以是多方位的综合介绍，也可以是突出重点的专门介绍，目的就是给旅游者一种深刻的印象，增强对该城市的了解。经济概况的导游内容，一般应为：该地的支柱产业、特色经济、乡镇企业、交通运输、居民生活水平、城镇建设、科技经济、对外贸易、金融资本、传统产品、风物特产等。文化概况的导游内容，一般应包括：该地的教育发展、民俗风情、传统文化、现代文明、饮食特色、娱乐休闲等，这些内容都能从某些侧面反映出该城市的文化特色和当地居民的精神风貌。通过经济、文化概况的介绍，达到传播文化的旅游目的。例如：

郑州，地处中华腹地，九州之中，是中华文明的主要源头之一。它北临黄河，西依嵩岳，东、南接广袤的黄淮平原，全市总面积7446.2平方公里，总人口862.7万，现辖6区5县和郑州新区，郑州高新技术产业开发区。是全省政治、经济、文化、交通、电讯的中心。

郑州全市拥有商城遗址、裴李岗遗址、北宋皇陵、轩辕黄帝故里、杜甫故里等历史名胜古迹，文物数量和规模在全国名列前茅。悠久的历史和灿烂的文化，使郑州成为了中国历史文化名城、中国八大古都之一。

大家透过车窗,向您的右前方看,这就是我们郑州的地标性建筑——二七纪念塔。二七纪念塔建于 1971 年,为双身并联式塔身,塔全高 63 米,共 14 层,塔顶建有钟楼,六面直径 2.7 米的大钟,整点报时演奏《东方红》乐曲。钟楼上高矗一枚红五星。塔平面为东西相连的两个五边形,从东西方向看为单塔,从南北方向看则为双塔。塔内陈列有"二七"大罢工的各种历史文物、图片、文字资料。它是为纪念京汉铁路工人大罢工而修建的纪念性建筑物。二七纪念塔,自 2006 年起,被列为全国重点文物保护单位,是中国最年轻的全国重点文物保护单位。

郑州因商而兴,被人们称为"商城"。"商"在郑州有两个含义:其一,这里是 3600 年前商代的第一位国王商汤王的重要都邑;其二,这里是重要的商贸城市。郑州,是商人、商业的起源地。近几年,郑州在保持经济平稳较快发展的同时,更加注重经济结构调整和产业转型升级,着力增强产业竞争力。目前,全市有商品交易市场近 400 家,已成为我国中部地区重要的服装、汽车、农产品、建筑材料等商品的集散中心。

(三)景区概况

在即将到达景区时,可以将景区的概况作一个简要的介绍,例如:景区的位置、面积、特色、获得的荣誉等,这部分内容撰写不需太详细,从宏观角度做一个定位即可,否则,就会和景区内的讲解内容发生冲突。例如:

龙门石窟,位于河南省洛阳市南郊伊河两岸的龙门山与香山上,开凿于北魏孝文帝迁都洛阳之际,南北长达 1 公里,至今存有窟龛 2345 个,造像 10 万余尊,碑刻题记 2800 余品,是中国石刻艺术的宝库之一。龙门石窟于 2000 年入选世界文化遗产,是我国首批 5A 级旅游景区,它的开凿过程延续时间长,跨越朝代多,以大量的实物形象和文字资料从不同侧面反映了中国古代政治、经济、宗教、文化等许多领域的发展变化,对中国石窟艺术的创新与发展作出了重大贡献。

(四)注意事项

这一部分是导游员在旅游者抵达景点、下车前要讲解的内容。撰写内容主要包括:安全提示、停车地点、车牌号、集合时间等。例如:

下车前,强调几点注意事项:第一,请大家注意游览安全,携带好随身物品和贵重物品,照顾好自己的老人、儿童;第二,请大家牢记我们的停车地点是景区 1 号停车场 A 区,车牌号为豫 A×××××;第三,我们的集合时间是下午 5 时,集合地点是我们的旅游大巴车,请大家不要迟到。谢谢!

三、景点景区讲解导游词的撰写

进入景点、景区后,地陪的主要工作是带领旅游者对景点、景区内的景观进行讲解。这是参观游览活动的中心环节,在内容的选择和设计上不仅要重点突出、结构完整,还要因人而异、繁简适度。以下我们主要从自然景观和人文景观这两大类型来阐述导游词撰写的要点。

(一) 自然景观导游词的撰写

自然景观,是指一切具有美学和科学价值,并具有旅游吸引功能和游览观赏价值的自然旅游资源所构成的自然风光景象,也就是指大自然自身形成的自然风景。如地貌景观、水体景观、生物景观以及天气景观等。

1. 自然景观讲解要点

(1) 抓住形式美。自然景观的美,首先表现在形式上,如形状、色彩、声音、气味、质感等。独特的形体、不同的线条、缤纷的色彩,能使人产生视觉美;风声、雨声、涛声、鸟鸣、虫唱、狮吼、猿啼等大自然的各种声音,能令人产生听觉美;植物花卉散发出的各种香味,能给人以嗅觉美;清凉的泉水、细滑的石头、柔软的皮毛等,触之能产生触觉美。总之,凡能给人以感官上的愉悦、心理上的惬意的任何景观,其具体形式都是属于形式美的。

(2) 突出文化美。自然景观的美,同时体现在其独特的文化内涵上。它是由自然景观与人类文明的联系表现出来的,和大自然的关系越紧密,所表现出的文化含量就越高。许多风景名胜的名称、景区内的有关传说,都蕴涵着前人的主观理解和审美情感,是人类文化发展的产物,导游员通过突出文化美的讲解,不仅在形式上给人们以美的享受,而且在内容上给人以智的启迪。

(3) 注重象征美。自然景观的美,还可以通过某些事物形象和意境表现出象征意义或象征美。如莲花象征高洁;竹子象征刚直、虚心;苍松象征刚强、长寿等。

导游员就是要在认识和掌握自然景观美的基础上,遵循形式美——文化美——象征美的思路去进行审美活动。

2. 不同自然景观的讲解要点

(1) 山地景观的讲解。从自然美的角度看,山地景观最显著的特征就是形态美,千姿百态,精彩纷呈,以各种各样的形象吸引旅游者,使他们获得美的享受。导游人员要把握住山地景观中各自不同的形象特征,并引导游客有目的地观赏、体验,使游客从直接面对的审美对象中切实感受自然之美。

山地景观的形象特征,主要表现为雄、险、秀、奇、幽等几个方面。

从人文美的角度讲解,中国名山遍布神州大地。每一座名山几乎都与历史文化紧密相关,在拥有天赋的自然美的基础上,经千百年来人类的开发与维护,文人骚客的诗词歌赋,僧侣高人的驻足留迹,使自然美在人文的烘托下,流溢出更加绚丽的光彩。因而,导游员在讲解过程中,要充分重视自然与人文内容,注意传统文化与名山,名人与名山,宗教与名山等内容,才能不落俗套,不至于浅薄。例如苏轼的《题西林壁》,从自然风光的写实中上升到了哲学思维的高度,情景交融对人的认识具有积极的指导意义。

(2)水体景观的讲解。水是构景的基本要素之一,所谓"无水不秀",大自然有了水才有了生气,才有了这丰富多彩、气象万千的世界。因此,导游员在水体景观的讲解中,要紧紧地围绕着水的综合美感,从形、质、色、声等方面进行生动的讲解,突出水的形态美、倒影美、声音美、色彩美、光泽美等内容,把握其内在特征,丰富介绍内容,激发旅游者的情趣,提高人们的审美能力。

同时,导游员在对水体景观进行直观的讲解外,还应提升到文化的角度给予全面的评价,例如可以引用老子的"上善若水,水善利万物而不争"来突出最高境界的善行就像水的品性一样,泽被万物而不争名利,升华讲解的主题。

(3)动植物景观的讲解。动植物具有美化环境、装点江山、分隔空间、塑造意境的功能,并在维护大自然生态平衡方面起主要作用。导游员在对植物景观的导游中,可从形态、色彩、气味、性能、寓意等方面突出树木花草的这些特色,给旅游者以美的享受。

动物景观讲解要突出动物的奇特性和珍稀性,这是吸引旅游者的重点所在。

(二) 人文景观讲解

人文景观,是指人类活动所留下的具有观赏价值的痕迹或实物。

一个国家或一个地区独具特色的民族状况、历史发展、文化艺术,以及物质文明和精神文明的内容等,都可以构成人文景观。

导游员讲解人文景观时,除了显性的形象展现外,更多的要对文化内涵、历史价值等隐性因素给予准确而深入的揭示,以满足旅游者的求奇、求异、求知的审美需求。

1. 中国古代建筑的讲解

中国古代建筑具有悠久的历史和辉煌的成就,不仅反映出时代的生活,还具有明显的时代文化特征,包含丰富的历史信息。通过对古代建筑的欣赏认识,可以了解当时社会生活、道德观念、经济发展、科学水平和文化艺术风格。

中国的古代建筑类别丰富,式样众多。按性质和功能,可分为:宫殿、民居、寺院、园林、陵墓、桥梁、宝塔、石窟等;按建筑材料,可分为砖石建筑、木构建筑等;按规模,可分为组群建筑、单体建筑及建筑小品等。这些建筑形式都有各自的特征,构成精彩纷呈的建筑文化体系。导游员在带团讲解中,很少能不涉及古建筑的,因此,必须努力地了解和掌握古建筑方面的知识,将古建筑所包含的中国传统文化介绍给旅游者。

2. 宗教建筑的讲解

佛教、基督教、伊斯兰教,世界上的这三大宗教再加上中国本土产生的道教,合称中国四大宗教。宗教建筑在中国非常普遍,具有分布广、数量多的特征,在中国古代建筑中占有举足轻重的地位,并对传统建筑有重要影响。许多宗教建筑都借鉴了中国建筑传统的模式,尤其是佛教建筑,由于传入中国较早,信徒较多,对中国传统文化的吸纳和融合较充分,是中国古代建筑的重要组成部分。

导游员对宗教建筑艺术的讲解,要将建筑与文化紧密联系起来,用建筑来体现文化,用文化来说明建筑。这要求导游员既要熟悉建筑方面的有关知识,也要了解宗教的有关知识,注意把握建筑本身的艺术性、塑像的艺术性,以及其他艺术形式,如绘画雕塑的表现力。

3. 园林的讲解

中国园林艺术具有悠久的历史、独特的风格,是融建筑、雕塑、文学、书法等艺术为一体的自然环境和游憩场所,包含深刻而丰富的美学思想,具有很高的游览和观赏价值,在世界园林艺术中享有盛名,赢得"世界园林之母"的美誉。中国的园林艺术是一种空间艺术,是由建筑、山水、花木、绘画、文学等组合而成的一个综合艺术品,富有诗情画意,具有启发心智、陶冶性情的独特审美效果。导游员在园林艺术的导游中,要把握住园林艺术的特点,并且能准确地将园林艺术的美传递给旅游者。

4. 博物馆的讲解

博物馆是一种高品位的文化旅游资源。我国历史悠久,保存下来的地上、地下的历史文化遗产极为丰富,它们记载着中华民族数千年来的发展轨迹和发明创造。导游员在进行博物馆导游服务中要注意作好知识准备,熟悉陈列内容,深入浅出,通俗易懂,知识性、趣味性并重。

5. 民风民俗的讲解

风俗,是一个民族、一个地区文化传统、价值观念及生活方式的集中体现。它在长期的、共同的社会生活中,因某种实际的需要而逐步形成,并随着这种需要的更新而不断传承、变化。民俗风情涉及生活的方方面面,从建筑居室到饮食服饰,从年节信仰到婚丧嫁娶,几乎包罗万象。导游员要学会广纳慎取,积累既要多,选择讲解亦要精。

四、欢送词的撰写

导游员在结束游程前,需要致欢送词,既可以加深旅游者的印象,也可以弥补游程中的不足。欢送词的内容要规范、有趣。

欢送词的撰写有很多种方式,下面主要介绍常用的两种:诚恳谦虚式和祝福希望式。

(一)诚恳谦虚式

承蒙各位的鼎力相助,使我们度过了美好的时光,在这里,我要向各位表示衷心的感谢,是你们的支持使我增强了信心,是你们的帮助使我增添了力量,是你们的理解使我坚定了战胜困难的决心,请允许我再一次向你们表示感谢,愿我们的友谊天长地久……

(二)祝福希望式

尊敬的朋友们,我们就要分手了,在这难忘的时刻,我衷心祝愿你们一路平安,同时,我也希望你们与我常通信,愿我们的友谊像兄弟,愿我们的感情像亲人。海内存知己,天涯若比邻,相信我们能再次相聚,再见了!

第七节　导游讲解技能实训

导游员讲解技能训练的目的,是希望能达到既表意准确,又"出口成章"的高水平,即思维与表述同步进行的高水平。这就要求导游员一方面要注意口语表述中的思维训练,力求反应敏捷;另一方面还要借助文字底稿完成对讲解主题的全面、深刻的认识后,在将其转化成口语的过程中,自觉地进行脱稿表述训练。通过这种训练,最后达到敏捷自如的状态。

从导游讲解实际出发,训练内容依次为:欢迎词与欢送词的组织和表达、导游交际语言技巧训练、综合讲解技能训练。

一、欢迎词、欢送词的组织和表达

欢迎词、欢送词的组织和表达是导游员主要服务技能之一,要使欢迎词、欢送词的组织丰实,表达贴切,还须注意欢迎词、欢送词的组织要有的放矢,注意主题内容、材料组合、用语修辞、表情动作和风度态势等方面的有机融合,对不同的旅游团应分别采用相应的文字材料,设计与主题吻合的体态语,为欢迎词和欢送词的致辞成功提供有效保证。

(一)实训安排

实训项目	导游员欢迎词、欢送词的组织与表达训练
实训目的	通过实训,使学生能够对欢迎词和欢送词致词进行完整、和谐的综合表达
实训时间	2学时
实训方法	1. 教师示范讲解、学生分组练习 2. 学生上台讲解
实训材料	开放性教室、多媒体教学设备、学生自己写出的欢迎词、欢送词
实训要求	1. 教师对学生写出的欢迎词、欢送词要批改,并指出问题 2. 设计不同特征的旅游者,并设计相应的团队资料,使学生能够根据其特征有针对性地致好欢迎词和欢送词 3. 学生按照文字底稿的给定程序,完成全文表述的思维控制能力 4. 出现"卡壳"等意外情况时的表述应变能力 5. 能对欢迎词、欢送词进行语调设计,并适度地安排态势动作
实训步骤	1. 教师示范讲解 2. 教师从学生写出的欢迎词、欢送词中优选两篇示范讲解、点评 3. 学生分组进行练习 4. 安排学生上台进行欢迎词或欢送词的讲解,学生按点名册轮流登台,按限定的不少于3分钟、不多于5分钟时间完成自选欢迎或欢送词的表达。发现学生讲解中的共性问题,当即纠正 5. 填写实训报告,实训结束

(二)实训内容

实训内容	操作要领	常见错误
致欢迎词	1. 欢迎词的内容包括代表所在旅行社向客人表示欢迎、自我介绍、介绍司机、表达愿望、预祝旅游愉快、顺利等。致欢迎词是导游员在旅游者心目中树立良好形象的重要时机,欢迎词要使客人感到真诚、亲切、热情,并符合自己的身份 2. 接待不同身份和职业的旅游团时,欢迎词应有针对性。如接待教师团、专家团、农民团等,试组织相应的欢迎词 3. 接待因各种原因未能按原定计划顺利到达的旅游团时,针对心情不佳、情绪低落的客人,试组织相应的欢迎词	欢迎词千篇一律,没有针对性和灵活性

续表

实训内容	操作要领	常见错误
致欢送词	1.欢送词的内容一般包括：感谢合作、表示惜别、征求意见、表示歉意、期待重逢等要素。致好欢送词，是关系到导游工作能否最后成功的关键环节 2.欢送词要因时、因地、因客人不同而异。如设计：①某北方旅游团到云南十日游，至昆明送机，试组织相应的欢送词。②接待台湾的投资考察旅游团到河南旅游考察，试组织相应的欢送词	欢送词没有文采，缺乏感情的表露，不能激起旅游者依依惜别的情感，旅游活动的最后阶段未出现高潮，难以给旅游者留下难忘的美好回忆

（三）考核测试

1. 测试方法

按百分制计分，其中随堂测试50分，实训报告50分。

2. 测试表

组别：_____　　姓名：_____　　时间：_____

项　目	应得分	实际得分
学生按照文字底稿的给定程序完成全文表述的思维控制能力	10	
对欢迎词、欢送词进行语音语调设计	10	
出现"卡壳"等意外情况时的"即兴编码"表述应变能力	10	
出现"卡壳"等意外情况仍能"不露声色"、"泰然自若"的自控能力	10	
适度地安排态势动作	10	

3. 实训报告

填写实训报告表。

二、导游交际语言技巧训练

良好的交际语言是导游员最重要的基本功之一。导游员通过语言交际可以建立起与旅游者之间的了解和信任，使主客关系更加协调。因此，如何提高导游员交际语言的技巧性，增强导游员的交际能力，成为实际训练中要重点解决的问题。

（一）实训安排

实训项目	导游员交际语言技巧训练
实训目的	培养学生的主动交际意识，在实际工作中建立起与旅游者之间的了解和信任，使主客关系更加协调，从而增强导游员的交际能力
实训时间	1学时
实训方法	1.教师示范讲解 2.学生分别扮演旅游者和导游员，进行分组练习
实训材料	由学生根据实训内容要求自己确立交际话题，并将每人一个话题写成字条交给教师，教师用统一字条样本整理学生交际话题，再由学生每人抽取一个为实训话题
实训要求	1.把握交际对象，对应交际话题。做到"有的放矢"、"对症下药" 2.善于察言观色，把握交际语境。与旅游者交谈时，要能听话听音，随机应变。掌握不同场合中语言表达的技能和方式等 3.善用幽默，使言谈轻松、灵动。同时，幽默也要注意高格调，不可庸俗化 4.声情并茂，使言谈有血、有肉，充满活力 5.掌握常用的基本交际语言技巧
实训步骤	1.实训中，教师任选一个学生上台交谈示范，然后引导学生进行分析点评 2.学生按抽到的交际话题与扮演旅游者的学生交谈 3.将交谈过程翔实记录，整理交给教师 4.填写实训报告

（二）实训内容

实训内容	操作要领	常见错误
语言的针对性	1.导游交际过程，是在一定的环境中进行的，导游语言的运用，要根据旅游者的各种具体情况，以及各种具体旅游环境，有针对性地进行调整 2.导游员应结合旅游者各种不同的文化背景和兴趣爱好，有针对性地介绍和讲解城市或景点概况	不论对什么样的旅游者都是同一篇固定不变的导游词

续表

实训内容	操作要领	常见错误
见面寒暄语运用	1. 在旅游过程中,导游员会在各种场合与旅游者见面。因此,见面时如何得体地与旅游者寒暄,如何做到语言简要却不失礼节,是实训时应重点注意的问题 2. 可以设计不同的见面寒暄的环境,如:(1)早晨在集合乘车地点见到第一批旅游者;(2)晚餐后在入住酒店门前遇到本团队的三位旅游者;(3)商场购物闲暇时间见到旅游者。在不同场景的见面寒暄虽简单,但一定要注意得体,并注意运用各种类型的寒暄语	不论在什么场景与旅游者见面,都只会说"你好!"
劝说语言运用	1. 当旅游者的情绪比较消极或过于激动时,导游员需采用劝说的方式,使旅游者的情绪由消极转变为积极情绪。掌握一定的劝说技巧,是导游员顺利开展工作所必需的 2. 劝说应注意以理服人,语气要婉转,态度要真诚,要充分尊重对方 3. 设定场景:一个旅游团到达苏州时,正赶上阴雨连绵的天气,旅游者心情沮丧。导游员根据此场景,使用劝说语言扭转旅游者的情绪	劝说时不注意语气,使用较生硬的批评和埋怨的语言,令旅游者反感
答问语言运用	1. 旅游者在旅游过程中,出于不同动机,可能会提出各种各样的问题,导游员应能够根据具体情况恰当地做出回答 2. 场景设定:(1)旅游者欲购买贵重物品又拿不定主意,请导游员出主意;(2)旅游者对有关我国的历史、主权等敏感问题提问	面对旅游者提出的敏感问题或避而不答,或回答不讲究方式
安慰语言运用	1. 旅游者在旅途中发生意外,导游员不仅要妥善处理,而且应及时进行安慰,尽力使旅游者的痛苦和烦恼降到最低限度。掌握安慰语言的运用技巧,是导游员与旅游者达到情感交融的有利工具 2. 可设定如旅游者相机损坏、钱包失窃、生病、行程变化等场景,导游员据此进行相应的安慰与引导	不能针对旅游者的具体情况恰当地运用安慰语言

续表

实训内容	操作要领	常见错误
道歉语言运用	1. 因各种主观、客观原因可能会造成导游工作的失误,令旅游者不满。导游员应掌握道歉语言的运用技巧,巧妙地说明情况,并诚恳致歉,使负面影响降低到最低程度 2. 可设定场景:如因交通堵塞,导游员未能按照要求提前到达接站地点造成漏接,引起旅游者不满,导游员向旅游者道歉等	道歉语言的度把握不好,或程度不够,使旅游者感觉没有诚意,或把不该自己承担的过错也统统揽过来,让旅游者感觉导游员水平太差而更加不满

(三) 考核测试

1. 测试方法

按百分制计分,其中随堂测试50分,实训报告50分。

2. 测试表

组别:_____ 姓名:_____ 时间:_____

项 目	应得分	实际得分
把握交际对象,对应交际话题	10	
善于察言观色,把握交际语境	10	
善用幽默,使言谈轻松灵动	10	
声情并茂,使言谈有血有肉	10	
基本交际语言运用技巧	10	

3. 实训报告

填写实训报告表。

三、综合讲解技能训练

(一) 实训安排

实训项目	导游员综合讲解技能训练
实训目的	通过实训,培养学生在全方位的服务意识下,达到综合讲解的能力,从而提高导游服务质量
实训方法	1. 学生分别扮演旅游者和导游员,进行分组练习 2. 学生分组讨论

续表

实训项目	导游员综合讲解技能训练
实训时间	2学时
实训材料	1. 以每个学生自己撰写的欢迎词、欢送词作为模拟导游讲解的材料 2. 以每个学生自己撰写校内3个景点的导游词作为模拟导游讲解的材料 3. 以学校校园为模拟景区,以校园内的标志性建筑和绿化景观为模拟景点
实训要求	1. 要求学生模拟导游带团,有始有终,自导自讲 2. 能够准确判断出导游词中所运用的讲解方法 3. 能对选定的景点运用基本讲解方法进行恰当组合,编写导游词 4. 能对选定的景点进行流畅的讲解,句、段语意完整,停顿合理 5. 讲解时能有适当的态势动作,面部表情自如 6. 讲解过程中允许其他同学提问,并要求主讲的学生即时作答 7. 注意导游工具的使用
实训步骤	1. 实训中,教师示范讲解 2. 指导教师将学生分成10人一组,每个学生持实训材料,以小组为单位,在校内轮流进行模拟导游讲解,讲解时间每个景点不超过3~5分钟,每组时间2个课时 3. 谁主讲谁是导游,其他9人为旅游者

(二)考核测试

1. 测试方法

按百分制计分,根据学生综合实训中的表现,分项给以相应的分数。

2. 测试表

组别:＿＿＿＿　　　姓名:＿＿＿＿　　　时间:＿＿＿＿

项　目	应得分	实际得分
1. 欢迎词的编写和运用	10	
2. 判别导游词中所使用的讲解方法	10	
3. 自编导游词中常用讲解方法的组合使用	10	
4. 自导自讲,讲解流畅。句、段语意完整,停顿合理	10	
5. 能张弛有度地控制旅游者的情绪,同时能以适度的幽默调节双方情绪	10	

续表

项　目	应得分	实际得分
6. 讲解时能有适当的态势动作,肢体较放松,不僵硬,面部表情自然	10	
7. 对讲解过程中的提问能即时作答	10	
8. 欢送词的编写和表达	10	
9. 礼仪规范	10	
10. 组织学生有序,导游工具使用规范	10	

四、现场导游考试情景实训

现场导游考试,是导游资格考试的重要组成部分,通常采用室内模拟导游方式,着重对地陪服务核心环节——参观游览服务进行测试,测试内容包括:语言表达、导游讲解、导游服务规范、应变能力、仪表、礼仪等项目,其中,语言表达不及格,则总成绩不及格。

(一) 考试流程、方式及时间要求

现场导游考试的主要环节包括三个:由接站地或集合地出发后的途中车内讲解(也叫做沿途讲解);旅游目的地的景点导游讲解;回答考官提问。

现场导游考试选择室内模拟考试的方式进行。普通话考生现场考试的时间设定为15分钟,其中沿途讲解和景点讲解各5分钟,回答考官提问的时间不超过5分钟。

(二) 考试评分标准

评分标准	测试项目	分　数
语言表达及提问	语音、语调准确,吐字清晰,音量适度,语调富有变化,语速适中,语法正确,用词准确、恰当,能运用必要的修辞手法,语言流畅,语汇丰富,表达准确生动,并能恰当运用体态语,有较强的感染力	满分20分
途中讲解及提问	讲解内容是与目的地景点有关联的知识的主题讲解,符合地陪在途中服务的要求;讲解方法运用得当,讲解生动、有趣,能体现一定的导游技巧,现场感强,能吸引人。能正确、清楚地回答问题	满分30分

续表

评分标准	测试项目	分　　数
景点讲解	讲解中所选取的内容全面、正确,条理清晰,详略得当,重点突出,结构完整。讲解方法运用得当,讲解生动、有趣,能体现一定的导游技巧,现场感强,能吸引人。能正确、清楚地作答	满分30分
服务规范	熟悉导游服务规范,导游服务程序正确,能正确、清楚地回答问题	满分5分
应变能力	掌握相关知识,具有一定的分析、处理问题的能力和应变能力,能正确、清楚地作答	满分5分
仪表礼仪	穿着打扮整洁、自然、大方、得体,言行、举止符合导游员的礼仪、礼貌规范	满分10分

附:语言表达12分及格,不及格视为不通过。主要考查考生表达的准确性、逻辑性、流畅性、生动性、感染力、说服力及体态语言的运用等。

(三)导游考试面试程序

(1)考生在规定的时间内到达指定地点候考(按准考证中的规定);

(2)考生按照编号或现场抽签顺序,由工作人员安排考生进入考场;

(3)考生按评委要求抽签选题;

(4)讲解内容由考生根据大纲和时间自行组织;

(5)考生开始模拟讲解,评委计时,沿途讲解、景点讲解标准时间各5分钟;不足4.5分钟或超过5.5分钟者,评委在评语中注明,每少或多1分钟扣2分;

(6)考生沿途讲解和景点讲解结束后,由评委就考生应试中存在的疑点或与考生讲解题目相关的知识进行提问,提问不超过2个,由考生回答;

(7)考试结束,评委示意考生退出考场后,按评分表上的要求或意见填写评分表。

操作环节	操作要点	注意事项
问好	1.声音饱满、洪亮; 2.面带微笑、鞠躬标准; 3.考生问好时站立的位置距考官1.5米为宜。	1.这是进门后考生和考官交流的第一句话,注意调整好紧张情绪,留下较好的第一印象; 2.不要边走边问好,到达站立的位置鞠躬后再问好。

续表

操作环节	操作要点	注意事项
抽签	1. 抽签前问询考官,得到应允后方能抽签; 2. 抽签时动作和语言要文明规范。例如:双手抽签,向考官报清抽签题目等; 3. 抽签后退回讲解位置。	1. 导游考试严肃严谨,考试公平公正,每个考生抽签时都只有一次机会; 2. 抽到的考签要向考官明示,否则抽签无效。
沿途讲解	1. 途中讲解的场景要求考生就所抽取景点自行假设一条从接站地或出发点前往目的地的行车路线,进行车内途中讲解,因此,讲解时要明示接站地点; 2. 讲解的内容要求包括:欢迎词、行程安排、注意事项、沿途标志性景物、当地或城市概况(历史、政治、经济、文化、社会话题等)、风俗民情及所去景点的相关知识介绍,沿途讲解要包括以上讲解要素。	1. 讲解流畅,语言准确,语速适中,语法正确; 2. 按 200 字/分钟的标准,沿途讲解在 1000 字左右; 3. 在内容设计上,能充分体现对地陪导游服务要求和技巧。
景点讲解	1. 景点讲解主要检查考生景点讲解的正确性、条理性、全面性,考生应灵活运用各种讲解方法,提高景点讲解的现场感; 2. 景点讲解的内容选择要真实、可靠,详略得当,重点突出; 3. 讲解结束后向考官示意,语言告知。	1. 讲解流畅,语言准确,语速适中,语法正确; 2. 按 200 字/分钟的标准,景点讲解在 1000 字左右; 3. 注意使用自然景观的讲解方法:移步换景法; 4. 注意景点讲解的要求:重点突出、结构完整。
回答问题	1. 沉着冷静,听清楚问题,思考后回答; 2. 掌握一般的回答思路,提前准备; 3. 回答时着重依托原理理论,全面回答。	1. 回答问题的内容主要涉及 3 项:与考生应试景点相关的问题、有关导游服务规范的问题,以及对特殊问题解决方案的提问,应熟悉相关知识; 2. 条理清晰,语言流畅; 3. 遇到不会的题目要表现得谦虚有礼,尽量不直接回答"不知道"。
考试结束退出	1. 善始善终,对考官表示谢意; 2. 注意使用礼貌用语。	1. 不追问分数; 2. 不要迅速转身离开。

(四)现场导游考试示例

考生:"两位考官,上午/下午好!"(鞠躬)

考官:"你好!"

考生:"考官,我可以开始抽签了吗?"

考官:"请抽签!"

考生:(双手从考官手中/桌子上抽取景点考签,看后将考签向考官明示)

考官:"我抽到的景点是云台山。可以开始讲解了吗?"

考官:"开始!"

考生:"各位朋友,大家早上好,欢迎大家来到河南旅游,我是导游员××,大家可以叫我×导,旅途中大家有什么要求,可以向我提出,我会尽力满足,使您不虚此行,满载而归。我右手边的是驾车娴熟的刘师傅,这两天就由我和刘师傅一起陪伴大家旅行游玩,最后,预祝大家玩得开心、愉快。

现在我把行程安排给大家介绍一下,今天,我们要游览的是风景秀丽的云台山景区。上午我们将游览有'盆景峡谷之称'的红石峡,中午在云台山庄用餐,下午游览素有'三步一泉,五步一瀑,十步一潭'之称的潭瀑峡。下午6点左右返回郑州。

伴随着马达的轰鸣声,我们的车已经驶出了郑州市区,前方我们将要通过的是万里黄河上最大的桥——黄河大桥,这座大桥南起郑州市花园口,北抵原阳县刘庵村,像一道彩虹横跨在苍茫浩渺的黄河上。黄河大桥于1986年9月30日正式通车,全长5549.86米,高15米,桥面总宽18.5米,除两边各有1米宽的人行道以外,可以并行4辆55吨的重型汽车。大桥下部构造有138座4层楼高的巨型礅台。整个桥体的坚固程度,可保证300年一遇的特大洪峰顺利通过,可抵御7级地震,我们领略它雄伟的同时,还可以欣赏到美丽的黄河风光。

现在,我们已经行驶在郑焦晋高速公路上了。说起焦作,我们可得伸出大拇指,新中国成立后,焦作一直以发展煤矿业为主导经济性产业,随着社会的发展,近几年开始大力发展绿色环保产业——旅游业,并且有了很大的成就,其中云台山就是很好的例子。焦作旅游业这种突飞猛进的现象,被称为"焦作现象",2004年,同洛阳栾川的"栾川模式"一起被正式列入教科书,供大家学习与研究。焦作人文资源丰富,是太极拳的发祥地,自然景观在我国的北方地区独树一帜,特别是其中的代表性景区云台山以山称奇,以水叫绝,云台山大瀑布垂直落差314米,堪称华夏之冠。相传晋时的"竹林七贤"曾在此隐居,并留下了不少的足迹。看,前方转盘处的七尊白色的雕像,就是他们,我们看到了他们,就说明我们已经到了云台山景区的所在地——焦作修武县。

路好,车也好,说话间我们已经到了景区停车场。下车前,请大家记得我们的车牌豫###、车身颜色、停车地点,牢记我们的集合时间是下午6点钟;同时在游览时请大家注意安全。现在请朋友们带好自己的贵重物品和随身物品,随我一同进景区参观游览。"

各位旅游者朋友,我们现在已经进入红石峡景区。到红石峡,您最好先站在桥上俯瞰一下,红色的峡谷在绿色植被的映衬下,犹如万绿丛中一线红,而峡底更是内藏锦绣,景区集泉、瀑、溪、潭于一谷,融秀、幽、雄、险为一体,可谓小中见大,素来享有'盆景峡谷'的美誉。红石峡又名温盘峪,长约2000米,深68米,最宽处10多米,最窄处仅有几米,由于峡谷幽深且狭窄,所以形成了一种冬暖夏凉的小气候,又称"长春谷"。大自然的沧海桑田,10多亿年的地质变迁,伴随着无数次的造山运动,将这些含有石英沙的岩石抬升出地面,逐渐形成了今天的崖壁。由于岩石中铁质矿物的氧化,经年累月,崖壁被染成了红色,形成了丹崖碧水的奇妙景色。大家看,从峡谷南端崖壁的洞口处跌落的一挂瀑布叫'白龙瀑',瀑布分三叠,垂直落差60余米,上两段短而隐,下一段长且露,状若飞雪玉龙,银光闪闪。

继续前行,在下方的深潭中,最引人瞩目的莫过于潭东北与潭西北的相吻石和逍遥石了。两块跃出水面,宛如一对情人相拥甜吻的红色奇石便是相吻石。相传这是黑、白二龙王的龙女和龙子的浪漫化身,他们正以独特的造型语言,来表达彼此之间的爱恋之情。逍遥石高2米多,长3米,宽约1米,一半在岸上,一半在水中,纹理自然,古朴悠悠,洒脱、飘逸,是大自然的杰作。

看过红石峡,现在我们就进入了潭瀑峡景区。这里三步一泉、五步一瀑、十步一潭,呈现出千变万化的飞瀑、流泉、彩潭、奇石等景观,风光怡人,宛若秀丽江南,所以,人们还给它起了一个雅号:潭瀑川。由于北部丰富的地表水和地下水的大量补给,以及苑内灰岩、白云岩发育的节理裂隙,使苑区崖高谷深,密布瀑、泉、溪、潭;流水跌宕声声,潭瀑成对成串,鳞次栉比,成趣相欢。峡谷内水体的种类之多,组合之妙,造型之美,在北方极为罕见。进入潭瀑峡,走不远便看见有群瀑自高岩跌落,瀑分三层,每个断层都有两条瀑布相吸、相融流入一个潭里,如情人耳鬓厮磨,窃窃私语,流水终年不断,象征永结同心,永沐爱河之意,所以人们把它戏称为'情人瀑',有祝愿天下有情人终成眷属的意思。Y(ya)字瀑,高二迭,挂在两层山阶上,瀑高十余米,呈"Y"字形,所以叫"Y(ya)字瀑"瀑面合二为一,造型奇特。Y(ya)字瀑下是Y(ya)瀑潭,水色碧绿幽深。

朋友们,云台山主体景观的讲解到此就告一段落了,现在给大家一些时间自由参观游览,6点钟我将在停车场恭候您的归来!

考官,我的讲解到此结束,请提问!"

考官:"请问……"
考生:"我的回答是……回答完毕!"
考官:"考试结束!"
考生:"谢谢考官!考官辛苦了,再见!"(鞠躬,面对考官后退两步转身离开)

本章小结

导游语言,从广义上说,是导游员在导游服务过程中必须熟练掌握和运用的所有具有一定意义,并能引起互动的一种符号,从狭义上说,是导游员用于同旅游者进行交流和沟通的生动形象的口头语言。导游语言的基本要求是正确、清楚、生动、灵活。为了达到这一要求,导游员要善于学习,勇于创新,不断地磨炼自己,形成适合自己的语言风格。

在导游服务中,口头语言是使用频率最高的一种语言,其表达方式有独白式和对话式两种;在口头语言的表达上,应注意语音、语调、语速和不同修辞方法的应用。体态语言如表情语、姿态语、手势语、服饰语和界域语等,可以对口头语言起到良好的辅助作用,从而起到良好的沟通作用,导游员应加以重视。

案例分析

某旅游团因天气原因未能按预定计划到达目的地,原定的游览计划被迫取消,旅游者情绪非常低落。到达目的地后,领队非常希望接团的地陪能在致欢迎词时运用导游语言技巧来改变旅游者沮丧的心境。如果你是该团的地陪,你将如何致欢迎词?

思考与练习

1. 填空题

(1)导游员在运用语言表情达意时应遵循_____、_____、_____、_____的基本要求。

(2)体态语言包括:_____、_____、_____、_____和_____等。

(3)口头语言比较规范的构成应包括:_____、_____、_____和_____。

(4)导游语言的基本要求是:_____、_____、_____和_____。

2. 单项选择题

(1) 体现导游语言生动性的是_____。

    A. 观点正确   B. 适当的幽默

    C. 针对性强   D. 条理分明

(2) 导游语言传播畅通的条件是_____。

    A. 文化差异   B. 共识领域

    C. 语言   D. 应变能力

(3) _____是导游员在讲解时提出令人感兴趣的话题,但又故意引而不发,激起旅游者急于想知道答案的欲望,俗称"卖关子"。

    A. 虚实结合法   B. 问答法

    C. 制造悬念法   D. 分段讲解法

(4) 在道歉时导游员不能_____,以免引起旅游者不快。

    A. 真诚及时   B. 把握分寸

    C. 方式灵活   D. 遮遮掩掩

3. 思考题

(1) 什么是导游语言?导游语言的基本要求是什么?

(2) 导游员如何正确运用目光语?

(3) 提醒和回绝旅游者时应注意什么?

(4) 常用的导游讲解方法有哪些?各有什么特点?

4. 实训题

主讲教师将学生分成若干小组,将校园作为参观游览场所,主要游览点设定为本系所在教学楼和学校图书馆。游览后要求学生每人写一篇导游词,以小组为单位进行导游语言的综合练习,即口头语言、体态语言、语音、语调、语速、讲解、目光语、姿态语、手势语的基本练习,然后每组选一个代表,将全班同学视为旅游团的旅游者,进行讲解。

第七章 导游业务相关知识

引 言

本章通过对入出境、交通、货币、保险、卫生救护和礼节、礼仪等常识的全面介绍,使学生能够熟悉导游业务相关的知识,为提高个人素质和导游服务技能打下良好的基础。

学习目标

- 了解并熟悉与导游业务相关的知识。
- 能运用相关知识处理导游服务过程中的问题。

导游服务过程中,经常会遇到各种各样的问题,如协助旅游者办理旅行过程中的一些必要手续,解答旅游者的各种咨询,处理旅游过程中的一些突发事件,照顾患病的旅游者,帮助旅游者向保险公司进行索赔,等等。因此,掌握入出境、交通、货币、保险、卫生、救护和礼仪等方面的常识,是导游员提高导游服务质量和旅游者满意度的必要条件,也是导游员业务能力和个人素质的重要体现。

第一节 入出境知识

一、入出境应持有的有效证件

外国人、华侨、港澳台同胞及中国内地公民入境或出境,均须在指定的口岸向边防检查站(由公安、海关、卫生检疫三方组成)交验有效证件。不同类型的人使用的有效证件名称也不同。与我国入出境旅游有关的有效证件主要有:

（一）护照

护照，是一国主管机关发给本国公民出国或在国外居留的证件，证明该公民的国籍和身份。护照一般分为外交护照、公务护照和普通护照三种。

1. 外交护照

外交护照是发给政府高级官员、国会议员、外交和领事官员、负有特殊外交使命人员、政府代表团成员等具有外交身份的人员使用的护照。持有外交护照者在国外享有外交礼遇（如豁免权）。

2. 公务护照

公务护照是发给国家公务人员的护照，如政府一般官员、驻外使、领馆工作人员，以及因公派往国外执行文化、经济等任务的人员。也有的国家称这种供政府官员使用的护照为"官员护照"。

3. 普通护照

普通护照是发给出国的一般公民和国外侨民使用的护照。

在我国，外交护照由外交部签发；公务护照由外交部、中华人民共和国驻外使馆、领馆或者外交部委托的其他驻外机构，以及外交部委托的省、自治区、直辖市和设区的市人民政府外事部门签发。普通护照由公安部门颁发。普通护照的有效期为：护照持有人未满16周岁的5年，16周岁以上的10年。

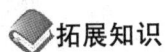拓展知识

电子护照

电子护照，是在传统本式普通护照中嵌入电子芯片，并在芯片中存储持照人个人基本资料，以及面部肖像、指纹信息的新型本式证件。除了保留现有护照各项功能，同时采用更可靠的数字加密技术、更加先进的印刷防伪技术，以及更加美观的主题图案，既确保了高安全性，又展示了国家形象。

全球已有90多个国家相继签发启用了电子护照。我国2012年5月15日签发的电子普通护照，适应了全球性发展趋势。公安机关出入境管理机构逐步推广签发含有电子芯片的普通护照（以下简称电子普通护照），以提高护照的防伪性能。

电子普通护照采取加密措施，确保电子芯片存储的指纹信息仅限于普通护照签发机关和出入境边防检查机关在出入境管理时读取、核验和使用。原护照在原有效期内依旧有效。

（二）签证

签证是一国主管机关在外国公民所持的护照或其他旅游证件上签注、盖印，表示

准其出入本国国境或者过境的手续。它是外国人合法进入他国的有效凭证,也是一个国家的出入境管理机关了解外国人的入境身份、入境目的和停留期限的有效依据。

华侨回国探亲、旅游无须办理签证。随着国际间贸易往来和各国旅游业的不断发展,许多国家之间签订了互免签证的协议。持联程客票搭乘国际航班直接过境,在中国停留不超过24小时、不出机场的外国人免办签证,要求临时离开机场的,需经我国边防检查机关批准。

1. 中国签证的种类

中国签证分为外交签证、礼遇签证、公务签证和普通签证。而普通签证又分为8种:定居签证、职业签证、学习签证、访问签证、旅游签证、过境签证、乘务签证和记者签证,分别用汉语拼音的第一个字母和数字D、Z、X、F、L、G、C、J-1、J-2来标示。签证上规定持证者在中国停留的起止日期。

9人以上的旅游团可申请办理团体签证。团体签证一式三份,签发机关留一份,来华旅游团两份,一份用于入境,一份供出境用。

2. 签证的有效期

签证的有效期不得超过护照的有效期。签证的有效期不等,持证人必须在签证规定的期限内入、出或过境,签证过期必须重新申办。

外国旅游者可在签证准予在华停留的期限内在中国旅行。停留期限到期,如需继续旅行,可向当地公安机关申请延长在中国的停留期限。旅行结束后,需在签证有效期内,填写出境卡,从对外国人开放的国际口岸经边防检查机关查验证件,加盖出境验讫章后出境。

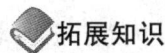 拓展知识

常见的签证种类

一、口岸签证

指申请人不直接从所在国取得前往国的签证,而是持护照和前往国有关机关发给的入境许可证明等抵达该国口岸后,再申办签证,又称落地签证。这是仅次于免签证的优惠待遇。

二、互免签证

随着国际关系和各国旅游事业的不断发展,为便利各国公民之间的友好往来,根据两国外交部签署的协议,双方持用有效的本国护照可自由出入对方国境,而不必办理签证。互免签证有全部互免和部分互免之分。

三、过境签证

公民取得前往国家(地区)的入境签证后,搭乘交通工具时,途经第三国家(地

区)的签证,叫做过境签证。

四、ADS 签证:ADS(Approved Destination Status)签证的中文解释是"被批准的旅游目的地国家"。加注 ADS 签证后,仅限于在被批准的旅游目的地国家一地旅游,此签证在目的地国家境内不可签转,不可延期。持有这种签证的人必须团进、团出。

五、申根签证(Schengen Visa)

指根据申根协议而签发的签证。这项协议由于在卢森堡的申根签署而得名,它规定了成员国的单一签证政策。据此协议,任何一个申根成员国签发的签证,在所有其他成员国也被视为有效,而无须另外申请签证。

(三)港、澳居民来往内地通行证

港、澳居民来往内地通行证是港、澳居民来往于香港、澳门与内地之间的证件,由广东省公安厅签发。通行证的有效期分为两种,有效期为 3 年的通行证签发给年龄不满 18 岁的港、澳居民使用,有效期为 10 年的通行证签发给 18 岁以上(含 18 岁)的港、澳居民使用。

(四)台湾同胞旅行证明

台湾同胞旅行证明,是台湾同胞来祖国内地探亲、旅游的证件,经口岸边防检查站查验并加盖验讫章后,即可作为进出祖国内地和在内地旅行的身份证明。该证由我国公安部委托香港中国旅行社签发,证明为一次性有效,出境时由口岸边防检查站收回。

(五)外国人旅行证

外国人在中国境内可凭本人的有效护照和旅游签证前往对外国人开放的地区旅行。外国旅游者不得进入不对外国人开放的地区,违者将依法受到处罚。外国人因公务需前往不对外国人开放地区,须事先向所在地公安机关出入境管理部门申请《外国人旅行证》,申请《外国人旅行证》时应出示本人护照及有效签证,提供接待部门出具的说明必须前往的理由的公函,填写《外国人旅行申请表》,获准后方能前往。外国人旅行证与本人护照同时使用。

(六)中国旅行证

中国旅行证,为替代护照使用的旅行身份证件,前往世界各国有效;本证持有人为中华人民共和国公民。本签证的签发、换发、补发和加注由中华人民共和国的外交代表机关、领事机关和外交部授权的其他驻外机构办理。

二、入出境手续

办理入出境手续的部门一般设在口岸和旅客入出境地点,如机场、车站、码头等。出入口岸的外国人、华侨和台湾同胞可持有效证件在指定的对外开放的口岸出入中国或祖国内地;香港同胞持证经深圳、澳门同胞经珠海通行。

(一) 边防检查

边防检查,主要是要求入出境者填写入出境登记卡片、交验护照、检查签证等。卡片的内容包括:姓名、性别、出生年月、国籍、民族、婚否、护照种类和号码、签证种类和号码、有效期限、入境口岸、日期、逗留期限等。护照、签证查验完毕加盖验讫章。

(二) 海关检查

海关检查,一般仅询问有否需申报的物品,或填写旅客携带物品入出境申报单。必要时海关有权开箱检查所携带物品。各国对入出境物品的管理有各自不同的具体规定。一般烟、酒等物品按限额放行。文物、武器、毒品、动植物等为违禁品,非经特许不得入出国境。

根据《中华人民共和国海关法》和《中华人民共和国海关对进出境旅客行李物品监管办法》的规定,进出境旅客行李物品必须通过设有海关的地点进境或出境,接受海关监管。

海关通道分为"红色通道"和"绿色通道"两种。

1. 红色通道(亦称"应税通道")

海外旅客进入中国内地,一般须经"红色通道",事先要填写《旅客行李申报单》向海关申报,经海关查验后放行。申报单上所列物品,海关加"△"号的,必须复带出境。申报单不得涂改,不得遗失,出境时要再交海关办理手续;申报单应据实填写,若申报不实或隐匿不报者,一经查出,海关将依法处理。

2. 绿色通道(亦称"免税通道")

持有中国主管部门给予外交、礼遇签证、护照的外国籍人员、海关给予免验礼遇的人员,以及没有携带需要申报物品的旅客,可选择"绿色通道"入境,但需向海关出示本人证件和按规定填写申报单证。

(三) 入境卫生检疫

入境卫生检疫,主要是交验有关疾病的预防接种证书(俗称"黄皮书")。为防止国际间某些传染病的流行,各国都有到本国旅行需进行某种预防接种的规定,有些国家有时免验,但对于发生疫情的地区则检查特别严格,对未接种的旅客会采取隔离、强制接种等措施。根据疫情的分布,不同地区、不同时期对预防接种的要求不同,办理接种手续前应作了解。

(四) 安全检查

主要是对登机的旅客采取安全检查,禁止携带武器、凶器、爆炸物、剧毒物等。检查方式包括:安全门,用磁性探测器近身检查,检查手提包,搜身等。我国也实行国际上通用的安全检查方法。现在,登机旅客普遍须接受安全检查,而且检查手续日趋严格。

三、不准入出境的几种人

(一)不准入境的几种人

1. 根据《中华人民共和国外国人入境出境管理》有下列情形之一的外国人,不准入境:

(1)被中国政府驱逐出境,未满不准入境年限的;
(2)被认为入境后可能进行恐怖、暴力、颠覆活动的;
(3)被认为入境后可能进行走私、贩毒、卖淫活动的;
(4)患有严重精神病、传染性肺结核病,或者有可能对公共卫生造成重大危害的其他传染病的;
(5)不能保障其在中国所需费用的;
(6)被认为入境后可能进行危害我国国家安全和利益的其他活动的。

2. 有下列情形之一的外国人,边防检查机关有权阻止出境,并依法处理:

(1)持用无效出境证件的;
(2)持用他人出境证件的;
(3)持用伪造或者涂改的出境证件的。

(二)不准出境的几种人

1. 不准出境的外国人

根据《中华人民共和国外国人入境出境管理》有下列情形之一的外国人,不准出境:

(1)刑事案件的被告人和公安机关、或者人民检察院、或者人民法院认定的犯罪嫌疑人;
(2)人民法院通知有未了结民事案件不能离境的;
(3)有其他违反中国法律的行为尚未处理,经有关主管机关认定需要追究的。

有下列情形之一的外国人,边防检查机关有权阻止出境,并依法处理:

(1)持用无效出境证件的;
(2)持用他人出境证件的;
(3)持用伪造或者涂改的出境证件的。

2. 不准出境的中国公民

根据《中华人民共和国公民出境入境管理法》,有下列情形之一的中国公民,不批准出境:

(1)刑事案件的被告人和公安机关、或者人民检察院、或者人民法院认定的犯罪嫌疑人；

(2)人民法院通知有未了结民事案件不能离境的；

(3)被判处刑罚正在服刑的；

(4)正在被劳动教养的；

(5)国务院有关主管机关认为出境后将对国家安全造成危害、或者对国家利益造成重大损失的。

有下列情形之一的中国公民,边防检查机关有权阻止出境,并依法处理：

(1)持用无效出境证件的；

(2)持用他人出境证件的；

(3)持用伪造或者涂改的出境证件的。

四、中国海关有关进出境旅客通关的规定

根据有关规定,进出境旅客的行李物品,必须通过设有海关的地点进境或出境,接受海关监管。旅客应按规定向海关申报。

除法规规定免验者外,进出境旅客的行李物品,应交由海关按规定查验放行。海关验放进出境旅客的行李物品,以自用合理数量为原则,对不同类型旅客的行李物品,规定不同的范围和征免税限量或限值。

旅客进出境携带有需向海关申报的物品,应在申报台前向海关递交《中华人民共和国海关进出境旅客行李物品申报单》或海关规定的其他申报单证,按规定,如实申报其行李物品,报请海关办理物品进境或出境手续。

经海关验核签章的申报单证请妥善保管,以便回程时、或者进境后凭其办理有关手续。海关加封的行李物品,请不要擅自开拆,或者损毁海关施加的封志。

(一)部分限制进出境物品

1. 烟、酒

香港、澳门地区居民及因私往来香港、澳门地区的内地居民可免税携带香烟200支,酒1瓶(不超过0.75升),其他进境旅客可免税携带香烟400支,酒2瓶(不超过1.5升)。

2. 旅行自用物品

非居民旅客及持有前往国家或地区再入境签证的居民旅客携带旅行自用物品限照相机、便携式收录音机、小型摄影机、手提式摄录机、手提式文字处理机每种一件。超出范围的,需向海关如实申报,并办理手续。经海关放行的旅行自用物品,旅客应在回程时复带出境。

3. 外汇

旅客携带不超过等值5000美元外币现钞入境的,无须向海关申报;旅客携带

外币现钞超过等值5000美元并需复带出境的,应填写《中华人民共和国海关进出境旅客行李物品申报单》,并主动向海关申报。

旅客携带外汇现钞不超过等值5000美元(含本数)出境的,无须向海关申报;携带外币现钞在等值5000美元以上至10 000美元(含本数)的,海关凭银行出具的《携带外汇出境许可证》放行;超过等值10 000美元外币现钞出境的,海关凭国家外汇管理局出具的《携带外币出境许可证》放行。

进出境旅客携带汇票、旅行支票、国际信用卡、银行存款凭证、邮政储蓄凭证等外币支付凭证,以及政府债券、公司债券、股票等外币有价证券进出境,海关不予管理。

4.人民币

旅客携带人民币进出境,限额为20 000元。超出20 000元的不准进出境。

5.文物(含已故现代著名书画家的作品)

旅客携带文物进境,如需复带出境,须向海关详细报明;携带文物出境,海关凭中国文化行政管理部门钤盖的鉴定标志及开具的许可出口证明查验放行;未经鉴定的文物,不准携带出境。携带文物出境不如实向海关申报的,海关将依法处理。

6.金、银及其制品携带规定

出境旅客携带在我国境内购买的金、银及其制品超过50克的,海关凭中国人民银行印制的《特种发货票》放行。

7.中药材、中成药

旅客携带中药材、中成药出境,前往港澳地区的,总值限人民币150元,前往国外的,限人民币300元。个人邮寄中药材、中成药出境,寄往港澳地区的,总值限人民币100元,寄往国外的,限人民币200元。

进境旅客出境时携带用外汇购买的、数量合理的自用中药材、中成药,海关验凭盖有国家外汇管理局统一制发的"外汇购买专用章"的发货票放行。超出自用合理数量范围的,不准带出。

麝香、虎骨、熊胆及其制品,以及超出规定限值的中药材、中成药不准携带出境。

(二)禁止进境物品

(1)各种武器、仿真武器、弹药及爆炸物品;

(2)伪造的货币及伪造的有价证券;

(3)对中国政治、经济、文化、道德有害的印刷品、胶卷、照片、唱片、影片、录音带、录像带、激光视盘、计算机存储介质及其他物品;

(4)各种烈性毒药;

(5)鸦片、吗啡、海洛因、大麻以及其他能使人成瘾的麻醉品、精神药物;

（6）带有危险性病菌、害虫及其他有害生物的动物、植物及其产品；

（7）有碍人畜健康的、来自疫区的以及其他能传播疾病的食品、药品或其他物品。

（三）禁止出境物品

（1）列入禁止进境范围的所有物品；

（2）内容涉及国家秘密的手稿、印刷品、胶卷、照片、唱片、影片、录音带、录像带、激光视盘、计算机存储介质及其他物品；

（3）珍贵文物及其他禁止出境的文体；

（4）濒危的和珍贵的动物、植物（均含标本）及其种子和繁殖材料。

第二节　交通知识

一、航空客运知识

航空客运，作为一种安全、快捷的现代化交通工具，在人们的生活中占有很重要的位置。目前我国大部分的出境游都以飞机为交通工具。因此，作为导游员，掌握一些航空交通知识是十分必要的。

（一）航空旅行知识

1. 航班、班次

民航的运输飞行主要有三种形式，即班期飞行、加班飞行和包机飞行，其中，班期飞行是按照班期时刻表和规定的航线、定机型、定日期、定时刻的飞行；加班飞行是根据临时需要在班期飞行以外增加的飞行；包机飞行则是按照包机单位的要求，在现有航线上或以外进行的专用飞行。

航班，分为定期航班和不定期航班，前者是指飞机定期自始发站起飞，按照规定的航线经过经停站至终点站，或直接到达终点站的飞行。在国际航线上飞行的航班称为国际航班，在国内航线上飞行的航班称为国内航班。航班，又分为去程航班与回程航班。

班次，是指在单位时间内（通常用一个星期计算）飞行的航班数（包括去程航班与回程航班）。班次是根据运量需求与运能来确定的。

2. 航班号

为便于组织运输生产，每个航班都按照一定的规律编有不同的号码，以便于区别和管理，这种号码称为航班号。

我国航班号的编排由各个航空公司的二字英文代码和四位阿拉伯数字组成，航空公司代码由民航局规定公布。后面的四位数字第一位代表航空公司的基地所在地区,第二位表示航班的基地外终点所在地区(1 为华北,2 为西北,3 为华南,4 为西南,5 为华东,6 为东北,8 为厦门,9 为新疆),第三、第四位表示该航班的具体编号。例如 CA1225,表由中国国际航空公司由北京至西安的去程航班。

(二)机票

1. 购票

乘坐飞机旅行,旅客应根据有关规定购票。购买机票须出示有效证件,例如,中国居民须出示本人的居民身份证,外国人要出示护照,台湾同胞要持台湾同胞旅行证明或公安机关出具的其他有效身份证件购买机票。机票只限票上所列姓名旅客使用,不得转让和涂改,否则机票无效,机票费不退。

许多航空公司提供"电子客票",也叫"无纸化客票"。选择电子客票,旅客的购买记录保留在航空公司的订座系统内,旅客不会收到纸制客票。购买电子客票比纸制客票更方便,比邮寄纸质客票风险更小,在旅行前或旅行期间不会丢失或被偷窃。然而,为了证明旅客的订座和票价,旅客应保留一张电脑生成的行程单。除此旅客应写下确认号码作为订座证明。可通过航空公司网站办理电子客票的订购等操作。

国内、国际机票的有效期均为一年。

联程机票分 OK 票和 OPEN 票。所谓 OK 票即已订妥日期、航班和机座的机票。持 OK 票的旅客若在该联程或回程站停留 72 小时以上,国内机票须在联程或回程航班起飞前两天中午 12 时以前,国际机票须在 72 小时前办理座位再证实手续,否则,原订座位不予保留;OPEN 票则是不定期机票,旅客乘机前须持机票和有效证件(护照、身份证等)去民航办理订座手续。

2. 儿童票

已满两周岁未满 12 周岁的儿童按成人正常票价的 50% 付费(有些国际航线儿童票价是成人票价的 67%),提供座位;未满两周岁的婴儿,按成人正常票价的 10% 付费,不提供座位。每一成人旅客携带婴儿超过一名时,超过的人数应购买儿童票。

3. 座位再证实

旅客持有订妥座位的联程或来回程客票,如在该联程或回程地点停留 72 小时以上,国内机票须在该联程或回程地点飞机离站前两天中午 12 点以前,国际航班须在 72 小时前办理座位再证实手续。否则,原订座位不予保留。

4. 退票

由于承运人及旅客本人的原因,旅客未能按客票列明的航程旅行,旅客可以申请退票,并可按规定办理退票,退票只限在原购票地点或经航空公司同意的地点办理。旅客要求退票,按照不同时段缴纳不等的退票费。因航班取消、提前、延误、航程变更或承运人不能提供原订座位,旅客退票免收退票费。

5. 客票遗失

旅客遗失客票,应以书面形式迅速向航空公司或其销售代理人申请挂失。在旅客申请挂失前,客票如已被冒用或冒退,航空公司不承担责任。

(三) 登机

1. 乘机

旅客应在航空公司规定的时限内到达机场,凭客票和有效身份证件办理登机手续。航班离站前30分钟停止办理登机手续(也有些大型机场例如广州白云机场规定提前45分钟停止办理登机手续)。

2. 安全检查

乘机前,旅客及其行李必须经过安全检查。无成人陪伴儿童、病残旅客、孕妇、盲人、聋人或犯人等特殊旅客,只有在符合航空公司规定的条件下经航空公司预先同意并做出安排后方予载运。传染病患者、精神病患者或健康情况可能危及自身或影响其他旅客安全的旅客,航空公司不予承运。根据国家有关规定不能乘机的旅客,航空公司有权拒绝旅客乘机,已购客票按自愿退票处理。

3. 误机

旅客误机后,可要求改乘后续航班或退票,在乘机机场或原购票地点办理。旅客误机如要求退票,退票时航空公司可以收取适当的误机费。

(四) 行李

行李分为托运行李、自理行李(即非托运行李)和随身携带物品。

1. 不准作为行李运输的物品

国家规定的禁运物品、限制运输物品、危险物品,以及具有异味或容易污损飞机的其他物品,不能作为行李或夹入行李内托运。除此之外,下列物品也不得夹入行李内托运,主要包括:

(1) 小而贵重的物品:现金、证券、汇票、信用卡、珠宝、相机等;

(2) 急用物品:药品、钥匙、护照、旅行支票、商务文件等;

(3) 不可取代的物品:手稿、祖传物等;

(4) 易碎品:眼镜、玻璃容器、液体等。

上述物品应随身携带,或放在可置于座位下面的随身携带的行李中。航空公司对托运行李内夹带上述物品的遗失或损坏按一般托运行李承担赔偿责任。

2. 随身携带物品

经航空公司同意由旅客自行携带乘机的零星小件物品。随身携带品的体积不超过20厘米×40厘米×55厘米,重量不超过5千克。

旅客不得携带管制刀具乘机。管制刀具以外的利器或钝器应随托运行李托运,不能随身携带。

3. 托运行李

旅客必须凭有效客票托运行李,一般在航班离站当日办理乘机手续时托运行李。不属于行李的物品应按货物托运,不能作为行李托运。

托运行李必须包装完善、锁扣完好、捆扎牢固,能承受一定的压力,能够在正常的操作条件下安全装卸和运输,并应符合下列条件,否则,航空公司可以拒绝收运:

(1)旅行箱、旅行袋和手提包等必须加锁;

(2)两件以上的包件,不能捆为一件;

(3)行李上不能附插其他物品;

(4)竹篮、网兜、草绳、草袋等不能作为行李的外包装物;

(5)行李上应写明旅客的姓名、详细地址、电话号码。

4. 免费行李额

根据客票等级,每一全票或半票旅客免费交运一定重量和体积的行李:头等舱票40千克,公务舱30千克,经济舱20千克;持婴儿票的无免费行李额。

(五)航班不正常服务

因航空公司的原因,造成航班延误或取消,航空公司将按规定向旅客提供餐食或住宿等服务;由于天气、突发事件、空中交通管制、安检,以及旅客等非航空公司原因,造成航班在始发地延误或取消,航空公司可协助旅客安排餐食和住宿,费用由旅客自理。

二、铁路旅行知识

火车,是我国国内中短程旅游的主要交通工具。它的特点是载客量大,车次准确,费用低廉,中途可以换乘、停留(在车票有效期内),具有一定的灵活性。此外,旅游者如果是夜间乘车,既可节省白天游览时间,又可节省住宿费,并在途中得到休息,因此,作为导游员应熟悉铁路旅行知识。

(一)旅游列车的种类

铁路列车可以分为国际旅客列车和国内旅客列车,另外,按照车次前所冠英文字母的不同又有以下分类:

(1)动车组列车,车次前冠以字母"D";

(2)高速列车,车次前冠以字母"G";

(3)准高速列车,车次前冠以字母"Z";

(4)快速列车,车次前冠以字母"K";

(5)广深高速旅客快车,车次前冠以字母"S";

(6)特种豪华列车,车次前冠以字母"T";

(7)临时旅客列车,车次前冠以字母"L";

(8)旅游列车,车次前冠以字母"Y"。

除以上分类外,还有车次前未冠英文字母的属于普通列车。

(二)车票

车票是旅客乘车的凭证,同时也是旅客加入铁路意外伤害强制保险的凭证。旅客应当根据自己旅行的需要购买车票,车票中包括客票和附加票两部分。客票部分为软座、硬座。附加票部分为加快票、卧铺票、空调票。附加票是客票的补充部分,可以与客票合并发售,但除儿童外不能单独使用。车票票面(特殊票种除外)主要应当载明:发站和到站的站名;座别、卧别;径路;票价;车次;乘车日期;有效期。

1. 加快票

旅客买加快票,必须有软座或硬座客票。发售加快票的到站,必须是所乘快车或特别快车的停车站,特别加快票最远售至列车终到站。

2. 卧铺票

旅客加买卧铺票,必须有软座或硬座客票,乘坐快车时还应有加快票;卧铺票必须和客票的到站、座号相同。但中转换车的旅客,卧铺票只发售到换车站;买卧铺票的旅客在中途站开始乘车时,应在买票时向车站说明,如在列车开车 1 小时后卧铺仍无人使用,该铺就要另行出售;持卧铺票的旅客,提前乘坐其他列车到中途站时,应另行购买发站至中途站的车票。为了维护卧车的正常秩序,每个卧铺只能由持票本人使用。大人带儿童或两个儿童可共用一个卧铺。

☞ 案例分享

火车卧铺被幸运保留

成都某旅行社安排当地一家企业员工赴昆明旅游,根据约定旅游团往返均乘坐火车卧铺,并由旅行社负责安排大巴接送客人到火车站。但出发当天,由于大巴司机迟到,造成旅游团出发晚点,没有赶上火车。旅行社立即高价包租汽车走高速公路追赶火车,同时不断与火车站联系,再三请求站方通知列车乘务组保留卧铺铺位。终于,该团在火车到达前 20 分钟抵达峨眉山火车站,顺利登上了开往昆明的列车,团队的卧铺铺位也被幸运地保留。

3. 儿童票

随同成人旅行身高 1.2~1.5 米的儿童,享受半价客票、加快票和空调票(以下简称儿童票)。超过 1.5 米时应买全价票。每一成人旅客可免费携带一名身高不足1.2米的儿童,超过一名时,超过的人数应买儿童票。

儿童票的座别应与成人车票相同,其到站不得远于成人车票的到站。

免费乘车的儿童单独使用卧铺时,应购买全价卧铺票,有空调时还应购买半价空调票。

4. 站台票

到站台上迎送旅客的人员应买站台票。站台票当日使用一次有效。对经常进站接送旅客的单位,车站可根据需要发售定期站台票。随同成人进站身高不足1.2米的儿童及特殊情况经车站同意进站人员可不买站台票。未经车站同意无站台票进站时,加倍补收站台票款。遇特殊情况,站长可决定暂停发售站台票。

5. 半价票

中国人民解放军和中国人民武装警察部队因伤致残的军人(以下简称"伤残军人")凭"中华人民共和国残疾军人证"、因公致残的人民警察凭"中华人民共和国伤残人民警察证"享受半价的软座、硬座客票和附加票。"中华人民共和国残疾军人证"和"中华人民共和国伤残人民警察证"由国家有关部门颁发,铁路运输企业有权进行核对。

6. 车票变更

旅客不能按票面指定的日期、车次乘车时,应当在票面指定的日期、车次开车前办理一次提前或推迟乘车签证手续,特殊情况经站长同意可在开车后2小时内办理。持动车组列车车票的旅客改乘当日其他动车组列车时,不受开车后2小时内的限制。团体旅客不应晚于开车前48小时。

旅客在发站办理改签时,改签后的车次票价高于原票价时,核收票价差额;改签后的车次票价低于原票价时,退还票价差额。旅客办理中转签证或在列车上办理补签、变更席(铺)位时,签证或变更后的车次、席(铺)位票价高于原票价时,核收票价差额;签证或变更后的车次、席(铺)位票价低于原票价时,票价差额部分不予退还。

因承运人责任使旅客不能按票面记载的日期、车次、座别、铺别乘车时,站、车应重新妥善安排。重新安排的列车、坐席、铺位高于原票等级时,超过部分票价不予补收。低于原票等级时,应退还票价差额,不收退票费。

7. 退票

(1)旅客退票,必须在购票地车站或票面发站办理。

(2)在发站开车前,特殊情况也可在开车后2小时内,退还全部票价。团体旅客必须在开车48小时以前办理。

(3)旅客开始旅行后不能退票。但如因伤、病不能继续旅行时,经站、车证实,可退还已收票价与已乘区间票价差额。已乘区间不足起码里程时,按起码里程计算;同行人同样办理。

(4)退还带有"行"字戳迹的车票时,应先办理行李变更手续。

(5)因特殊情况、经站长同意,在开车后2小时内改签的车票不退。

(6)站台票售出不退。

8. 丢失车票

旅客丢失车票应另行购票。在列车上应自丢失站起(不能判明时从列车始发站起)补收票价,核收手续费。旅客补票后又找到原票时,列车长应编制客运记录交旅客,作为在到站出站前向到站要求退还后补票价的依据。退票核收退票费。

9. 旅客携带品

旅客携带品由自己负责看管。每人免费携带品的重量和体积是:儿童(含免费儿童)10千克,外交人员35千克,其他旅客20千克。每件物品外部尺寸长、宽、高之和不超过160厘米,杆状物品不超过200厘米,但乘坐动车组列车不超过130厘米;重量不超过20千克。

残疾人旅行时代步的折叠式轮椅可免费携带,并不计入上述范围。

下列物品不得带入车内:

(1)国家禁止或限制运输的物品;

(2)法律、法规、规章中规定的危险品、弹药和承运人不能判明性质的化工产品;

(3)动物及妨碍公共卫生(包括有恶臭等异味)的物品;

(4)能够损坏或污染车辆的物品;

(5)重量超过本规程第五十一条规定的物品。

为方便旅客的旅行生活,限量携带下列物品:

(1)气体打火机5个,安全火柴20小盒。

(2)不超过20毫升的指甲油、去光剂、染发剂。不超过100毫升的酒精、冷烫精。不超过600毫升的摩丝、发胶、卫生杀虫剂、空气清新剂。

(3)军人、武警、公安人员、民兵、猎人凭法规规定的持枪证明佩带的枪支子弹。

(4)初生雏20只。

(三)团体旅客乘车

20人以上乘车日期、车次、到站、座别相同的旅客可作为团体旅客,承运人应优先安排;如填发代用票时,除代用票持票本人外,每人另发一张团体旅客证。

(四)旅客伤害事故和赔偿

旅客身体损害赔偿金的最高赔偿限额为人民币40 000元,随身携带品赔偿金的最高赔偿限额为人民币800元。

经承运人证明,事故是由承运人和旅客、或托运人的共同过错所致,应根据各自过错的程度分别承担责任。发生旅客伤害事故时,旅客可向事故发生站或处理站请求赔偿。

如旅客身体损害属于铁路运输企业承责范围,同时又属于《铁路旅客意外伤害强制保险条例》的承保范围,铁路运输企业应当同时支付赔偿金和保险金。

三、水路客运知识

(一)水路旅行的一般知识

中国的水路交通分为沿海航运和内河航运两大类。海外旅游者在中国水上旅游时大多乘坐豪华渡轮。航行在沿海和江湖上的客轮大小不等,船上的设备差异较大。大型客轮的舱室一般分五等:一等舱(软卧,1~2人)、二等舱(软卧,2~4人)、三等舱(硬卧,4~8人)、四等舱(8~24人)和五等舱(硬卧)。豪华客轮设有特等舱(由软卧卧室、休息室、卫生间等组成)。

乘船旅游虽然速度慢、时间长,但空间大、环境舒服,且船票也相对便宜。船票采取预售制,旅客凭船票所示的船名、班次、日期乘船。旅客上船后,需找好自己的舱位,并放好行李,然后要检查一下救生设备。大船上备有救生艇、救生圈、救生衣等,小船无救生艇,只有救生圈和救生衣。

(二)船票

船票分普通船票和加快船票,又分成人票、儿童票和残疾军人优待票。

儿童身高超过1.1米但不超过1.4米者,应购买半价票,超过1.4米者,应购买全价票。每一成人旅客可免费携带身高不超过1.1米的儿童一人。超过一人时,应按超过的人数购买半价票。

革命伤残军人,凭中华人民共和国民政部制发的革命伤残军人证,应给予优待,购买半价票。

要求乘船的人凭介绍信,可以一次购买或预订同一船名、航次、起讫港的团体票,团体票应在10张以上。售票处发售团体票时,应在船票上加盖团体票戳记。旅客在乘船前丢失船票,应另行购票。

上船后旅客丢失船票,如能提出足够的证明,经确认后无须补票;无法证明时,按有关规定处理。

船票应具备下列基本内容:

(1)承运人名称;

(2)船名、航次;

(3)起运港(站、点)(以下简称"起运港")和到达港(站、点)(以下简称"到达港");

(4)舱室等级、票价;

(5)乘船日期、开船时间;
(6)上船地点(码头)。

(三)退票

1. 内河航线在客船开航以前;沿海航线在客船规定开航时间2小时以前;
2. 团体票在客船规定开航时间24小时以前。

(四)行李

乘坐沿海和长江客轮,持全价票的旅客可随身携带免费行李30千克,持半价票者和免票儿童15千克;每件行李的体积不得超过0.2立方米,长度不超过1.5米,重量不超过30千克。乘坐其他内河客轮,免费携带的行李重量分别不超过20千克和10千克。

下列物品不准携带上船:法令限制运输的物品,有臭味、恶腥味的物品,能损坏、污染船舶和妨碍其他旅客的物品,爆炸品、易燃品、自燃品。腐蚀性物品、有毒物品、杀伤性物品,以及放射性物质。

四、公路客运

(一)公路客运常识

自1988年10月我国第一条高速公路——沪嘉高速公路建成通车以来,我国高速公路的建设得到迅速发展,通车总里程居世界第二位。我国高速公路与国道、省道等公路充分发挥各自的优势,形成四通八达、纵横交错、覆盖全国的公路交通网络,为我国经济发展和社会进步插上腾飞的翅膀。

国道,是国家干线公路的简称,是在国家公路网中具有全国性和经济意义,并经确定为国家干线的公路。

根据地理走向,我国国道分为三类:第一类以首都北京为中心,呈扇面辐射的公路;第二类是我国版图之内南北走向的公路;第三类是东西走向的公路。目前全国共有70条国道。每一条公路干线均采用三位数字表示,其中第一位数字表示国道的类别:即1××代表第一类国道;2××代表第二类国道;3××代表第三类国道。编号中的第二、第三位数字表示国道的排序,1××的××就是第一类国道自正北开始、按顺时针方向排列的序数,其他两类国道也同样排列。

(二)客车分类

客车,按乘坐的舒适程度,分为普通客车、中级客车和高级客车。普通客车指的是车辆无特殊的舒适装置、车内设有分隔货仓的客车。其座位排列紧凑,座椅较硬,没有温度调节装置,舒适性差。

中级客车是指不含分隔货仓的客车,其座位排列较宽松,有较软的、高靠背座椅,舒适性较好,在寒冷地区装有采暖设备。目前我国公路运输中的长途直达班车多属此类。

高级客车是指车窗宽大、视野开阔、密封性好、有高级软座椅和空调设备的舒适性好的客车,俗称豪华客车。公路运输中的旅游车、直达快班车多属此类,现在大量的带卧席的长途班车也属此类车。

按车内设置座位的多少及装置形式,分为小型客车、中型客车和大型客车。

小型客车是指横排只能装置3个座位、座位总数为15座及以下的客车。

中型客车是指横排最多只能装置4个座位(包括通道上设置的可折式座椅)、总数为16~30个座位的客车。

大型客车是指横排(不包括通道)装置4个及以上的座位、总数为31个及以上座位的客车。

第三节 邮电通信知识

一、邮电知识

(一) 国内邮件

(1) 国内邮件按处理时限分为普通邮件和特快专递邮件。普通邮件是按一般时限规定传递处理的邮件;而特快专递邮件,是通过专门组织的收寄、处理、运输和以最快速度投递的邮件。

(2) 按性质分为函件和包件两类。函件分为信函、明信片、邮简、印刷品、邮送广告和盲人读物等。函件按寄递区分为本埠函件和外埠函件。包裹分为普通包裹、脆弱包裹、直递包裹和快递包裹。

(3) 邮件,按处理手续分为平常邮件和给据邮件。平常邮件:收寄时不出给收据,处理时不登记,投递时不需收件人签收,不接受查询,也不承担赔偿责任。给据邮件:收寄时出给收据,处理时进行登记,投递时需收件人签收,并接受寄件人查询及承担赔偿责任。给据邮件包括挂号函件、包件和特快专递邮件。

(4) 邮件,按照邮局所负的赔偿责任,分为保价邮件和非保价邮件。对保价邮件,邮局承担按照保价额赔偿的责任;对非保价邮件,邮局按国家邮政局规定的限额承担赔偿责任。挂号函件可以作保价邮件收寄。包裹必须作保价邮件收寄。

(5) 邮件,按运输方式分为水陆路邮件和航空邮件。水陆路邮件,是利用火车、汽车、轮船等交通工具运输的邮件。航空邮件是全程或一段利用飞机运输的邮件。

(二) 国际邮件

国际邮件，按邮件性质分为函件、包件和特快专递邮件三类，其中函件包括：信函、明信片、航空邮简、印刷品、盲人读物、印刷品专袋和小包。按运输方式分为航空邮件、水陆路邮件和空运水陆路邮件。按处理手续分为平常邮件和给据邮件。按邮局承担的责任分为保价邮件和非保价邮件。挂号函件、保价函件和包裹可以附寄回执（寄往某些国家的普通包裹除外）。按传递时限可分为普通邮件、全球优先函件、特快专递邮件。

各类邮件禁止寄有爆炸性、易燃性、腐蚀性、毒性、酸性和放射性的各种危险物品，以及麻醉药物和精神药品，国家法令禁止流通或寄递的物品等。

二、通信知识

(一) 电话

电话是深受人们喜爱的快速通信手段。我国电话业务种类丰富，旅游者可以自由选择。电话费用一般由打电话者自理，但也有"收话人付费电话"，即指发话人挂号时申明受话人支付话费的电话。目前，该业务原则上只对与我国有直达电路的国家和地区开放。

1. 国内直拨电话

直拨国内电话，拨号顺序为：城市代码＋用户电话。例如拨上海的32172001的电话时，应拨02132172001。

2. 国际直拨电话

直拨国际电话的顺序为：国际字冠＋国家（或地区）代码＋城市（地区）区号＋用户电话。注意，有些国家的城市（地区）的区号第一位数是0，例如法国巴黎的代码是01，但在直拨国际电话时不用拨01，只需拨1即可。

用户若希望直拨国内、国际电话，必须知道有关国家和地区城市的电话代码。例如：国内：北京010，广州020，上海021，郑州0371等。国际：中国86，美国、加拿大1，俄罗斯7，法国33，英国44，德国49，澳大利亚61，日本81等。

(二) 传真

传真是当前旅游业务联系中普遍采用的快捷通信方式，它可把团体签证以及有领导人签字的文件、照片、图纸等真迹由远处传送到对方。它克服了电报、电传等只能传递文字但不能传递文件原样的缺点。发国际、国内传真办法与打国际、国内长途电话一样，先拨通对方国家、地区传真代码（同国际、国内长途电话的代码），然后发出传真即可。计费同电话。

(三) 电子邮件 (E-mail)

利用计算机网络接发邮件 (E-mail)，省时、快捷、省钱、便利。发信人在网上登录电子信箱后,即可向收件人的电子邮箱发送包括文字、图像、声音等多种信息。现在大部分酒店、宾馆都可向客人提供此项服务。

第四节 货币知识

一、外汇

外汇,是指下列以外币表示的可以用作国际清偿的支付手段和资产,它包括外国货币,包括纸币、铸币;外币支付凭证,包括票据、银行存款凭证、邮政储蓄凭证等;外币有价证券,包括政府债券、公司债券、股票,以及其他外汇资产等。

中国对外汇实行由国家集中管理、统一经营的方针。在中国境内,禁止外汇流通、使用、质押,禁止私自买卖外汇,禁止以任何形式进行套汇、炒汇、逃汇。

海外旅游者来华携入的外币和票据金额没有限制,但入境时必须据实申报;在中国境内,旅游者可持外汇到中国银行及各兑换点兑换成人民币,但要保存好银行出具的外汇兑换证明(俗称水单,其有效期为半年)。离境时,人民币如未用完,可持水单将其兑换回外汇,最后经海关核验申报单后可将未用完的外币和票证携出。

目前,在我国可兑换的外币主要包括:英镑、港币、美元、瑞士法郎、新加坡元、瑞典克朗、丹麦克朗、挪威克朗、日元、加拿大元、澳大利亚元、欧元、澳门元、菲律宾比索、泰国铢、新西兰元、韩国元和新台币等。

外币的兑换可以到外汇指定银行营业网点进行。外汇指定银行是经国家批准可以经营外汇业务的各类商业银行,如中国银行、工商银行、农业银行和建设银行等。在外汇指定银行和法定外币兑换点之外的地方进行外币兑换属于违法行为。

如果个人需要少量的外汇用于境外支付使用,可以在银行购买外汇。根据相关规定,境内个人卖出外汇或购买外汇(即结售汇)实行年度总额管理。年度总额分别为每人每年等值5万美元。个人在一年当中购买等值5万美元以内的外汇,凭本人有效身份证件在银行直接办理。超过限额的,除个人有效身份证件外,还需提供需要支付使用的相关证明材料在外汇指定银行办理。

二、旅行支票

旅行支票,是银行或旅行支票公司为方便旅行者,在旅行者交存一定金额后签发的一种面额固定的、没有指定的付款人和付款地点的定额票据。购买旅行支票后,旅游者可随身携带,在预先约定的银行或旅行社的分支机构或代理机构凭票取款,比带现金旅行安全便利。

购买旅行支票时,旅行者要当场签字,作为预留印鉴;支取款项时必须当着付款单位的面在支票上签字;付款单位将两个签字核对无误后方可付款,以防假冒。

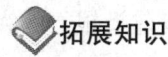 拓展知识

旅行支票的优势

到国外旅行如何能带上足够的费用,却又保持钱包的轻巧安全?有专家推荐,搭配使用各种支付工具,包括旅行支票、银行卡和少量现金,可以提高旅途上花销支付的安全保障和方便。

专家介绍,旅行支票相对其他出境支付工具在安全性方面具有显著优势,可以在出发地购买,到目的地后随时兑现。而旅行者在购买旅行支票和取款时,须履行初签、复签手续,两者相符才能取款。旅行支票兼有现金与汇票的特点,有不同固定的面值,不固定兑付地点,也不指定兑付银行,没有确定的使用地点。因此,旅游者随身携带旅行支票,可在世界各大银行、兑换网点兑换现金;可在国际酒店、餐厅、学校及其他消费场所直接付账,而无须支付任何费用。在美国、加拿大几乎等同于现金,无论是购物、就餐,或是交保险都可以,甚至还能买报纸,商家还可以现金找赎。同时,旅行支票还具有流通性强的特点。发行者为扩大旅行支票的流通范围,在国外大城市和旅游景点均设有特约代兑机构。旅行者在出发地购买旅行支票后,可以在世界各地兑付使用。同时,旅行支票没有有效期,可以长期使用。

目前,包括中国银行在内的一些大型商业银行均代理销售美国运通国际股份有限公司发行的外币旅行支票。币种有美元、日元、欧元、英镑、加元、澳元等共6种。居民只需携带本人身份证、护照和有效签证,即可便利购买。

(资料来源:新华网.http://news.xinhuanet.com/travel)

三、信用卡

信用卡,是指银行或信用卡公司为提供消费信用而发给客户在指定地点支取现金、购买货物或支付劳务费用的信用凭证,实际上是一种分期付款的消费者信贷。信用卡上印有持卡者姓名、持卡者账号及每笔赊购的限额、签字有效期和防伪标记等内容。

信用卡的种类很多。按持卡人的资信程度分为普通卡、金卡和白金卡(其资信程度依次递增);按发卡机构的性质分为旅游卡(由商业、旅馆、服务等部门发出)和信用卡(银行或金融机构发出);按使用地区分为世界通用卡和地区通用卡。为了避免风险,发卡机构对其发行的信用卡规定使用期限一般为1~3年,并规定一

次取现或消费的最高限额。

在我国,四大国有商业银行发行的信用卡有中国银行的人民币长城信用卡,中国工商银行的人民币牡丹卡,中国农业银行的人民币金穗卡,中国建设银行的人民币龙卡。

我国目前受理的外国信用卡主要有7种:万事达卡、维萨卡、运通卡、大莱卡、JCB卡、百万卡和发达卡。

我国公民出境旅游使用信用卡,既安全又方便。

第五节　旅游保险常识

保险,是一种风险转移机制,即个人或企业通过保险将一些难以确定的事故转移给别人去负担。以付出一笔已知的保险费为代价,就可将损失转移给保险公司承担。旅游者可以通过办理保险,部分地实现风险转移。虽然保险本身并不能消除风险,但是保险能为遭受风险损失的人提供经济补偿。

目前,我国旅游保险市场,主要有旅行社责任险和旅游者自愿购买的旅游意外保险。

一、旅行社责任保险

根据《旅行社责任保险管理办法》,在中华人民共和国境内依法设立的旅行社,应当依照《旅行社条例》和本办法的规定,投保旅行社责任保险。旅行社责任保险,是指以旅行社因其组织的旅游活动对旅游者和受其委派并为其提供服务的导游或者领队人员依法应当承担的赔偿责任为保险标的保险。

旅行社责任保险的保险责任,应包括旅行社在组织旅游活动中依法对旅游者的人身伤亡、财产损失承担的赔偿责任和依法对受旅行社委派、并为旅游者提供服务的导游或者领队人员的人身伤亡承担的赔偿责任。

具体包括下列情形:

(1)因旅行社疏忽或过失应当承担赔偿责任的;

(2)因发生意外事故,旅行社应当承担赔偿责任的;

(3)国家旅游局会同中国保险监督管理委员会(以下简称"中国保监会")规定的其他情形。

旅行社在组织旅游活动中发生以上所列情形的,保险公司依法根据保险合同的约定,在旅行社责任保险责任限额内予以赔偿。

责任限额可以根据旅行社的业务经营范围、经营规模、风险管控能力、当地经济社会发展水平和旅行社自身需要,由旅行社与保险公司协商确定,但每人人身伤亡责任限额不得低于 20 万元人民币。

旅行社责任保险,属于强制保险。即使参加旅游团的旅游者自己没有投保旅游意外保险,一旦发生意外,只要责任在旅行社一方,旅游者就可以获得相应的赔偿。这样既保护了旅游者的利益,也减少了旅行社的经济损失。但需要注意的是,在旅游过程中,旅游者由于自身疾病或个人过错导致的受损,或者在旅行社组织安排的活动之外发生的损失,责任不在旅行社,旅行社是不承担赔偿责任的,保险公司拒绝赔偿。因此,导游员要提醒旅游者,在参加旅行社组织的旅游活动中,一要注意不要勉强参加自己身体条件不能完成的活动;二要注意自身及随行未成年人的安全;三要妥善保管好所携带的行李、物品。

二、旅游意外保险

虽然旅行社强制投保旅行社责任保险,但该责任险的责任范围有限,为减少自然灾害等意外风险给旅游者带来的损害,旅行社在招徕、接待旅游者时,可以提示旅游者购买旅游意外保险。鼓励旅行社依法取得保险代理资格,并接受保险公司的委托,为旅游者提供购买人身意外伤害保险的服务。

目前,我国各保险公司涉及旅游的保险条款多达几十种,旅游者可以根据需要自行选择组合。一般旅游者出游应购买下列 4 种类型保险。

(一)旅游救助保险

这类保险是国内各保险公司普遍开办的险种,是保险公司与国际救援中心联合推出的,旅游者无论在国内外任何地方遭遇险情,都可拨打电话获得无偿的救助。

(二)旅客意外伤害保险

这类保险主要为旅游者在乘坐交通工具出行时提供风险防范服务,旅游者所购买的车票和船票金额中的 5% 是用于保险的,每份保险的保险金额为 2 万元,其中意外医疗事故金 1 万元,保险期限从检票进站或中途上车或上船开始,一直到旅游者检票出站或中途下车或下船。

(三)旅游人身意外伤害险

对于参加探险游和惊险游的旅游者,最好应购买旅游人身意外伤害保险,这类保险每份保险费为 1 元,保险金额最高可达 1 万元,每位旅游者最多可买 10 份保险。保险期限从旅游者购买保险进入旅游景点和景区时起,直至旅游者离开景点和景区。

(四)住宿旅游者人身保险

这类保险每份 1 元,从住宿之日零时起算,保险期限 15 天,期满后可以续保,每位旅游者可以购买多份。这类保险提供的保障主要有住宿旅客保险金 5000 元,住宿旅客见义勇为保险金1万元,为旅客随身物品遭意外损坏或被盗抢丢失的补偿金200元。

第六节　旅游应急处理与救护常识

旅游过程中,旅游者处在不断变化的环境中,精神常常处于兴奋状态,同时受旅途的劳累、身体疲劳、饮食不调等因素的影响,容易出现生病或不适的情况,有时还会受伤。为使旅游活动能够得以顺利进行,导游员应该学习并掌握一些必要的卫生和急救、护理知识,以便在需要时能够派上用场。

一、晕车(机、船)

晕车、晕机和晕船在医学上统称为运动病,症状因人而异,有轻重之分。轻者表现为头疼,全身稍有不适、胸闷、脸色绯红。重者则脸色苍白发青、头痛心慌、表情淡漠、微汗。更严重的会出现浑身盗汗、眩晕恶心、呕吐不止等难以忍受的痛苦。

造成晕车(机、船)病的因素很多,如汽车(飞机、轮船)颠簸、爬高、下降、转弯,以及自己心情紧张、身体不适、过度疲劳等。对于晕车(机、船)的旅游者,应在出发前提醒他们饮食不宜过饱,在交通工具内要紧束腰带以减少内脏震动。必要时可在乘坐交通工具前提前半小时口服防晕药物。尽量挑选靠前、靠近窗的座位,以减少震动。

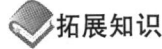 拓展知识

运动症的预防

1. 不要紧张,要保持精神放松;不要总想着会晕,最好找个人跟你聊天,分散注意力。

2. 旅行前应有足够的睡眠。睡眠充足,精神就好,可提高对运动刺激的抗衡能力。

3. 乘坐交通工具不宜过饥或过饱。只吃七八分饱,尤其不能吃高蛋白和高脂食品。否则,容易出现恶心、呕吐等症状。

4. 尽量坐比较平稳且与行驶方向一致的座位,并保持空气流通。

5. 头部适当固定,避免过度摆动。

6. 可以乘坐交通工具前半小时,口服晕车药。

7. 尽量不要看窗外快速移动的景物。

二、中暑

中暑的主要症状是大汗、口渴、头昏、耳鸣、眼花、胸闷、恶心、呕吐、发烧，严重者会神志不清，甚至昏迷。人长时间地处在曝晒、高热、高湿热环境中容易中暑。所以盛夏旅游，导游员带团应注意劳逸结合，避免旅游者长时间在骄阳下活动；若发现有人中暑，可置患者于阴凉通风处，平躺，解开衣领，放松裤带；可能时饮用含盐饮料，发烧者要用冷毛巾或酒精擦拭身体散热，服用必要的防暑药物；缓解后让其静坐（卧）休息。严重中暑者做必要治疗后立即送医院。

三、食物中毒

食物中毒对人体的危害很大，其症状是患者感觉恶心、腹痛，呕吐，排水样便，特点是起病急、发病快、潜伏期短，若救治不及时，会有生命危险。食物中毒都由饮食不卫生引起，所以出游时应提醒旅游者选择比较卫生的餐馆用餐，不要食用小摊上的食品。若发现旅游者食物中毒，导游员应设法为患者催吐，并让其多喝水，以缓解毒性，严重食物中毒者，应立即送医院抢救；若为集体食物中毒，还应保留吃剩的食物，以待检疫部门检验，便于医院对症下药。

四、骨折

导游带团时，如遇车祸、自然灾害、突发危险等情况，极易导致旅游者骨折的情况发生，另外，老年旅游者由于骨质疏松，外出旅游时容易发生骨折，除不慎摔倒引起的骨折外，很多老年人容易发生足部的疲劳骨折，出现前足部疼痛。因此，导游员掌握骨折的预防和处理十分有必要。

接待老年旅游者时，导游员应提醒旅游者穿防滑鞋，乘坐汽车时尽量不要坐后排，以免汽车颠簸发生意外，步行或上下阶梯勿过急、过快。道路条件差时可使用拐杖，尽可能避免摔倒。另外，安排的行程不要太紧张，尽量选择道路平坦、台阶少的路线，避免因疲劳引起骨折。

一旦发生骨折，导游员还应注意及时送患者去医院救治，但在现场，应做力所能及的初步处理：

骨折如果出现出血，应及时止血。止血的方法常用的有：手压法，即用手指、手掌、拳在伤口靠近心脏一侧压迫血管止血；加压包扎法，即在创伤处放厚敷料，用绷带加压包扎；止血带法，即用弹性止血带绑在伤口近心脏的大血管上止血。包扎前最好要清洗伤口，包扎时动作要轻柔，松紧要适度，绷带的结口不要在创伤处。

同时要注意对骨折部位进行妥善固定。野外旅游时,导游员可以就地取材,用树枝或木棍代替夹板,以求固定两端关节,避免转动骨折肢体。如骨折人员伤势较重,且距离医院路途较远,搬运时应注意采取担架搬运的方法,避免徒手搬运,并谨防出现二次伤害。

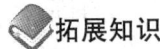拓展知识

旅途中骨折的急救

旅途中的意外事故有可能引起骨折。骨折分没有伤口的闭合性骨折和有伤口、有肌肉断裂,甚至断骨暴露于伤口外的开放性骨折两种。

开放性的骨折首先要止血。若出血较少,用干净的布扎住伤口即可;若出血量大,必须在上臂或大腿上方用带子扎紧,每20分钟解开带子放松2分钟,直至血止住。若骨折是在非四肢的部位,要用手掌压住血管的上部(靠近心脏部位),阻住血的来源,直至血止住。

脊椎骨折时,要防止因搬动不慎损伤脊椎引起瘫痪。搬运伤员时,不能让骨折处有丝毫移动,应由三人同时搬运,腰部和腹部,三人同一水平,步调一致,将伤员搬上担架。如果是颈部骨折,需有一个捧住伤员的头防止头部摆动,再送往医院救治。

四肢骨折后,为避免损伤局部的肌肉、血管、神经等,要防止骨折端错动,也不要勉强去复位。对骨折端露出伤口外的,为免感染,可用干净的手帕、毛巾覆盖后再予以固定。如无夹板,可用木板、竹条等代替;在夹板和肢体间垫上毛巾、软布等,再用绷带或布条把伤肢绑上。如找不到用做固定的材料,可以把伤肢绑在躯干上(上肢骨折),或将两条腿绑在一起(下肢骨折)。在为伤肢进行固定时,为减轻骨折错位所造成的损伤,应在骨折的下方牵拉,直至包扎完毕。经过临时包扎后,应立即设法转送到医院救治。

五、心脏病猝发

旅游者在旅游过程中,如果出现胸闷、晕倒、脸色发青发紫、大汗等症状,外加有高血压史,一般不难判断为心脏病猝发。处理时不可随意搬动患者,或者摇抱患者的上半身,切忌急着将患者抬或背着去医院,而应让其就地平躺,头略高,由患者亲属或其他旅游者找出患者的备用药物,让患者服用;同时,应至附近医院找医生前来救治,病情稍稳定后再送往医院。

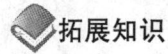 拓展知识

对呼吸停止的抢救——人工呼吸

无论是意外事故,还是疾病发作,只要患者呼吸停止持续4分钟,就会因脑组织缺氧坏死而死亡。人工呼吸是在患者不能进行自主呼吸时,向其提供所需氧气的最快速、有效的方法:

首先,抢救者处于患者的左侧或右侧,一手捏住患者的鼻孔,以防吹气时气从其鼻孔漏出;另一手托起患者的下巴,以防舌根反坠,同时阻止气体进入胃里,确保呼吸道畅通。

其次,用自己的嘴对准并包绕封住患者的嘴,要完全堵住,不让吹出的气从口周围漏掉。

再次,深呼吸后,对准患者的口快速有力地将气体吹入,到患者胸部扩张、鼓起来后停止吹气,让其胸部自然缩回,肺内气体逸出。反复进行,直到患者呼吸恢复为止。

上述方法,对于成人每分钟进行14~18次;儿童每分钟进行15~20次。

当患者恢复了微弱的自主呼吸后,抢救者仍然要按他的呼吸节律继续吹气,或隔一两次进行一次人工呼吸予以辅助,直至医护人员赶到或患者呼吸完全恢复正常。

六、溺水

溺水致死的主要原因是气管内吸入大量水分阻碍呼吸,或因喉头强烈痉挛,引起呼吸道关闭,窒息死亡。

在旅游时,导游员绝对不能同意或带领旅游者去未开放的江河湖海游泳。在游泳池或开放的海滨游泳时,下水前要提醒旅游者先做全身性准备活动,以免因腿抽筋而发生意外。水性差者不要去深水处游泳。

发现旅游者溺水,应立即开展救护,同时可以指导溺水者自救。指导溺水者采取仰卧位,头部向后,使鼻部露出水面呼吸;会游泳的,如发生小腿抽筋,要保持镇静,采取仰卧位,慢慢游向岸边。

将溺水者救出水后,首先以最快的速度撬开口腔,除去口鼻的泥沙、杂草等污物,将舌头拉出口外,松解衣带,保持呼吸道通畅。救护的人取半跪的姿势,将溺水者的腹部放在救护者的膝盖上,头朝下,拍打其背部,以倒出呼吸道及肺部的积水。如溺水者还不能恢复呼吸,要立即施行人工呼吸,同时进行心脏按压,等待救援或将溺水者尽快送往医院进行进一步治疗。

七、蝎、蜂蜇伤，蛇、犬咬伤

若被蝎、蜂蜇伤，要设法将毒刺拔出，用口或吸管吸出毒汁，边吸边吐，并不断漱口（但口腔内有伤口者，则不能用口去吸）。然后用肥皂水，条件许可时用5%苏打水或3%淡氨水洗敷伤口，服用止痛药。若识中草药，可用大青叶、薄荷叶、两面针等捣烂外敷，严重者要送医院急救。

旅游中如果出现旅游者被蛇咬伤的情况，必须在第一时间进行处理。如不能判断是否为毒蛇咬伤，必须按毒蛇咬伤处理。蛇咬伤处如在手臂或腿部，可在咬伤处上方5～10厘米处用一条带子绑住，绑扎后每隔30分钟左右松解一次，每次1～2分钟。在医疗人员治疗之前用肥皂和水清洗伤处，或用消毒过的刀片在毒牙痕处切一道深约半厘米的切口，切口方向应与肢体纵向平行，然后用嘴将毒液吸出吐掉（注意口腔必须无破损）。尽快用担架将伤者送往医院治疗。预防被蛇咬伤，导游员带团在野外旅游时，尤其在夜间，最好穿长裤、持长棍打草惊蛇，携带照明工具。野外露营，要避开草丛、石缝、树丛、竹林等阴暗潮湿的地方。

被狗咬伤或抓伤后，应立即到附近卫生防疫部门进行及时处理，注射狂犬病疫苗，越早越好，如果条件有限，也最好在24小时以内接种疫苗。导游员应提醒旅游者，注射狂犬病疫苗有严格的时间限制，分别为0天、3天、7天、14天、28天各注射一支，共5支；注射期间禁饮酒、浓茶、咖啡，禁食辣椒和刺激性食物；注意休息，避免剧烈劳动和劳累；伤口不宜包扎或缝合。

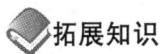
拓展知识

蛇伤的医治

万一被蛇咬伤，千万不要着急，要沉着冷静，不要听信五步即死的传言，只要不做剧烈运动，不会马上有生命危险。要积极进行处置，首先结扎伤口上部肢体，以防止静脉血的回流，随即挤压伤口，压迫毒液进入伤口中。要用手一面挤压伤口，一面用清水冲洗，涂蛇药粉于伤口处，速送医院作进一步处理。切记，扎结伤口上部肢体时，用力不可太重或太轻，要恰到好处，松紧适宜，不要影响血液流动，以防发生其他不测。

八、高原反应

高原反应，通常发生在海拔3000米以上地区，不适应者在2000米地区亦可发生。随着我国赴西部旅游人数的迅速增加，导游员应熟悉并掌握高原反应的预防和处理。

高原反应的症状是头疼、头晕、眼花、耳鸣、全身乏力、行走困难、难以入睡等症状,严重者出现腹胀、食欲不振、恶心、呕吐、心慌、气短、胸闷、面色及口唇发紫,或面部水肿等症状。出现这些症状,应在原高度处停留休息3~5天,或立即下降数百米高度,一般就可恢复正常。

进入高原地区,导游员应提醒旅游者避免剧烈运动,进行适应性锻炼,避免烟、酒,保证充分的液体摄入,注意保暖。发现旅游者出现高原反应,导游员应让旅游者卧床休息,补充液体,必要时,把旅游者送往医院治疗,情况严重的,可送到低海拔地区医院治疗。

第七节 礼貌、礼节常识

礼节、礼貌是社会文明的标志,也是人际交往中的行为规范。社交礼仪知识是导游员必须具备的知识。在旅游活动中,导游员要接待来自世界各国、各地的旅游者,各国、各民族人民在日常交往中都十分注重礼节、礼貌,而且对本民族的传统礼仪格外重视。旅游者在旅游活动过程中要进行各种社会交往,由于文化背景不同,存在着文化的差异性,导游员作为跨文化传播的使者,经常需要进行协助,以达到良好的沟通和交流效果。因此,导游员必须懂礼貌、讲礼节,掌握必要的社交礼仪知识,尤其要尊重旅游者所属民族的礼仪习俗,才能为他们提供高质量的礼貌服务。这是对导游员基本素质的要求,也是树立导游员良好形象的重要因素。

一、礼貌、礼节和礼仪

礼貌,是人与人在接触交往中相互尊重和友好的行为规范。它侧重于表现人的品质和素养,体现出人们的文化层次和文明程度。礼节,则是人们在交际场合中相互问候、表示尊重、致意、祝福的惯用形式。礼节是礼貌的具体表现方式,礼貌必须伴随有具体的礼节。礼仪是对礼节、仪式的统称,是指在人际交往之中,自始至终以一定的、约定俗成的程序方式来表现的律己、敬人的完整行为。礼仪是有形的,存在于社会的一切交往活动中,其基本形式受物质水平、历史传统、文化心态、民族习俗等众多因素的影响。礼貌、礼节、礼仪三者相辅相成,密不可分。礼貌是表示尊重的行为规范;礼节是表示尊重的惯用形式和具体表现方式;礼仪则是为表示敬意而隆重举行的仪式和程序。礼貌的核心是尊重人。作为导游员,应当加强礼貌修养,提高职业素质。

二、人际交往中的礼节

(一) 接待礼节

1. 问候与致意

人们在工作和日常交往中,遇到同事、朋友、宾客时,所应表示的第一个礼貌形式就是致意。问候就是向对方说一些表示良好祝愿或欢迎的话,如"您好!""早上好!""下午好!""晚上好!""欢迎光临!"等。

问候时,距离不应太远,以正常说话声音使对方能听清为宜;眼睛应注视对方;不要嘴里叼着香烟,或把手插在口袋里。通常,年轻者应先向年长者问候;男性应先向女性问候;身份低者应先向身份高者问候。

致意,包括招手、微笑、点头示意等。与同事、熟人每天第一次见面时可以问候,再见面时就不必问候,微笑或点头示意即可。有时在社交场所,由于人很多,距离较远,或不相识,及不太熟悉的人也可致意。在服务工作岗位上时,遇到身份高的领导或者熟人时也可致意。

2. 介绍

人际交往中,不相识的人若有相识的愿望,可自我介绍或由第三者介绍。

自我介绍或介绍他人时态度要诚恳。自我介绍时要自信,切忌羞怯;要自识,需有自知之明,对自己作出正确评价;要自谦,对自己的评价要留有余地,不要自吹自擂。介绍他人时要热情,要客观,掌握分寸。介绍有先后之别,一般是将身份低、年轻者介绍给身份高者和长者,将男士介绍给女士,将主人介绍给客人。介绍时,一般双方要起立,长者、身份高者和女士可例外。

递名片,是社交场合一种重要的自我介绍方式。递名片时应用双手(至少用右手),目视对方,微笑致意;接名片时也要用双手,以示尊重;接过名片应认真看一遍,不要马上装入口袋,更不要在手中玩弄。与西方人交往时要注意,他们一般不随意交换名片。

3. 见面礼节

(1)握手礼。源于中世纪的欧洲,现已成为全世界人际交往中最常见、最普遍的见面礼。见面行握手礼时,主人、身份高者、年长者和女士一般应先伸手,以免对方尴尬;朋友、平辈间以先伸手为有礼;祝贺、谅解、宽慰对方时以主动伸手为有礼。

(2)鞠躬礼。鞠躬礼源自中国,现在作为日常见面礼节已不多见,但盛行于日本、韩国和朝鲜,是那里的常礼。行鞠躬礼时应立正,脱帽,呈立正姿势,面带微笑,目光正视对方,上身前倾15~30度(赔礼、请罪时例外)。而后恢复原状并致问候。平辈应还礼,长辈和上级欠身点头即算还礼。

(3)合掌礼。(亦称合十礼)这是一种佛教礼节,盛行于印度和东南亚佛教国家,泰国尤盛。行礼时,双手合拢于胸前,微微低头,神情安详、严肃。对长者双手举得越高越有礼,但手指尖不得超过额头。接待外国旅游者时,当对方行合掌礼,我们也应以同样形式还礼。但不宜主动向对方行此礼。

(4)拥抱接吻礼。盛行于西方、俄罗斯和阿拉伯世界的礼节。在一般情况下,父母子女间亲吻脸、额头,平辈亲友间贴面颊,亲人、好友之间拥抱、亲吻脸、贴面颊。

在公共场合,见面时拥抱亲吻以示亲热,但通常只是一种礼节。关系亲近的女士间亲吻脸,男士之间抱肩,男女之间贴脸颊;晚辈亲吻长辈的额头,长辈亲吻晚辈的脸或额头;对高贵的女士,男士吻其手背以示敬意。

见面时还有一些其他礼节,如招手礼、拱手礼、脱帽礼、注目礼、点头礼、鼓掌礼等。

4. 称谓

在交际场合,称谓很重要。通过它,反映出人与人之间的相互关系,显示出一个人的修养,在某种程度上也反映出社会风尚。

称谓一般可分为:

(1)职务称,即以称谓对象所担任的职务相称,如总经理。
(2)姓名称,在"先生"、"小姐"、"同志"之前冠以姓。
(3)一般称,即泛称人为"先生"、"小姐"、"太太"等。
(4)职业称,如"司机先生"、"秘书小姐"。
(5)代词称,如"您"、"他"等。
(6)亲昵称,亲属、好友间的称呼。

通常情况下,称男士为"先生",称女士为"夫人"、"太太"、"女士"和"小姐"。一般称呼前可冠以"姓",如林先生、莫利太太;"职务称",如院长先生、导游小姐;"衔称",如博士先生等。对教授、医生、法官、律师,可直接称其为"教授"、"医生"等;或冠以"姓",如杜邦教授、张律师等;或加上"先生",如法官先生等。对军人,要称其"军衔"并加"一般称",如上校先生、将军阁下等。对有荣誉爵位的人,要称他们的爵位,或称"阁下"。对地位高的人,可称他们为"阁下",如"部长阁下"或"部长先生阁下"。对王室成员,要尊称其为"女王陛下"或"陛下"、"亲王殿下"、"公主殿下"或"殿下"。对情况不明的女士,年长者称"夫人"、"太太",年轻者则称"小姐",如有错误,她一般会提出纠正。

导游员应重视称谓,正确运用称谓,在导游服务中注意了解旅游者的身份,并尽可能地在短时间内记住旅游者的姓名,如果能在日常交往中正确地称呼他们,定会产生良好的效果。

(二)交谈时的礼节和语言

准确、优美的语言,诚恳、彬彬有礼的态度,潇洒的风度,是人际交往活动成功的保证。因此,与人聚谈时,必须讲究语言艺术,力求表达得体,善于运用礼貌语言并注意表情、目光、手势等体态语言的适当配合。经常与旅游者交往的导游员,更应该懂得社交聚谈时的礼节、礼貌,善于辞令。具体规范如下:

1. 交谈时的态度

导游员在与旅游者交谈,或在社交场合与人聚谈时,态度要庄重、真诚,不能傲慢,傲慢会伤害对方的自尊心;不能冷漠,冷漠会使对方感到不亲切;不能太随便,太随便会给对方一种消极的感觉;不要慌乱,慌乱会给对方留下不诚实、不成熟的感觉,从而使对方产生不信任感;不能唯唯诺诺、卑躬屈膝,否则,会使对方瞧不起。

2. 交谈时的表情

导游员与人接触,同旅游者一起交谈时,神情要自信、大方、自然,不能忸怩、腼腆,不要惊慌失措,不要心不在焉,不要时时看表,避免打哈欠、伸懒腰及其他不雅观的小动作。

3. 交谈时的目光

与人交谈,要坦诚地注视对方的眼睛,忌讳左顾右盼、躲躲闪闪,不要惶惑不安,切忌居高临下。

4. 交谈时的体态

与人交谈,注意体态的适当配合,要避免手舞足蹈,不要用手指指人,双手不能交叉胸前或背在背后,不要手插裤袋,更不要攥紧拳头,不要疯笑,切忌对人动手动脚。

5. 交谈时的语言

与旅游者聊天、讨论问题,或在社交场合与人聚谈时,讲话要有内容,要有中心,要简洁明了;语言表达要得体,要掌握分寸;谦虚要适当,赞语不宜过分,不乱用俚语。总之,要努力使用高雅、文明的语言。

(三)赴宴时的礼节

宴请是一种常见的社会交往活动,形式较多,国际上通用的宴请形式主要有宴会、冷餐会、酒会、工作餐、茶会等。应根据不同的宴请形式遵守席间礼节。

1. 宴请的形式

(1)宴会。宴会是一种比较正式的宴请活动,一般规模小,多在晚间举行,往往有负责人出席。正式宴会多用请柬邀请,对服装有严格要求,排座次。

(2)冷餐会。又称自助餐,是最常见的招待会形式之一。它的特点是不排座位,菜肴以冷食为主,也可用热菜,连同餐具摆放在桌上,供客人自取。冷餐会一般在室内、院子或花园中举行。可设桌椅自由入座,也可不设座椅站立进餐。冷餐会可招待人数众多的宾客,客人到场或退场比较自由。这种形式多用于官方的正式活动,举办时间一般在中午12时至下午2时或下午5时至7时。

（3）酒会。又称鸡尾酒会,是国际上举办大型活动前后通常举办的招待会,且是一种自由的社交活动。鸡尾酒会以酒水为主,备有各种饮料,配以甜点、香肠等小食品,形式活泼、简单,不设座椅,客人可随意走动交谈。举办时间一般在下午或晚上。客人到场或退场自由,不受约束。

（4）茶会。又称"下午茶",一般在下午四五点钟举行,以茶水、点心、水果招待客人,客人入场或退场比较自由。

2. 赴宴的一般礼节

（1）请柬的处理。接到宴会的请柬,应该及早回复主人;若不能赴宴,一定要讲明原因,并向主人致以歉意;接受邀请后不要随意更改,万不得已无法赴宴,尤其是主宾,必须立即告知主人,讲清原因,并赔礼道歉。

（2）准时赴宴。准时赴宴是对主人的尊重,但一般不提前,身份高者可略晚,但也不能太晚;宴会结束,主宾退席后其他宾客方可陆续告辞;若确有要事须提前退席,应先与主人打招呼,届时悄悄离席,但逗留时间不能太短。参加宴会,着装要整洁大方,若另有规定,则必须按要求着装赴宴。宾客抵达后要主动向主人问好,如是节庆活动,应表示祝贺;参加家宴,可向女主人赠送鲜花。散席离开时,不必向众多宾客一一告别,但必须向男女主人辞别。

（3）宴席中的礼节。入席时按主人的安排就座,若旁边有女宾或长者,应先帮助他（她）就座,然后自己坐下。主人祝酒、致词时不要吃东西,也不取食物,应停止交谈,注意倾听。用餐时坐姿要端正,肘部不要放在桌沿;餐巾应放在膝上而不能挂在胸前,餐巾可用来擦嘴,但不能用来擦汗和鼻涕;口中有食物时不应谈话。席间不抽烟,除非女主人请大家抽烟;席间不得解开衣扣,即使很热也不脱外衣;家宴席间若女主人请客人宽衣,男宾可脱下外套挂在椅背上。席间、饭后,不要当着大家的面剔牙,不要边走边剔牙,不得已剔牙时,要用手或餐巾遮口。

使用刀、叉时注意不要碰击盘子;吃东西时不要咂嘴,以免发出怪声;不要伸舌、舔嘴。喝汤和咖啡时不用嘴啜,以免发出声响;汤和咖啡太热,可待稍凉后再饮,可用匙轻轻搅,但不能直接用嘴吹;喝汤不能就着盆喝,而要用匙,但喝咖啡时不用匙,而是直接喝,小匙只用来搅拌咖啡让糖溶化。席间饮料自取;席间可敬酒、祝酒,但不劝酒,更不要强行灌酒。

正式宴会由侍者布菜,不要拒绝送来的菜,实在不爱吃的菜尝一两口后可将其留在盘中;若自己取菜,待侍者走到左边时方可取菜,最好各样菜都取一点,以使主人高兴。家宴时,食物一般自取;主人送上的菜,即使不喜欢也不要坚决拒绝。冷餐会上,自取的食物不宜过多,吃完后可再取。

席间碰翻酒水、打碎餐具、掉落餐具时,不要手忙脚乱,也不要自己处理,而应让侍者来收拾、掉换餐具,但要对邻座说声"对不起"。

西餐桌上的食物一般都使用刀、叉进食,但小萝卜、青果、水果、点心、炸土豆片、鸡腿及面包等可用手取食。

席间、饭后,不要忘记赞美酒菜、点心,特别对主人亲自做的菜点更要赞美几句。

女士不要在餐桌上化妆,饭后需化妆时应去洗手间。

导游员以翻译身份赴宴时,要注意以下几点:不得喧宾夺主,不要向客人祝酒,不随意为客人布菜;嘴里不要放过大、过多、带刺的食物,要时刻准备翻译。

(四)与异性交往的礼节

1. "女士优先"原则

西方国家,尤其在社交场合,处处显示着"女士优先"原则,男性导游员在与外国旅游者交往时应尊重这一习惯,注意必要的礼节。

过道上相遇,男士为女士让道;在人行道上行走,男士应走在外侧;男女同行,男士一般应落后女士半步。

男士为女士开门,然后站立一旁,让女士先进(出)门;上车、上楼梯、女先男后;下车、下楼梯,男先女后,以便必要时男士帮女士一把。

进餐厅、戏院,男士前导,并为女士找好座位;在餐厅,让女士坐在最好的位置并帮其入座,让其先点菜。

女士掉了东西,男士应帮助女士捡起来。

抽烟时,若有女士在场,应征得女士同意。

2. 男士应显出"绅士"风度

在女士面前,男士要充满自信,彬彬有礼,相处坦然。

与女士交谈,男士应注意,不过分亲昵,也不过分冷淡;不过分殷勤,也不过分拘谨;不轻浮,但也不可太严肃;不与女士开过多的玩笑,不说挑逗性的话,不与其无休止地攀谈,不谈及她们的隐私。

男士赞美女士时态度要诚恳,溢美之词要适当,过多的高级形容词有时反而会使女士产生被讽刺的感觉。

不要过多地赞赏女士的外表美,称赞她们的内在美可能会取得意想不到的效果。

注意不要在女士的面前赞美另一名女士。

送女士礼物,最好能了解她的爱好和需要,若能投其所好,效果最佳。

不要随便送女性物品和香水等化妆品。

注意不要随意送红玫瑰给女士。

3. 对待异性纠缠的态度

对于异性的纠缠,一定要坦然、大方、正气凛然、进退有度、言行有分寸。在相处的过程中,不单独去异性房间,不单独与异性相处,就可避免很多麻烦。

对异性的挑逗及非礼要求,要委婉,但明确地表示拒绝,并设法找借口避开,必要时应采取断然的措施。

第八节　其他知识

一、躲避天灾知识

大自然在养育了人类的同时,也会给人类带来很大的灾难,如海啸、地震、泥石流、火山爆发、龙卷风、台风、洪水、暴雨等自然灾害。如果旅游中遇到这些类别的自然灾害,导游员必须当机立断,迅速采取有效措施,使旅游者能安全躲避,或尽快逃离现场。

(一)躲避地震

地震时,在震中区,从地震发生到房屋倒塌,一般只有十几秒钟的时间,作为个人,应保持冷静,作出正确的抉择。假如你在平房,应当充分利用这十几秒时间跑出屋外,来不及跑时可迅速躲到桌下、床下及紧挨墙根下和坚固的家具旁,趴在地上,闭目,用鼻子呼吸,保护要害,并用毛巾或衣物捂住口鼻,以隔挡呛人的灰尘。正在用火时,应随手关掉煤气开关或电开关,然后迅速躲避。在楼房,应迅速远离外墙及其门窗,可选择厨房、浴室、厕所、楼梯间等开间小而不易塌落的空间避震,千万不要外逃或从楼上跳下,也不能使用电梯。在户外要避开高大建筑物,要远离高压线及石化、化学、煤气等有毒的工厂或设施。在过桥时应紧紧抓住桥栏杆,待主震发生后即向桥头移动,正在行驶的车辆应紧急刹车。在工作间应迅速关掉电源闸门开关,然后就近选择机器、设备、办公家具等事先建立的"安全岛"内避震,并防止次生灾害的发生。在公共场所,如车站、剧院、教室、商店、候车室、地铁等场所的人员,切忌乱逃,要保持冷静,就地择物(排椅、柜架等物)躲避,伏而待定,然后听从指挥,有序撤离。在有毒气的化工厂区域内,要朝污染源的上风处跑,以免中毒。

(二)躲避滑坡和泥石流

1. 滑坡

当遇到滑坡发生时,至少应该做到以下几点:

当处在滑坡体上时,首先应保持冷静,不能慌乱。慌乱不仅浪费时间,而且极可能作出错误的决定。要迅速环顾四周,向比较安全的地段撤离。一般除高速滑坡外,只要行动迅速,都有可能跑离危险区段。跑离时,以向两侧跑为最佳方向。在向下滑动的山坡中,向上或向下跑是很危险的。当遇到无法跑离的高速滑坡时,更不能慌乱,在一定条件下,如滑坡呈整体滑动时,原地不动,或抱住大树等物,不失为一种有效的自救措施;当处于非滑坡区,而发现可疑的滑坡活动时,应立即报告邻近的村、乡、县等有关政府或单位。立即组织有关政府、单位、部队、专家及当地群众参加抢险救灾活动;政府部门应立即实施应急措施(或计划),迅速组织群众撤离危险区及可能的影响区。通知邻近的河谷、山沟中的人们做好撤离准备,密切注视灾情的蔓延和转化。

2. 泥石流

泥石流的爆发历时短、成灾快,预测难度极大,且洪水夹带着沙石,给多数途经之处造成毁灭性的灾害。

泥石流出现的征兆主要表现为:当河沟、河床中正常的水流突然断流或突然增大,并加有较多的柴草、树木,就可以确认上游已形成泥石流;当河谷深处突然变得昏暗,并伴有轰鸣声或轻微的震动,说明上游已发生泥石流;听到从深处或河沟内传来类似火车轰鸣声或闷雷般的声音,也可以认定泥石流已经形成。

当泥石流发生时,必须遵循泥石流的规律,采取应急措施。泥石流与滑坡、崩塌的不同之处就是流动。泥石流不仅能够流动,而且它的搬运能力、浮托能力还非常强大,远非流水所能比拟。当遇到泥石流发生时,应迅速组织旅游者离开危险地段。躲避时应带领旅游者向山坡两边坚固的高地或连成片的石地快跑,不要在山坡下的房屋、电线杆、池塘、河边等地停留;要尽量沿着与泥石流流向垂直的方向逃离现场,切记不能顺沟向上或向下跑动;不要在土质松软、坡体不稳定的斜坡停留;组织旅游者躲避、快跑时要提醒旅游者先扔掉一切影响速度的物品;到达安全地带后,要立即与组团社或当地有关部门取得联系,汇报情况,请求援助。

导游员平时应特别关注天气预报,如果行程中有泥石流的多发区,遇有大雨或连续阴雨天时,到山区旅游应提前与旅行社取得联系,改变日程或行程。同时,导游员应注意不要在暴雨刚停止时带团出行。

(三) 躲避火山爆发

火山在喷发之前常常活动增加,伴有隆隆声和蒸汽与气体的溢出,硫黄味从当地河流中就可闻到。刺激性的酸雨、很大的隆隆声或从火山上冒出的缕缕蒸汽是警告的信号。驾车逃离时要记住,火山灰可使路面打滑。不要走峡谷路线,它可能会变成火山泥流经过的道路。另外,还要注意以下几点:

1. 应对熔岩危害

在火山的各种危害中,熔岩流可能对生命的威胁最小,因为人们能跑出熔岩流的路线。

2. 应对喷射物危害

如果从靠近火山喷发处逃离时，建筑工人使用的那种坚硬的头盔、摩托车手头盔或骑马者头盔将给予你一定的保护。在更广阔的区域，逃离也许没有必要。

3. 应对火山灰危害

戴上护目镜、通气管面罩或滑雪镜能保护眼睛——但不是太阳镜。用一块湿布护住嘴和鼻子，或者如果可能，用工业防毒面具。到庇护所后，脱去衣服，彻底洗净暴露在外的皮肤，用干净水冲洗眼睛。

4. 应对气体球状物危害

如果附近没有坚实的地下建筑物，唯一的存活机会可能就是跳入水中；屏住呼吸半分钟左右，球状物就会滚过去。

二、摄氏、华氏换算

温度的测算标准有两种：摄氏℃和华氏°F，在我国，习惯于以摄氏测算温度。二者间的换算公式如下：

摄氏 = 5/9(°F – 32)

例如：将华氏 90 度换算成摄氏度数

5/9(90 – 32) = 5/9 × 58 = 32.2

即：华氏°F = ℃ × 9/5 + 32

例如，将摄氏 30 度换算成华氏度数

30 × 9/5 + 32 = 58 + 32 = 86

即：摄氏 30 度等于华氏 86 度

三、度量衡换算

（一）长度换算

1 千米(公里) = 2 市里 = 0.6214 英里

1 海里 = 3.704 市里 = 1.15 英里 ≈ 1.85 公里

1 米 = 1 公尺 = 3 市尺 = 3.2808 英尺 = 1.0936 码

1 市尺 = 12 英寸 = 0.3333 米 = 1.0936 英尺

（二）容积换算

1 升 = 1 公升 = 1 立升 = 1.7598 品脱(英) = 0.2200 加仑(英)

1 加仑(英) = 4 夸脱 = 4.5461 升

（三）质量换算

1 千克 = 2 市斤 = 2.2046 磅

1 磅 = 0.4536 千克 = 16 盎司 = 0.9072 市斤

1 克拉(宝石)=0.2 克

1 盎司=28.3495 克=0.5670 市两

(四)面积换算

1 平方千米(平方公里)=1 000 000 平方米=0.3681 平方英里=100 公顷=4 平方市里

1 平方英里=640 英亩=2.5900 平方公里=10.3600 平方市里

1 公顷=10 000 平方米=100 公亩=15 市亩=2.4711 英亩

本章小结

本章对导游服务中导游员应知应会的一些常识进行了阐述。导游员应该清楚入出一个主权国家的有关手续及应持有的证件;外出旅游时,乘坐不同的交通工具如飞机、火车、轮船等的一些相应规定;清楚旅行中如何正确拨打国际、国内长途电话及办理邮寄手续;熟悉相关的外汇及保险知识;为保护旅游者安全,保证旅游活动顺利进行,导游员还必须掌握必备的卫生救护知识和应急处理常识;由于导游服务的社会性,导游员还应了解社交活动中各种礼节、礼仪的常识,在交往中尊重旅游者,有礼、有节;最后,导游员还需要了解一些天灾躲避知识、摄氏、华氏换算和度量衡知识。

案例分析

侨居美国的张先生回中国内地探亲旅游,用美元换了 3 万元人民币,但直至他临回美国前还剩下 1.5 万元人民币没有用完。张先生询问饭店的外币兑换处,回答可以再换成美元,但要出示"外汇兑换证明"(俗称"水单"),但张先生以为水单没用,早就扔了,结果钱没换成,张先生决定将这 1.5 万人民币带回美国,下次回国时再花。可是,在海关申报携带出境的钱款时,海关工作人员告诉他,其中一部分人民币不准出境,可以留在海关,下次来华时再取回。

请分析原因。外汇兑换人民币,张先生应如何正确处理?

思考与练习

1. 填空题

(1)护照可以分为_____、_____和_____。

(2)止血的常用方法有_____、_____和_____。

(3)骨折的处理方法包括_____、_____和上夹板。

2. 选择题

（1）见面礼中的鞠躬礼源自_____。

  A. 日本   B. 韩国

  C. 中国   D. 朝鲜

（2）乘坐国际航班需进行座位再证实,应提前_____。

  A. 24 小时   B. 48 小时

  C. 12 小时   D. 72 小时

3. 思考题

（1）一名美籍华人进入中国内地时要出示哪些有效证件,办理哪些手续?

（2）购买机票与火车票、船票有哪些差异?两岁以下婴儿随父母旅游是否乘坐交通工具均免费?

（3）什么是外汇?外汇包括哪些类型?

（4）一名旅游者突发心脏病,导游员应该如何进行急救?

附录一

2010 年河南省(全国)导游人员资格考试

《导游综合知识》试题

说明:本试题只选取了涉及导游业务的内容。

一、判断题(判断下列各题的说法是否正确,并在答题卡中相应格内填涂。每小题0.2分,共6分)

1. 导游活动作为一种服务形态,产生的历史并不长,是近代社会的产物。
2. 导游服务三要素是由思想、知识、服务技能所构成,缺一不可。
3. 导游服务是导游人员接待或陪同游客旅行、游览,按照组团合同或约定的内容和标准向其提供的其他接待服务。
4. 中国第一代导游人员最早出现于1923年8月,上海商业储备银行的旅游部组建之时。
5. 导游服务作为旅游服务的一部分已成为旅游产品价值实现的主要环节,构成了旅游产品的重要内容。
6. 导游人员应按接待计划安排和落实游客旅游过程中食、住、行、游、购、娱等基本活动,但没有责任满足游客随时提出的各种个别要求。
7. 规范化服务是为达到某一服务标准而要求从事该项服务的人员必须在规定时间内按标准对游客在旅游过程中提出的合理要求提供的个别服务。
8. 旅游公平交易权,是指游客有权自行选择从事旅游经营的企业、旅游线路、旅游项目和服务等级等,不受任何部门、企业和个人的干预。
9. 由于现场导游情况复杂多变,所以通过形象、直观、生动的图文声像导游方式可以妥善地进行处理。

10. 导游服务是一种商业性服务,同时又是一种文化传播活动,因此,导游服务具有双重功能,即创造经济效益和产生社会效益。但相比之下,导游人员在进行导游服务过程中,应将追求经济效益放在更重要的地位。

11. 导游人员按照业务范围的不同,划分为专职导游人员、兼职导游人员和自由职业导游人员。

12. 导游工作是一种服务工作,服务性是导游工作的基本属性,它是通过导游人员向游客提供劳务而体现的,属于非生产性劳动。

13. 导游人员进入导游角色快,并且能始终保持不受未来因素的影响。面对游客,导游人员绝不把个人情绪带到导游工作中去。这是导游人员头脑冷静的表现。

14. 仪容、仪表和仪态表现的是导游人员的外部特征,不是导游人员内在素质的体现。它与导游人员的文化修养、职业道德和文明程度关系不大。

15. 导游员小王6岁的儿子聪明活泼,很受游客喜爱,纷纷要求小王带他的儿子随旅游团一起活动,以活跃旅途中的气氛。小王为满足游客的要求而欣然答应。

16. 地陪导游人员在旅游团抵达前的迎接服务安排中应该做好熟悉接待计划、落实接待事宜、物质准备、语言准备等工作,这是地陪提供良好服务的重要前提。

17. 中级导游人员的概念是:获初级导游人员资格2年以上,业绩明显,经考核合格者晋升为中级导游人员。

18. 导游服务的社会性来源于旅游活动的社会性。所以导游服务本身就是一种社会服务。

19. 不同类型的导游人员,虽然他们的工作各有侧重,但是他们的具体职责却是相同的。

20. 在入出境旅游中,全陪是客源地组团旅行社的代表,代表组团社执行旅游接待计划。

21. 政策法规知识是导游人员应具备的知识。因为导游人员在导游讲解和回答游客对有关问题的问询或同游客讨论有关问题时,必须以旅游接待计划书中规定的内容作指导。

22. 旅游团离开各地之前,全陪应做的离站服务工作之一是提醒领队妥善保管票证。

23. 旅行社为散客提供的旅游服务主要有旅游咨询服务、自助委托服务和全包价旅游服务三种类型。

24. 华侨回国旅游时,若丢失护照和签证,需持旅行社开具的遗失证明到该华侨侨居国驻华领馆挂失并办理新护照,再持新护照到我国公安机关办理入境签证手续。

25. 为满足游客的要求,当游客请导游人员代为购买商品并托运时,导游人员不应推托,并应该认真办理委托事宜。

26.旅游团的活动日程及在各地的参观游览内容都已明确规定在旅游协议书上,并在旅游团抵达前已经安排好,所以旅游团抵达后,是否核对、商定日程已不重要。

27.游客在景点游览过程中,地陪导游讲解服务主要包含交代游览注意事项、游览中的导游讲解和注重游客的安全三项内容。

28.根据地陪服务程序,地陪在餐饮服务中提供的服务整体上可以分为餐前服务和餐后服务两部分。

29.对于乘飞机离境的旅游团,地陪应提醒或协助领队提前48小时确认机票。

30.漏接,是指旅游团推迟抵达某站,导游人员按原计划去接站而未能接到旅游团现象。漏接的原因很多,并不都是导游人员的责任。

二、单项选择题(下列各题给出的答案只有一个是正确的,请将正确答案填涂在答题卡上相应题号中,每小题0.5分,共24分)

1.第一家商业性旅行社是托马斯·库克于_____年在英国的莱斯特创办的。

A.1841　　　　　　B.1845　　　　　　C.1846　　　　　　D.1855

2.下列关于导游服务性质的归纳完全正确的一组是_____。

A.独立性 服务性 经济性 多样性 社会性

B.独立性 社会性 复杂性 文化性 涉外性

C.社会性 复杂性 经济性 服务性 文化性

D.社会性 服务性 文化性 经济性 涉外性

3.以下各原则中,既是导游人员做好服务工作遵循的基本原则,又是导游人员在处理个别要求时应遵循的原则是_____。

A.合理而可能的原则　　　　　　B.经济效益和社会效益相结合的原则

C.维护游客合法权益的原则　　　D.尊重旅游者、不卑不亢的原则

4.牡丹花会期间,某旅行社在接待一个洛阳二日游旅游团时,所提供下榻饭店的条件低于合同规定标准,游客提出意见时,旅行社以旅游旺季订不到饭店为由拒绝掉换。该旅行社的做法侵害了游客应该享有的_____。

A.旅游自由权　　　　　　　　B.旅游服务自主权

C.旅游获知权　　　　　　　　D.依约享受旅游服务权

5.地陪带团过程中,到机场迎接旅游团队、参观游览出发前到达集合地点、到机场送旅游团出境,应提前到达的时间分别为_____。

A.30分钟 20分钟 60分钟　　　B.20分钟 30分钟 120分钟

C.30分钟 10分钟 90分钟　　　D.30分钟 20分钟 120分钟

6. 郑州绿博会是中国第二届绿化博览会,由全国各省市和全国绿化模范区共同建设、面积达 196 公顷的绿博园永久留在了郑州市,成为河南省一个新的生态旅游景点。下列关于郑州绿博园动工建设、竣工落成、绿博会举办时间完全正确的一组是_____。

A. 2008 年 8 月 26 日 2009 年 9 月 25 日 2009 年 9 月 26 日~10 月 5 日
B. 2008 年 8 月 26 日 2010 年 9 月 25 日 2010 年 9 月 26 日~10 月 5 日
C. 2009 年 8 月 26 日 2010 年 9 月 25 日 2010 年 9 月 26 日~10 月 5 日
D. 2008 年 12 月 26 日 2010 年 9 月 25 日 2010 年 9 月 26 日~10 月 5 日

7. 以下导游服务在旅游接待所起的作用中,完全正确的一组是_____。
A. 纽带作用 保障作用 扩散作用 标志作用
B. 纽带作用 关联作用 扩散作用 反馈作用
C. 纽带作用 标志作用 扩散作用 反馈作用
D. 纽带作用 监督作用 反馈作用 标志作用

8. 以下导游人员的职责中属于领队职责的是_____。
A. 实施旅游接待计划　　　　　B. 组织和团结工作
C. 做好接待工作　　　　　　　C. 导游讲解

9. 体现导游服务具有复杂多变特点的几个方面不包括_____。
A. 服务对象复杂　　　　　　　B. 游客需求多种多样
C. 人际关系复杂　　　　　　　D. 脑体高度结合

10. 取得导游人员资格证书需要的条件是:具有高中、中等专业学校或以上学历,身体健康,具有适应导游需要的_____中国公民,经考试合格的,由相关旅游行政部门办理导游人员资格证书。
A. 基本知识和语言表达能力　　B. 基本知识和独立工作能力
C. 基本知识和历史知识　　　　D. 基本知识和语言知识

11. 地陪所代表的旅行社是指接受_____的委托,按照接待计划委派地方陪同导游人员负责组织安排旅游团(者)在当地参观游览等活动的旅行社。
A. 旅游团(者)　　　　　　　　B. 海外旅行社
C. 组团旅行社　　　　　　　　D. 接待旅行社

12. 某地导游张某带团时,因游客不愿购物而恶语伤人。张某的行为违反了导游人员行为规范中_____的守则。
A. 不能营私舞弊、假公济私　　B. 照章办事、请示回报
C. 不能欺骗、胁迫游客消费　　C. 不得以明示或暗示方式索要小费

13. 地陪应在旅游团_____,与各有关部门或人员一起落实、检查旅游团的交通、食宿、行李、运输等事宜。

A. 抵达的前两天　　　　　　　B. 抵达的前一天
C. 即将抵达时　　　　　　　　D. 抵达后

14. 一名合格的导游人员应该掌握美学知识。下列原因中完全正确的一组是_____。

A. 游客要享受美 导游人员应传播美 导游人员本身是游客的审美对象
B. 游客要享受美 导游人员天生美丽 游客会审美不必导游人员传播
C. 游客要求知 导游人员应传播知识 导游人员不是游客的审美对象
D. 游客要享受美 导游人员不必会审美 导游人员本身是审美对象

15. 导游服务中做到"诚于中而形于外"，体现出导游人员_____的职业道德。

A. 爱国爱企，自尊自强　　　　B. 遵纪守法，敬业爱岗
C. 公私分明，诚实善良　　　　D. 热情大度，整洁端庄

16. 地陪小王在带团前往白云山途中，前方道路因交通事故而严重堵塞。小王为了让游客能够游玩，经征得多数游客的同意，决定不去白云山，而改道去了云台山旅游。小王处理这一突发事件的不妥之处是_____。

A. 未征得团内所有游客的同意　　B. 未立即报告旅行社
C. 未征得团里少数游客的同意　　D. 擅自减少旅游项目

17. 地陪接到应接的旅游团后，首先应该_____。

A. 问候游客　　　　　　　　　B. 致欢迎词
C. 集中清点行李　　　　　　　D. 核实实到人数

18. 欢迎词的内容一般应包括_____。

A. 自我介绍、表达愿望、征求意见、预祝顺利、美好祝愿
B. 自我介绍、介绍司机、表达愿望、表示歉意、美好祝愿
C. 表示欢迎、自我介绍、介绍司机、表达愿望、预祝顺利
D. 表示欢迎、自我介绍、感谢合作、表达愿望、美好祝愿

19. 乘坐火车旅行，儿童、外交人员、其他旅客可以免费携带行李的重量分别是_____。

A. 10千克 35千克 20千克　　　B. 20千克 60千克 40千克
C. 10千克 20千克 30千克　　　D. 15千克 30千克 20千克

20. 地陪迎候旅游团时所持的接站牌上，应该包括的内容有_____。

A. 团名 团号　　　　　　　　B. 团名 团号 领队或全陪姓名
C. 国别 团名 团号　　　　　　D. 领队或全陪姓名

21. 下列均属于市场遗产项目的一组是_____。

A. 龙门石窟 少林寺 安阳殷墟　　B. 龙门石窟 开封龙亭

C. 龙门石窟 伏牛山 安阳殷墟　　　　D. 龙门石窟 云台山 安阳殷墟

22. 地陪所做的三种形式的沿途导游,内容各不相同。与"重申当日安排、风光导游、介绍游览景点及活跃气氛";"介绍当地风光,风情及下榻饭店";"回顾当天活动、风光导游、宣布次日活动日程"所指沿途导游顺序相对应的一组是_____。

　　A. 首次沿途导游 途中导游 返程导游
　　B. 返程导游 首次沿途导游 途中导游
　　C. 返程导游 途中导游 首次沿途导游
　　D. 途中导游 首次沿途导游 返程导游

23. 旅游团抵达饭店后,负责分发住房卡的导游人员是_____。
　　A. 地陪　　　　　　　　　　　B. 全陪
　　C. 领队　　　　　　　　　　　D. 地陪和领队

24. 地陪向游客讲明游览路线、所需时间、集合时间和地点等注意事项地点应该是在_____。
　　A. 抵达景点前　　　　　　　　B. 抵达景点下车前
　　C. 景点示意图前　　　　　　　D. 景点出口处

25. 地陪带团购物时,对商店不按质论价、销售伪劣商品、提供的服务差等情况,地陪应向_____反映,以维护游客的利益。
　　A. 旅行社　　　　　　　　　　B. 商店负责人
　　C. 旅游质量监督所　　　　　　D. 工商局

26. 在核对商定日程时,当游客要求增加的新项目需要加收费用时,应由_____,按有关规定收取费用。
　　A. 全陪向领队或地陪讲明　　　B. 全陪向领队或游客讲明
　　C. 地陪向领队或全陪讲明　　　D. 地陪向领队或游客讲明

27. 在参观游览出发前,若发现有游客未到,地陪以下做法中不正确的是_____。
　　A. 征求领队同意即可出发　　　B. 设法及时找到游客
　　C. 向领队和游客问明原因　　　D. 问清情况妥善安排

28. 旅游团离开本地的前一天,地陪应该核实旅游团离开的交通票据。通常地陪要进行的四核实是指_____的核实。
　　A. 旅游团国别 旅游团名称 旅游者人数 团队代号
　　B、计划时间 时刻表时间 票面时间 问询时间
　　C. 计划时间 票面时间 出行李时间 出发时间
　　D. 计划时间 票面时间 问询时间 送站时间

29. 领队小陈带团到泰国旅游,与当地导游人员商定日程时发现对方将原行程

进行了修改。此时小陈应坚持_____的原则。

A. 客随主便　　　　　　　　B. 为与对方搞好关系,默认

C. 调整顺序可以,减少项目不行　　D. 一切照原计划进行

30. 民航规定,旅客在航班规定离站时间 24 小时以内,2 小时以前申请退票,所收取的手续费为票价的_____。

A. 5%　　　　B. 10%　　　　C. 20%　　　　D. 50%

31. "鸡公山因其整个山势宛如一只昂首展翅、引颈啼鸣的雄鸡而得名。"这里采用了什么修辞手法帮助表达?_____。

A. 比喻　　　B. 比拟　　　C. 夸张　　　D. 映衬

32. 导游小王在带团到陆浑水库旅游时,下榻于湖边的酒店。一位游客找到小王,说所住的房间看不到湖面,要求掉换朝向湖水一侧的房间。小王以下做法中,不妥当的是_____。

A. 与饭店协商尽量予以满足　　B. 请领队在内部调整

C. 以饭店不同意为由马上拒绝　　D. 无法掉换时耐心解释并致歉

33. 以旅游团到达郑州后恰逢郑州正在举办国际武术节,晚上有大型娱乐活动。游客提出自费参加晚上的娱乐活动,导游人员应该_____。

A. 以人多不安全为由拒绝　　B. 帮助购票,安排出租车

C. 必须陪同前往　　　　　　D. 耐心解释,婉言拒绝

34. 旅游团游客王女士在某家商店看中一件服装,当时犹豫未决,回到饭店后又找到小王说还是想去购买那件服装,请小王协助。小王下列做法中,不妥当的是_____。

A. 积极协助　　　　　　　　B. 写便条请王女士租车前往

C. 时间许可时陪同前往　　　　D. 以没有时间为由拒绝

35. 以旅游团在信阳南湾湖景区游览时,团内有两名游客提出想自己划小船在湖上泛舟,导游人员此时应该_____。

A. 可以答应其要求　　　　　B. 为保证游客安全可陪同划船

C. 婉言拒绝,耐心解释说明原因　　D. 让游客出具自愿证明便可同意

36. 关于综合服务费退还的要求,以下说法中正确的是_____。

A. 旅游者要求单独用餐,未享受的综合服务费退还本人

B. 旅游者无故离团,未享受的综合服务费退还本人

C. 旅游者自费品尝风味餐,未享受的综合服务费退还本人

D. 旅游者因病住院,未享受的综合服务费按规定退还本人

37. 全陪应该做好的联络工作中不包括_____之间的联络、协调工作。

A. 领队与地陪　　　　　　　B. 旅游者与旅游者

C. 旅游者与地陪　　　　　　　　D. 旅游线路各站之间

38. 导游人员小潘受旅行社委派,为乘飞机来河南旅游的一对美国夫妇提供接站服务、导游服务和送站服务。小潘应提前到达机场的时间、出发前提前抵达集合地点的时间、提前到达机场送客人离境的时间,正确的一组是_____。

　A. 15 分钟 20 分钟 90 分钟　　　B. 15 分钟 20 分钟 120 分钟
　C. 20 分钟 20 分钟 120 分钟　　D. 20 分钟 15 分钟 120 分钟

39. 导游语言运用的原则是_____。

　A. 恰当 清楚 正确 灵活　　　　B. 准确 清楚 生动 灵活
　C. 准确 生动 灵活 夸张　　　　D. 清楚 生动 正确 幽默

40. 在处理旅游者的个别要求时,面对旅游者的苛求和挑剔,导游人员应该做到_____。

　A. 认真倾听 微笑对待 耐心解释　　B. 微笑对待 认真辩解 予以拒绝
　C. 认真倾听 严肃对待 婉言拒绝　　D. 沉重接待 耐心解释 分清是非

41. 一旅游团在 2010 年春节期间来安阳旅游,团内游客都特别想参观曹操高陵,但因其正处于考古挖掘期,不对外开放,游客都非常遗憾。导游员这时应采取_____的讲解方法,尽力调整游客的情绪。

　A. 补偿法　　　B. 暗示法　　　C. 分析说服法　　D. 转移注意力法

42. 导游人员要想把握好导游过程的节奏,以下方面中需要避免的是_____。

　A. 自始至终都保持高潮状态　　　B. 游览行进速度有缓有急
　C. 导游讲解节奏快慢有度　　　　D. 有张有弛、劳逸结合

43. 在景区游览发生游客走失情况时,导游人员采取的以下措施中不正确的是_____。

　A. 地陪立即带领游客寻找　　　　B. 立即由全陪和领队分头寻找
　C. 向景区管理部门求助　　　　　D. 询问饭店游客是否自行返回

44. 导游服务集体协作共事、建立良好合作关系的法律基础是_____。

　A. 平等互利、互守信用　　　　　B. 相互体谅、共同努力
　C. 执行签订的旅游协议　　　　　D. 根本利益一致

45. 旅游者不遵守团队纪律,对导游人员提出过高的甚至是不友好的要求,从旅游心理学角度分析,主要表现为_____的心理特征。

　A. 游览初期求安全心理　　　　　B. 游览中间阶段懒散和求全心理
　C. 游览中间阶段求新求异心理　　D. 游览结束阶段忙于个人事物

46. 虚实结合法里的"实"是指_____。

　A. 实体、史实、实物、传说　　　B. 实体、史实、成因、逸事

C. 实体、实物、史实、成因　　　　D. 实体、实物、逸事、传说

47. 美国的杰克夫妇带着两个儿子来中国旅游,大儿子5岁身高1.4米,小儿子1岁半身高不到1米。他们由北京乘飞机到西安看兵马俑,单张全票价为1000元,由西安乘坐高铁到郑州游览少林寺,单张全票价为400元。他们共支付交通费_____。

　　A. 3500元　　　B. 3600元　　　C. 3800元　　　D. 4000元

48. 导游员小李在带团游览安阳殷墟时,向游客介绍了殷墟闻名于世的三个重要因素:甲骨文、青铜器和都城,并介绍了甲骨文是中国最早的文字,司母戊大方鼎是迄今为止世界上所发掘的最大的一件青铜器等。这样的讲解方法属于_____。

　　A. 制造悬念法　　B. 虚实结合法　　C. 触景生情　　D. 突出重点法

三、多项选择题(下列各题给出的答案至少有两个是正确的,请将正确答案填涂在答题卡上相应题号中,少选、多选、错选均不得分,每小题0.5分,共15分)

1. 下列各项中属于导游人员职业行为规范的是_____。
　　A. 忠于祖国,内外有别　　　　B. 照章办事,请示汇报
　　C. 一视同仁,不卑不亢　　　　D. 注意小节,不失人格
　　E. 游而不导,本位主义

2. 地陪在接团前应该有针对性地进行语言和知识的准备,内容主要包括_____。
　　A. 形象准备　　　　　　　　　B. 参观游览项目的翻译,重点讲解内容
　　C. 热门话题、重大新闻等话题　　D. 专业团队的相关专业知识、词汇
　　E. 准备面临艰苦复杂的工作

3. 地陪送乘坐国际航班出境的旅游团,在办理以下离站手续时,不正确的是_____。
　　A. 移交行李　　　　　　　　　B. 向游客介绍出境手续的办理
　　C. 移交交通票据和行李卡　　　D. 旅游团进入隔离区后离开
　　E. 飞机驶离后离开

4. 全陪小刘带团在我国中部地区旅游,小刘在各站服务的主要内容有_____。
　　A. 向地陪通报情况并协助工作　　B. 监督各地服务质量
　　C. 境外旅游服务　　　　　　　D. 做好联络工作
　　E. 保护游客安全,预防和处理问题

5. 景区景点导游人员在讲解过程中应做到_____。
　　A. 带领游客按游览路线进行分段讲解

B. 讲解视游客类型、文化层次和兴趣爱好不同有所侧重

C. 结合有关景物宣传环境、生态系统或文物保护知识

D. 讲解照本宣科

E. 解答游客问询、注意游客的动向和安全

6. 导游服务的经济性主要表现在_____。

A. 直接创收　　　　　　　　B. 促进文化交流

C. 促进经济交流　　　　　　D. 促销商品

E. 扩大客源间接创收

7. 以下导游人员的职责中不属于全陪职责的是_____。

A. 实施旅游接待计划　　　　B. 联络工作

C. 宣传调研　　　　　　　　D. 导游讲解

E. 做好接待工作

8. 导游人员应具备的独立工作能力主要表现在_____等方面。

A. 组织协调能力　　　　　　B. 独立执行政策和宣传讲解能力

C. 善于与人打交道能力　　　D. 高尚的情操

E. 分析、解决问题能力

9. 我国导游人员良好的思想品德主要应表现在_____。

A. 热爱祖国,热爱当地　　　B. 热爱本职工作,尽职敬业

C. 强烈的国际主义意识　　　D. 道德品质优秀,情操高尚

E. 严于律己,遵纪守法

10. 导游服务需要的主要是智力技能,其表现主要为_____。

A. 带团技能　　　　　　　　B. 安排旅游活动的技能

C. 导演技能　　　　　　　　D. 生动讲解、回答问题的技能

E. 处理意外事故的应急技能和处理各种问题的技能

11. 对话式是导游人员与游客之间的双向传递方式,其特点是_____。

A. 目的性强　　　　　　　　B. 表达充分完整

C. 应变性　　　　　　　　　D. 依赖性

E. 反馈及时

12. 地陪小刘带旅游团入住饭店后,一位游客找到小刘,说没有拿到行李,此时,小刘应采取的措施是_____。

A. 与上一站旅行社联系积极寻找

B. 与全陪、领队一起在本团成员所住房间寻找

C. 如找不到,迅速与饭店行李科联系请其设法查寻

D. 如饭店行李部门人员仍未找到,应向旅行社汇报

E. 带失主到失物登记处办理行李丢失和认领手续

13. 因气温骤降,旅游团中一位游客受凉感冒,导游小张应该_____。

　　A. 劝游客及早就医并休息　　　B. 如有需要,应陪同患者前往医院就医

　　C. 关心游客病情并为其付医疗费　D. 向游客讲清看病费用自理

　　E. 将自己的感冒药给患者服用

14. 为防止发生交通事故,导游人员应做到_____。

　　A. 安排日程时间上留有余地

　　B. 提醒司机谨慎驾驶,不催促其违章超车和超速行驶

　　C. 遇司机酒后开车,立即阻止并代司机开车

　　D. 阻止非本车司机开车,提醒司机不要饮酒

　　E. 提醒司机经常检查车辆

15. 游客因食用变质或不洁食物发生食物中毒,其特点是_____。

　　A. 潜伏期长,发病慢　　　　　B. 潜伏期短,发病快

　　C. 常集体发病　　　　　　　　D. 多为个别发病

　　E. 没有生命危险

16. 导游人员小杨按规定时间提前到达机场接从北京来的王先生,但是航班按时抵达后,却未能接到王先生。此时,小杨应该_____。

　　A. 询问机场工作人员,确认游客已经全部进港

　　B. 与司机配合至少寻找20分钟

　　C. 与计调部门联系,报告情况,进行核实

　　D. 确认迎接无望时,与司机离开机场

　　E. 确认迎接无望时,经旅行社同意后离开机场

17. 导游员小李在接到游客之后发现自己接错了团,这时小李应该采取的正确做法是_____。

　　A. 不必报告旅行社,自己查明情况

　　B. 若错接本旅行社的团时,地陪可不交换,交换接待计划

　　C. 若错接另一个旅行社的团时,必须交换旅游团

　　D. 若错接本社的团,但其中一导游员是地陪兼全陪时,可不交换旅游团

　　E. 如其他人员非法接走,向领导汇报或向省、市旅游局举报

18. 我国的107国道公路编号中第一位"1"表示_____。

　　A. 该公路的国道类别　　　　　B. 该公路在我国版图内是东西走向

　　C. 该公路在我国版图内是南北走向　D. 该公路在国道中的排列顺序

　　E. 该公路以首都北京为中心

19. 为防止发生治安事故,导游人员应采取的有效措施为_____。

A. 提醒游客不要将房号随便告诉陌生人
B. 住进饭店后建议游客将贵重物品存入保险箱
C. 离开饭店后提醒游客将贵重物品随身携带,下车后提醒司机锁好门窗
D. 旅游活动中注意观察周围环境并经常清点人数
E. 汽车行驶途中不让无关人员上车

20. 一旦发生治安事故,导游人员应做好如下工作_____。
    A. 保护游客的人身、财产安全　　B. 立即报警并及时向领导汇报
    C. 如果有游客受伤立即送回饭店　　D. 稳定游客的情绪
    E. 写出书面报告,协助领导做好善后工作

21. 导游人员的着装应遵循"YPO"原则,即是指人们对穿着打扮要兼顾_____,并与之相适应。
    A. 时间　　　　　　　　　　　　B. 色彩
    C. 地点　　　　　　　　　　　　D. 款式
    E. 场合

22. 引导游客观赏景物的方法很多,下列属于静态观赏的是_____。
    A. 苏堤漫步　　　　　　　　　　B. 董寨观鸟
    C. 云台观瀑　　　　　　　　　　D. 鹳河漂流
    E. 庐山夕照

23. 在接待宗教界人士时,导游人员不仅要了解并掌握我国的宗教政策,还要_____。
    A. 做好做细准备工作　　　　　　B. 满足特殊要求
    C. 尊重游客宗教信仰及习惯　　　D. 对对方的宗教信仰加以评论
    E. 向对方宣传"无神论"

24. 导游员小刘带旅游团到景区旅游时,因天气太热,一位游客中暑晕倒。小刘下列做法中正确的是_____。
    A. 马上背着患者送往医院　　　　B. 让患者平躺在阴凉通风处
    C. 解开衣领,放松腰带　　　　　D. 饮用含盐饮料,服用防暑药物
    E. 中暑严重时作必要治疗后送医院

25. 人际交往中,介绍有先后之别,一般是_____。
    A. 年轻者介绍给年长者　　　　　B. 男士介绍给女士
    C. 客人介绍给主任　　　　　　　D. 身份高贵介绍给身份低者
    E. 下级介绍上级

26. 地陪小王在接待一个旅游团时,团内一位游客提出希望其在河南的亲友随团一起活动,小王应该按照下列程序处理_____。

A. 先报告旅行社 B. 婉言拒绝
C. 先征求领队和其他游客意见 D. 与旅行社联系办理入团手续
E. 特殊身份婉言拒绝

27. 导游员小王接待了一个夕阳红旅游团,在带团过程中,根据老龄旅游者的生理特点,小王应提供的针对性服务主要有_____。

A. 耐心,注意细节 B. 放慢速度,预防事故
C. 区别标准 D. 关注健康,劳逸结合
E. 注意接待规格

28. 导游服务集体写作公示的方法主要有_____。

A. 主动争取各方配合 B. 交流信息,沟通思想
C. 尊重各方权益 D. 勇于承担全部责任
E. 勇于承担责任

29. 旅游者的审美动机各不相同,大体可分为_____。

A. 自然审美型 B. 社会审美型
C. 观赏节奏型 D. 生活审美型
E. 艺术审美型

30. 导游语言的生动性方面应注意把握好_____。

A. 正确 B. 把握语音语调
C. 清楚 D. 使用形象化的语言
E. 适当幽默

四、综合题(阅读下列有关材料,回答材料后所提出的问题。各题有一个或多个正确答案,请将正确答案填涂在答题卡上相应题号中,少选、多选、错选均不得分。每小题0.5分,共5分)

郑州某旅行社导游员小王负责接待一个上海旅游团,该团的日程安排是2010年7月23日、24日在洛阳栾川景区游览,25日早上赴洛阳市,上午游览龙门石窟,25日晚21时从郑州乘飞机返回上海。23日该团在栾川景区的游览非常顺利,但晚上20时起景区开始下雨,24日该团按计划冒雨继续游览景区时,却由于栾川百年一遇的特大暴雨,形成了突发的山洪,并引发泥石流,小王和全陪及景区导游员迅速组织游客离开危险地带,虽然无游客受伤,但旅游团被困在山上,小王、全陪和景区导游员带领游客在山上艰难地维持了1个多小时,待洪水变小后,才把游客带下山回到下榻饭店。同时得知,由于灾情严重,致使栾川通往外界的交通、通信中断,该团被困于栾川景区。在此期间,龙门石窟也因强降雨的影响于25日开始暂停开放景区。在当地政府的全力疏导、安置下,该旅游团终于在7月26日下午18时离开栾川,并于22时到达郑州。27日小王带领游客上午参观了河南博物院,下

午游览了黄河风景名胜区,游览结束后前往预订好的餐厅就餐。当小王带领旅游团到餐厅门口时,团内几位游客要求把预订的晚餐换成风味餐,小王向他们做了解释工作后,他们则不再坚持换成风味餐。经旅行社和小王的多方努力,该旅游团终于登上了 7 月 27 日晚上 21 时的飞机返回上海。

请根据材料和有关导游服务规范回答以下问题:

1. 为防止在山区旅游时发生危险,导游人员以下做法中正确的是_____。

A. 平时不必特别关注天气预报,只在下大雨时关注即可

B. 夏汛时节,去山区峡谷旅游前一定要注意收听当地的天气预报

C. 若行程中有泥石流多发区,遇有大雨或连续阴雨天时,到山区旅游应提前与旅行社联系改变日程或行程

D. 注意不要在下暴雨时带团出行,可在暴雨刚停止时带团出行

2. 在遇到山洪暴发时,以下做法中不正确的是_____。

A. 逃生时要提醒游客带好自己的贵重物品,以免丢失

B. 不要在土质松软、坡体不稳定的斜坡停留

C. 逃生时要提醒游客扔掉一切影响速度的物品

D. 到达安全地带后,立即与旅行社或当地有关部门取得联系,汇报情况,请求援助

3. 导游员小王在遇到山洪暴发时该如何应对才能保证本团游客的安全_____。

A. 保持镇定,不要惊慌,迅速组织游客离开危险地带

B. 不能在沟底停留,带领游客向山坡坚固的高地快跑,速度越快越安全

C. 向与山洪或泥石流同方向奔跑逃生,并尽快找到自己团队

D. 向与山洪或泥石流垂直方向奔跑逃生,并尽快找到自己团队

4. 根据导游服务程序,导游员小王在这次发生游客被困山上的时间做得不妥当之处是_____。

A. 缺乏经验,没有向游客做出预防警示

B. 夏汛时节,去山区峡谷旅游前没有注意收听当地的天气预报

C. 23 日晚持续降雨后仍带团进山游览,且没有做好能够自救的充分准备

D. 小王对当地路况不熟悉,登山没有请当地导游带路

5. 当得知与外界交通、通信联系中断的消息后,小王应该做的工作主要有_____。

A. 与外界通信联系中断,无法报告旅行社,故不必制订应变计划

B. 认真分析形势,作出正确判断,制订应变计划并设法立即报告旅行社

C. 本次是因遇到不可抗拒的自然灾害而需要变更活动日程,游客应该理解,故

不必做游客的工作

D. 做好游客的工作,安抚游客情绪

6. 在栾川停留期间,导游员小王应该采取的措施有_____。

A. 与旅行社联系,重新落实该团滞留期间的用餐、用房、用车安排

B. 与全陪和游客协商,在保证安全的前提下,适当调整或增加活动项目,努力使活动内容充实

C. 与旅行社联系,及时办理提前离开的退餐、退房、退车事宜

D. 推迟离开栾川,要及时通知下一站

7. 为做好游客的工作,导游员小王应该_____。

A. 先与全陪协商一致,在向游客实事求是说明困难,诚恳道歉,届时应改变计划,争取认可与支持

B. 稳定游客情绪,保持行动统一

C. 随机应变,设法为游客排忧解难

D. 必要时适当给予物质补偿

8. 因自然灾害造成该团误机,导游员小王应采取如下措施_____。

A. 立即设法向旅行社领导和有关部门报告,请求协助处理

B. 因无法与旅行社联系,所以等回郑州后再处理

C. 立即设法与机场联系,争取改成后续班次离开郑州

D. 稳定游客情绪,做好滞留期间的生活和游览安排

9. 团内部门游客要求换风味餐时,地陪小王应做的解释工作有_____。

A. 向游客解释,只有在用餐3小时以上提出换餐要求,饭店才可能接受,否则不予接受

B. 向游客解释,团队用餐已安排,一般情况下,不可能换餐服务

C. 若游客坚持换餐,可建议他们自己点菜,费用由导游员付

D. 若游客坚持换餐,可建议他们自己点菜,费用自理

10. 离开郑州的当天,地陪小王安排活动的不当之处是_____。

A. 离开本站当天,安排旅游团到热闹地方购物

B. 离开本站当天,安排旅游团到范围广、地域复杂的景点游览

C. 离开本站当天的活动内容安排过紧,留有去机场的时间不够充裕

D. 上午和下午活动项目顺序安排不合理,下午的活动范围广、地域复杂,不应安排在下午

附录二

2011年河南省(全国)导游人员资格考试

《导游综合知识》试题

说明：本试题只选取了涉及导游业务的内容。

一、判断题（判断下列各题的说法是否正确，并在答题卡中相应格内填涂。每小题0.2分,共6分）

1. 1845年托马斯·库克成立旅行社后,大规模的群众性旅游活动兴起并得到发展,使导游队伍迅速扩大。

2. 声像导游方式一般多用于环境相对开放的旅游景区景点,且携带方便,制作快捷,成本低廉,是一种良好的导游方式。

3. 游客是导游服务的对象,没有游客购买旅游产品,导游人员就失去了存在的价值。

4. 游客是旅游产品和服务的消费者,因此其权益受《消费者权益保护法》的保护。

5. 职业道德,是指一般的社会道德标准与具体的职业特点相结合而形成的职业行为规范或标准。

6. 导游人员的身心健康就是指身体健康与思想健康两方面。

7. 致欢迎词时,如旅游车系大巴车辆,地陪应坐在前排位置。

8. 旅游团即将离开本地前,导游员应该让旅游者自由活动,以便处理各自的事情。

9. 在规模较大、内容复杂的景点,运用突出重点法进行导游讲解比较适宜。

10. 旅游者以体育运动、健身锻炼为目的外出旅游是出于社会动机。

11. 送乘飞机离境的旅游团,应提前72小时确认机票。

12. 旅游团送行前的业务准备,地陪首先应做的工作是尽快办理退房手续。

13. 散客旅游意味着旅游者完全不依靠旅行社而自行安排旅游行程并自己办理全部旅游事务。

14. 为散客旅游团提供现场导游讲解时,导游人员应陪同旅游团边游览、边讲解,无须回答客人的提问。

15. 当旅游活动中发生交通事故出现伤亡时,导游人员在组织抢救时,如不能就地抢救重伤员,应立即将伤员送往距出事地点最近的医院抢救。

16. 丢失"港澳居民来往内地通行证"的旅游者,应先到当地公安局开具遗失证明。

17. 广义的导游语言包括口头语言和书面语言两种形式。

18. 在世界各民族文化中,微笑的语义各不相同,因此,微笑被称为"交际世界语"。

19. "土家姑娘的歌声就像百灵鸟的声音一样优美动听。"这里采用了比拟修辞手法帮助表达。

20. 旅游者到达开封后,希望探望在开封的朋友,当旅游者向导游人员提出此类要求时,应婉言拒绝。

21. 旅游者在自由活动时出现走失事故,导游人员没有责任。

22. 导游讲解中适当地停顿,可以突出说话时的节奏感,更好地吸引旅游者。

23. 若旅游团乘火车离开,要求导游人员带团提前1小时抵达车站。

24. 中国公民出境旅游所持的普通护照由旅游部门颁发。中华人民共和国普通护照丢的有效期一般为10年(16周岁以上)。

25. 在实施双通道制的海关现场,携带有需向海关申报物品的旅客应选择绿色通道通关。

26. 中国海关规定,旅客携带人民币进出境,限额为20 000元,超出20 000元的不准进出境。

27. 签证是一国主管机关在本国公民所持的护照或其他旅行证件上签注、盖印,表示准其出入本国国境的手续。

28. "OPEN"票是指没有确定起飞的具体时间,没有预先订妥座位的有效机票。

29. 现在已成为全世界人际交往中最常见、最普遍的见面礼是鞠躬礼。

30. 持成人票或儿童票乘坐飞机的旅客,经济舱乘客每人可免费托运行李额为20千克。

二、单项选择题(下列各题给出的答案只有一个是正确的,请将正确答案填涂在答题卡上相应题号中,每小题 0.5 分,共 24 分)

1. 陈光甫先生于_____年将由其创办的上海商业储备银行的"旅游部"从该银行独立出来成立了"中国旅行社",其分支遍布华东、华北、华南等地区的 15 个城市。

A. 1923　　　B. 1927　　　C. 1949　　　D. 1974

2. 导游员小陈在途中讲解时向旅游团的游客详细介绍了钧瓷的历史与特点,引起了他们的浓厚兴趣。离开河南时他们纷纷购买钧瓷商品以作纪念。这体现了导游服务的_____。

A. 社会性　　　B. 服务性　　　C. 经济性　　　D. 涉外性

3. 导游服务的独立性强主要体现在_____。

A. 工作独当一面、独立处理问题、独立进行讲解
B. 工作独当一面、独立处理问题、独立设计线路
C. 工作独当一面、独立设计线路、独立进行讲解
D. 独立处理问题、独立确定行程、独立进行讲解

4. 满足游客需求就是要满足其提出的_____。

A. 全部要求　　　　　　　B. 合理而可能的要求
C. 特殊要求　　　　　　　D. 全部合理要求

5. 导游人员是指依照《导游人员管理条例》的规定取得导游证,接受旅行社的委派,为游客提供_____的人员。

A. 向导、讲解　　　　　　B. 将结合相关旅游服务
C. 向导和相关旅游服务　　D. 向导、将结合相关旅游服务

6. 以导游工作为主要职业,但又不是旅行社的正式员工,而且同时为多家旅行社服务,这样的导游人员是_____。

A. 业余导游人员　　　　　B. 专职导游人员
C. 自由职业导游人员　　　D. 兼职导游人员

7. 以下导游人员职责中不属于全陪职责的是_____。

A. 安排旅游活动　　　　　B. 实施旅游接待计划
C. 组织协调工作　　　　　D. 维护安全

8. 导游人员应掌握政策、法规知识。因为政策、法规是_____。

A. 导游工作的指针、审美活动的依据、导游员遵纪、守法的要求
B. 导游工作的指针、心理服务的基础、处理问题的依据
C. 导游工作的指针、处理问题的依据、导游员遵纪、守法的要求
D. 心理服务的基础、处理问题的依据、导游员遵纪、守法的要求

9. 导游人员带团时对待游客应该是_____。
   A. 过分亲近　　　B. 冷漠　　　C. 介入团内矛盾　　D. 一视同仁

10. 地陪导游工作开始和结束的标志分别是_____。
    A. 接站服务、送站服务
    B. 接受旅游接待计划书、向旅行社交出陪同小结
    C. 准备工作、送走旅游团
    D. 熟悉接待计划、向旅行社交出陪同小结

11. 以下不属于全陪服务流程的是_____。
    A. 准备工作　　　　　　　　B. 首站接团服务
    C. 游览讲解服务　　　　　　D. 入店服务

12. 地陪应熟悉接待计划,以便搞清楚所接团队的以下情况_____。
    A. 旅游团概况、成员专业情况、所去景点概况、熟悉饭店概况
    B. 旅游团概况、团内成员情况、落实旅游车辆、掌握联系电话
    C. 旅游团概况、团内成员情况、旅游线路和交通工具、交通票据情况
    D. 旅游团概况、团内成员情况、旅游线路和交通工具、核对实到人数

13. 下列地陪落实接待事宜应做好的工作不包括_____。
    A. 核对日程安排表　　　　　B. 带好旅游接待计划
    C. 落实旅游车辆　　　　　　D. 了解不熟悉景点概况

14. 掌握旅游团到达的准确时间后,地陪应立即与旅游车司机约定出发接团的地点和时间,确保提前_____抵达接站地点。
    A. 20 分钟　　　B. 30 分钟　　　C. 45 分钟　　　D. 60 分钟

15. 地陪按规定抵达接站地点后,需要做的工作是_____。
    A. 耐心等待　　　　　　　　B. 与司机联系
    C. 与全陪联系　　　　　　　D. 再次核实抵达时间

16. 接到旅游团并引导游客到乘车处上车时,地陪应该_____。
    A. 在车上恭候游客上车　　　B. 在车门旁恭候游客上车
    C. 在车上协助游客就座　　　D. 在车旁与司机商量行程

17. 叫早时间商定后,地陪一般应该通知_____。
    A. 旅游团成员　　B. 大堂经理　　C. 饭店总服务台　　D. 饭店总机

18. 一广州旅游团抵达洛阳后,全陪向地陪小王提出在行程上再增加嵩县白云山的游览。此时小王应该_____。
    A. 婉言拒绝,说明我方不便单方面违反合同
    B. 报告旅行社,尽力满足,但事先说明需按规定收取相关费用
    C. 报告旅行社,按旅行社的指示办

D. 向全陪详细解释、耐心说服

19. 参观游览出发前地陪应提醒游客的下列注意事项中不正确的是_____。
    A. 下榻酒店的安全通道   B. 当日天气预报
    C. 需带衣服与雨具   D. 游览景点的地形及行走路线长短

20. 导游员小王所带旅游团将于9月20日下午乘坐18时的航班回法国,从宾馆到机场的路程大约需要60分钟,小王最迟应该何时带领旅游团动身前往机场为宜_____？
    A. 15:00   B. 15:30   C. 16:00   D. 16:30

21. 导游员小方带团由郑州前往禹州神垕镇游览,去时走107国道,返程时走京珠高速,小方在返程中应做的工作完全正确的是_____。
    A. 重申当日活动安排、风光导游、活跃气氛、介绍游览景点
    B. 回顾当天游览内容、返程不必风光导游、宣布此日活动日程
    C. 回顾当天游览内容、风光导游、宣布此日活动日程
    D. 风光导游、风情介绍、介绍下榻饭店、宣布此日活动日程

22. 购物是旅游团的一项重要活动,导游带团购物应该_____。
    A. 到实惠的地摊购物   B. 安排多次购物
    C. 不安排购物   D. 到旅游定点商店购物

23. 接团当天,地陪要进行交通工具抵达的准确时间的核实工作。以下不属于"三核实"内容的是_____。
    A. 计划时间   B. 时刻表时间   C. 票面时间   D. 问询时间

24. 旅游团的旅行证件一般应由_____统一保管。
    A. 领队   B. 地陪   C. 全陪   D. 地陪与全陪

25. 以下属于地陪离店导游服务的内容有_____。
    A. 集中交运行李   B. 结清饭店账目
    C. 向全陪移交交通票据   D. 致欢送词

26. 全陪小张带团在西安游览时,发现活动安排与上几站有重复,此时小张首先应该_____。
    A. 与西安地接社交涉   B. 向地陪建议进行调整
    C. 请领队与地陪沟通   D. 向组团社报告请求协助

27. 全陪小王接待一美国旅游团在河南、陕西、北京等地观光游览,当旅行结束在北京送该团离境时,小王所做的以下工作中不属于末站服务的是_____。
    A. 协助领队办理住店手续   B. 提醒游客带好证件与物品
    C. 征求游客意见   D. 致欢送词

28. 领队在带团出境前要召集旅游团开一次出国旅游说明会,其内容不包

括_____。

A. 致欢迎词　　　　　　　　　B. 旅游行程说明
C. 介绍目的地国家情况　　　　D. 核对各种票证

29. 导游员小杨到酒店与散客王先生确认送站时间和地点时,发现王先生不在房间,小杨以下做法中正确的一组是_____。

A. 送站前 24 小时确认、留言确认送站时间
B. 送站前 24 小时确认、留言并告知再次联络时间、再联系确认
C. 送站前 48 小时确认、留言并告知再次联络时间、再联系确认
D. 送站前 72 小时确认、留言确认送站时间

30. 在旅行游览中,对可能发生危及游客人身、财产安全的情况,导游人员要向游客做出_____。

A. 中止导游活动的决定　　　　B. 减少旅游项目的决定
C. 真实说明和明确警示　　　　D. 变更接待计划的决定

31. 导游人员在与活泼型旅游者相处时,以下做法中适宜的一组是_____。

A. 乐于多交往、多征求意见、多给其表达机会
B. 多微笑服务、多注意其安全、提供快捷服务、语言简练准确
C. 注意礼貌、主动接近、尽量满足其要求、语言诚恳客气
D. 尊重隐私、适度关心体贴、不过多开玩笑、适当提供额外服务

32. 美国游客乔治先生在河南旅游期间,告诉导游员小张此行希望购买中国的古玩。小张以下做法中不妥之处是_____。

A. 建议到文物商店购买　　　　B. 提醒保存发票
C. 建议把火漆印去掉　　　　　D. 讲清我国有关规定

33. 牡丹花会期间,导游员小徐带团在洛阳旅游,当天晚上没有活动安排,几位年轻游客请小徐介绍一个好玩的娱乐场所去消遣。小徐建议他们去洛阳最热闹的一家歌舞厅,并介绍说那里是通宵营业可以尽兴玩,同时提醒不要带过多现金。小徐的上述建议中正确的是_____。

A. 不要去秩序乱的场所　　　　B. 不要携带贵重物品
C. 不要太晚回饭店　　　　　　D. 不要与陌生人说话

34. 导游员小刘在接待一英国旅游团时,团内一位客人请小刘帮他把一件工艺品转交给其在华的朋友。小刘以下做法中不正确的是_____。

A. 立即满足客人要求　　　　　B. 婉言拒绝
C. 推托不掉时请游客写委托书　D. 委托书和收条交旅行社保管

35. 当导游服务集体成员之间出现矛盾或分歧时,各方应遵循的工作原则是_____。

A. 主动让步 B. 据理力争
C. 相互指责 D. 以旅游协议为依据

36. 导游人员在接待残疾旅游者时应注意做到_____。
  A. 扬客人之长,避客人之短 B. 当众刻意关心照顾客人
  C. 尊重客人不需要进行照顾 D. 不同情况,同样接待方法

37. 导游员小唐按预定计划前往郑州机场接团,但是航班正常抵达后,小唐却没有接到应接的旅游团。此时小唐应该做的是_____。
  A. 迎接无望离开机场 B. 报告旅行社查明原因等待指示
  C. 原地等候20分钟 D. 与司机配合至少寻找20分钟

38. 由于风大、雨急,原定的乘船游黄河小浪底项目无法进行,由什么活动替代,游客们纷纷提出了自己的意见。面对这种情况,导游员小张以下做法中不合理的是_____。
  A. 请游客们举手表决 B. 安排事宜的娱乐活动或观看演出
  C. 带游客参观一个室内景点 D. 提出自己的合理安排

39. 地陪小王带团在繁华热闹的郑州市二七路上购物,小王应该向旅游者做的提醒工作是_____。
  A. 提醒旅游者若丢失提包,责任自负,与旅行社无关
  B. 提醒旅游者保管好钱包、提包和贵重物品
  C. 提醒旅游者,提包应拉好拉链放在身后
  D. 提醒旅游者贵重物品应放在饭店房间内

40. 导游员小张在带领游客游览开封龙亭时,团内一位老年游客下台阶时不慎摔倒,腿部骨折,这时导游员小张请团内一位身材高大的青年男士帮忙把病人背出景区,再随车送往医院。小张在处理这起突发事件时不妥之处是_____。
  A. 直接移动送医院 B. 现场救护
  C. 止血、包扎、上夹板 D. 初步处理后送往医院

41. 导游人员在讲解时内容要准确无误。内容准确的要求不包括_____。
  A. 所讲景点的背景材料必须准确,有根据和出处,不能胡编乱造
  B. 故事传说、民间传奇可以无据可查、信口开河
  C. 说法不一的可忽略不讲
  D. 说法不一的可选择有代表性的观点进行介绍

42. 导游人员在讲解时善于运用修辞手法美化自己的语言,把所讲的内容讲得有声有色、活灵活现,极大地感染了游客。据此可知_____是导游人员运用口头语言进行讲解最基本的要求之一。
  A. 准确恰当 B. 鲜明生动 C. 通俗易懂 D. 优雅文明

43. 距离为1米左右,语义为"亲切、友好",一般适合于熟人之间的交往。这些是人们社会交往活动中_____的特征。

　　A. 公众界域语　　B. 社交界域语　　C. 个人界域语　　D. 亲热界域语

44. 导游词的核心内容是旅游景点的介绍。对自然景观而言,讲解的要点是_____。

　　A. 抓住形式美,突出文化美　　　　B. 介绍建筑形式特征、建筑文化体系

　　C. 把握园林艺术特点,传递艺术美　D. 民风民俗广纳慎取,积多选精

45. 导游员小徐在带团游览龙门石窟时,向旅游者介绍了龙门石窟"最大的、最小的、最早的、最多的、最美的……"等洞窟和佛像。运用了_____。

　　A. 分段讲解法　　B. 简单概述法　　C. 制造悬念法　　D. 突出重点法

46. 在我国,中国银行、中国工商银行、中国农业银行、中国建设银行发行的信用卡分别是_____。

　　A. 龙卡、金穗卡、长城卡、牡丹卡　　B. 长城卡、牡丹卡、金穗卡、龙卡

　　C. 牡丹卡、长城卡、龙卡、金穗卡　　D. 金穗卡、龙卡、牡丹卡、长城卡

47. 导游员小王所带旅游团中的一名游客在游览过程中突然出现大汗、口渴、无力、头昏、耳鸣、眼花、胸闷、恶心、呕吐等现象。请问这种症状属于_____。

　　A. 食物中毒　　B. 中暑　　C. 晕车　　D. 心脏病猝发

48. 根据铁道部的规定,随同成人乘火车旅行,可享受免票、半价票和应购买全价票儿童的身高分别为_____米。

　　A. 1.20、1.20～1.50、>1.50　　B. 1.10、1.10～1.50、>1.50

　　C. 1.30、1.30～1.50、>1.50　　D. 1.20、1.20～1.40、>1.40

三、多项选择题(下列各题给出的答案至少有两个是正确的,请将正确答案填涂在答题卡上相应题号中,少选、多选、错选均不得分,每小题0.5分,共15分)

1. 导游服务范围很广,归纳之,可分为_____。

　　A. 导游讲解服务　　　　B. 旅行生活服务

　　C. 城市内交通服务　　　D. 市内交通服务

　　E. 景区间交通服务

2. 导游服务的文化性主要体现在_____。

　　A. 扩大客源、间接创收　　B. 发挥民间大使作用

　　C. 提供高智能的服务　　　D. 沟通和传播文化的渠道

　　E. 游客求知、审美的媒介

3. 地陪和全陪职责中的共同职责是_____。

　　A. 保证接待计划的顺利实施　　B. 导游讲解

　　C. 联络工作　　　　　　　　　D. 组织协调

E. 维护安全,处理问题

4. 导游知识包罗万象,导游人员必须掌握的知识主要包括_____。
   A. 语言和心理学知识　　　　　B. 史地文化和美学知识
   C. 政策、法规知识　　　　　　D. 政治、经济、社会知识
   E. 旅行知识和国际知识

5. 导游人员应该与旅游者坦诚相见,因此,带团期间可以_____。
   A. 携带内部文件　　　　　　　B. 谈论社内事务
   C. 谈论旅游费用　　　　　　　D. 谈论人生理想
   E. 谈论国际热点问题

6. 导游人员在接团前应做好的心理准备主要包括_____。
   A. 准备面临艰苦复杂的工作　　B. 准备专业团队的相关专业知识
   C. 准备符合工作需要的着装　　D. 准备接受抱怨和投诉
   E. 准备参观游览项目的重点讲解内容

7. 地陪的餐饮服务程序应是_____。
   A. 报警　　　　　　　　　　　B. 报告城管人员
   C. 不能放任不管　　　　　　　D. 报告旅行社
   E. 提醒游客不要上当

8. 地陪的餐饮服务程序应是_____。
   A. 提前落实旅游团当天用餐　　B. 引导游客餐厅入座用餐
   C. 介绍餐厅及菜肴特色　　　　D. 餐中巡视用餐情况
   E. 按标准与餐厅结账

9. 在景点导游过程中,地陪应该做到_____。
   A. 讲解内容繁简适度　　　　　B. 保持快节奏,尽量让游客多看景点
   C. 讲解语言生动传神　　　　　D. 游客自行游览;导游景点门口等候
   E. 注意游客安全,随时清点人数

10. 带团过程中,全陪应做好的联络工作是_____。
    A. 旅游团游客间的联络　　　　B. 上下站间的联络
    C. 与各接待社的联络　　　　　D. 接待人员间的联络
    E. 游客与地陪的联络

11. 在游览过程中,散客的沿途导游服务与旅游团队大同小异,其区别在于_____。
    A. 不必致欢迎词　　　　　　　B. 欢迎词内容不同
    C. 讲解难度大　　　　　　　　D. 讲解难度小
    E. 特别强调安全问题

12. 导游人员在与各接待单位协作时应把握的原则和方法是_____。
    A. 及时沟通工作有序　　　　　　B. 争取帮助解决问题
    C. 维护利益各自为政　　　　　　D. 分工不同高人一等
    E. 摆正位置平等协商

13. 导游人员应使用柔性语言,其表现为_____。
    A. 语气亲切　　　　　　　　　　B. 语调低缓
    C. 说理自然　　　　　　　　　　D. 措辞委婉
    E. 常用商量的口吻

14. 导游员小张带团旅游时,团队中有一位游客因与其他游客发生矛盾,要求单独用餐。此时,小张应该_____。
    A. 婉言拒绝,告知无法满足　　　B. 耐心解释,请领队调解
    C. 联系餐厅,为其点菜埋单　　　D. 点菜费用自理,退还综合服务费
    E. 点菜费用自理,综合服务费不退

15. 全陪小王带一个美国旅游团在中国旅游。客人迈克尔向小王提出希望团队旅游结束后留在中国继续参观游览。小王应该采取的正确处理方法是_____。
    A. 无论是否需延长签证婉言拒绝　B. 需延长签证应予婉拒
    C. 特殊原因不予考虑　　　　　　D. 特殊原因请示旅行社
    E. 去当地公安局办理延长护照手续

16. 地陪小黄在少林寺陪同一个欧洲旅游团参观游览。导游讲解结束后,小黄让客人们自由活动,约定30分钟后在少林寺山门前集合。但是约10分钟时,小黄突然发现该团的一位游客在山门口拿出许多宗教宣传品准备向客人分发。此时小黄应采取的措施是_____。
    A. 尊重旅游者帮助其分发　　　　B. 带旅游者到停车场分发
    C. 上前劝阻,告知我国宗教政策　D. 告知需要与少林寺商量
    E. 告知未经我国宗教团体邀请和允许不得擅自在我国境内进行上述活动

17. 导游员小王带团游览郑州绿博园,待游览结束集合等车时,发现少了一位游客,造成游客走失的原因可能是_____。
    A. 游客被景色吸引脱离团队　　　B. 小王未讲清集合时间地点
    C. 游客摄影时间过长脱离团队　　D. 小王未清点人数带团离开
    E. 对导游讲解不感兴趣自行游览脱团

18. 导游员小唐按预定计划前往郑州机场接站而没有接到应接的旅游团。其原因可能是_____。
    A. 因天气原因航班滞留上站,本站不知这种变化

B. 因本社未接到上站旅行社班次变更推迟到达的通知

C. 因小唐未按预定时间抵达接站地点,旅游团游客自行离开机场

D. 因旅游团已被别人接走

E. 本社接到上一站推迟到达的通知,但忘记通知小唐

19. 导游员小王带团到景区游览,游客刘先生因专注于摄影,所背提包内的钱包被窃。此时,小王应该做的是_____。

  A. 向景区报案

  B. 详细了解情况帮助寻找

  C. 协助失主到旅行社开具失窃证明书

  D. 向公安部门和保险公司报案

  E. 协助失主持旅行社证明到当地公安局开具失窃证明书

20. 为保证旅游活动的顺利进行,导游员要注意预防旅游者疾病的发生。以下导游员应做的工作中不正确的是_____。

  A. 劳逸结合,活动安排留有余地   B. 提醒旅游者不在小摊购买食物

  C. 提醒旅游者注意天气变化   D. 每日多安排游览项目以丰富活动

  E. 体力消耗大的活动集中安排

21. 导游员小张带一个郑州旅游团乘火车赴张家界旅游,当火车行驶6小时后,团内一位游客突然腹痛难忍。小张马上通过列车员寻找到医生,经诊断,客人患的是急性阑尾炎,需要立即手术。此时小张应_____。

  A. 请医生采取措施尽量减少客人痛苦

  B. 报告旅行社并请列车长通知下一站急救中心准备抢救

  C. 通过旅行社联系病人家属或旅行社派人尽快赶到下一站

  D. 在下一站把病人送下车

  E. 导游员小张陪同患病客人一起下车

22. 导游人员妥善处理工作中的失误时,常采取恰当的语言表达方式向游客道歉以消除误会,求得谅解。在道歉时导游人员应该_____。

  A. 真诚及时   B. 采取对话式

  C. 勇担应担责任   D. 勇担全部责任

  E. 方式灵活

23. 体态语言又称为态势语言。体态语言不包括_____。

  A. 书面语言   B. 表情语、姿态语

  C. 界域语、服饰语   D. 手势语

  E. 口头语言

24. 导游人员在运用类比法进行讲解时,要注意选取的类比对象_____。

A. 以生喻熟 B. 凝练词句,概括特点
C. 不要触犯旅游者的禁忌 D. 以难喻易
E. 不要伤害对方的民族自尊心

25. 导游词的创作中在开头。常见的开头方式有_____。
A. 规范性开头方式 B. 幽默式开头方式
C. 抒情式开头方式 D. 含糊式开头方式
E. 针对性开头方式

26. 在人际交往中,递名片是社交场合一种重要的自我介绍方式,一般情况下递名片与接名片时应该是_____。
A. 双手递上 B. 左手递上
C. 右手递上 D. 双手接过,认真看一遍
E. 双手接过,放入口袋

27. 宴会时一种比较正式的宴请活动,其特点是_____。
A. 规模小,多在晚间举行,请柬邀请
B. 服装要求严格,排座次
C. 不设座,时间短,退场自由
D. 规模大,入场自由
E. 服装无严格要求,不排座次

28. 在旅游活动中,旅游者有特殊饮食要求的,导游人员应该_____。
A. 旅游协议中已明文规定的,安排落实
B. 不予考虑
C. 旅游团抵达后提出,与餐厅联系尽量满足
D. 让旅游者自行解决
E. 婉言拒绝

29. 导游员小唐在带一个旅游团赴宴前,向旅游者介绍了宴席中的礼节及注意事项。在以下做法中,正确的是_____。
A. 入席时按主人安排就座 B. 餐巾应放在膝上不能挂在胸前
C. 用餐时应将骨刺等吐在餐布上 D. 喝热汤时应将汤吹凉再喝
E. 剔牙时应用手或餐巾遮口

30. 民航对旅客登机的行李有明确的规定,在下列选项中,既不能随身携带,又不能托运的物品有_____。
A. 汽油 B. 贵重物品
C. 小刀 D. 货币
E. 放射性物品

四、综合题(阅读下列有关材料,回答材料后所提出的问题。各题有一个或多个正确答案,请将正确答案填涂在答题卡上相应题号中,少选、多选、错选均不得分。每小题0.5分,共5分)

材料一:

导游员小张按照旅行社的安排,提前2小时与司机驱车从市内出发前往郑州机场迎接一个20人的广州旅游团。在距离机场还有5公里的地方因前方发生交通事故,旅游车被堵在路上。等现场疏导完毕,小张赶到机场时,已经迟到了半小时,广州客人早已拿着行李集合在停车场上等候。小张连忙致歉,赶紧帮客人安放行李,并请客人上车。在车上小张向客人解释了迟到的原因并再次诚恳地表示歉意。但是有部分客人仍然不满意。小张在接下来的入住酒店、用餐等环节,热情而熟练地提供服务,客人们被小张的工作热情和周到服务所感动,对他的态度也开始转好。第二天,该团按计划游览了黄河风景名胜区、河南博物院,下午四点多回到酒店。晚上按计划是观看室内剧场的演出,但是客人们听说开封有大型实景演出《东京梦华》,纷纷向小张提出不看室内演出,而改为到开封看《东京梦华》。小张在向客人们作了解释后,仍然决定带团去看室内演出。同时,一部分客人坚持要求观看《东京梦华》。

请根据材料一和有关导游服务规范回答以下问题:

1.不论何种原因导致漏接,小张面对旅游者应该做的是_____。

A.首先表示歉意

B.首先说明情况,表明与己无关

C.待旅游者情绪平静后,实事求是说明情况

D.再次表示歉意

2.为取得旅游者的谅解,小张应该做的是_____。

A.尽快让旅游者登车,离开机场

B.提供热情周到的服务以求得谅解

C.熟练完成入住酒店服务,尽快消除旅游者因漏接造成的不愉快

D.请示旅行社同意,晚餐时加菜给以一定物质补偿

3.根据导游服务程序,在漏接的预防上正确的做法是_____。

A.认真阅读接待计划　　　B.做到交通工具的"三核实"

C.提前10分钟到达接站地点　　　D.非主观原因引起与己无关

4.旅行社按计划安排观赏文娱演出,旅游者要求观看另一演出,小张根据当时情况正确的做法应该是_____。

A.若时间许可又可能掉换,请旅行社掉换

B.婉言拒绝

C. 因时间已晚无法掉换,小张要耐心解释,告知票已订好,不能掉换

D. 若客人坚持观看开封的演出,小张应协助,但告知费用自理

5. 部分客人要求前往开封观看《东京梦华》演出,小张应采取的处理方法是_____。

    A. 告知这部分客人票已订好不能退换,请他们谅解

    B. 因这一演出在开封,需要为他们安排车辆,车费自理

    C. 客人自费前往观看,导游员不必帮助购票、租车和陪同前往

    D. 路途较远,导游人员须提醒注意安全,必要时应陪同前往

材料二:

    地陪小王带一个山西旅游团由郑州乘坐旅游大巴到河南南部某地旅游。按照计划,该旅游团要在这里游玩两天。第一天泡温泉,第二天漂流,并且要于第二天晚上21时从郑州返回山西。第二天在景区坐橡皮筏漂流时,因漂流河道有些地方过窄,最后一个橡皮筏卡在河道上,致使湍急的水流形成大浪把橡皮筏内的两名游客打落水中,在布满乱石的河中任水冲击。等到景区的漂流救护人员赶到救出落水的游客时,两位游客身上均多处受伤。导游员小王让旅游团的全陪带领其他成员在景区继续游览,他陪两位游客一起坐景区的汽车去医院看伤。等到两位游客的伤处理好返回景区后,已是下午18时。小王马上集合旅游团乘车返回郑州。但最终还是没有赶上火车,造成误车事故。

请根据材料二和有关导游服务规范回答以下问题:

6. 小王带团参加漂流活动前,应该做的工作有_____。

    A. 熟悉掌握此景区漂流项目的概况

    B. 了解此漂流项目的安全状况

    C. 了解此景区的安全保障措施

    D. 安全问题是景区负责,导游员不必考虑

7. 得知两名游客受伤后,导游员小王的下列做法中不正确的是_____。

    A. 让全陪陪同受伤游客看伤

    B. 丢下全团游客,陪同受伤游客看伤

    C. 没有要求景区派人陪同看伤

    D. 与景区协商该事故的处理方法

8. 为防止游客在漂流活动中受伤,导游员小王在景点导游过程中应当做好的工作有_____。

    A. 讲明游览与漂流注意事项

    B. 漂流时进行导游讲解

    C. 与全陪配合注意游客的安全

D. 与景区配合保障游客漂流活动的安全

9. 旅游团误车,属于小王未做好的工作有_____。

A. 与全陪分工不合理　　　　　B. 未及时集合旅游团成员返程

C. 未向旅行社报告　　　　　　D. 未看望受伤游客

10. 旅游团误车后,小王应该做的工作有_____。

A. 立即向旅行社报告,请求协助处理

B. 立即设法与火车站联系,争取改乘后续车次离开郑州

C. 稳定游客情绪,做好滞留期间的生活和游览安排

D. 及时通知下一站,对日程作相应调整

附录三

导游服务规范

GB/T 15971—2010

前言

本标准是旅行社旅游服务系列国家标准之一。

本标准代替 GB/T 15971—1995《导游服务质量》。

本标准与 GB/T 15971—1995 相比,主要变化如下:

——标准名称更改为"导游服务规范"。

——增加了 GB/T 16766 的引用。

——导游人员统称为"导游员"。

——删除了"领队"的定义。

——对原标准保留术语的定义作出了符合现行法律、法规和导游服务行业情况的修订。

——根据现在导游行业的实际情况,将素质要求部分提前,全陪服务和地陪服务两章合并。

——对入境游导游服务要求在第六章中专章描述。

本标准的附录 A 是规范性附录。

本标准由国家旅游局提出。

本标准由全国旅游标准化技术委员会归口。

本标准起草单位:国家旅游局质量规范与管理司、中国国际旅行社总社有限公司。

本标准主要起草人:李任芷、刘士军、汪黎明、刘莉莉、张源、于宁宁、赵新、许红军、沙敏、董华钢、张立、陈国栋。

本标准所代替的历次版本发布情况为:

——GB/T 15971—1995

导游服务规范

1. 范围

本标准规定了导游服务的要求和导游服务过程中若干问题的处理原则。

本标准适用于中华人民共和国境内旅行社导游员在接待旅游团（旅游者）过程中提供的服务。出境旅游领队服务宜适用本标准。

2. 规范性引用文件

下列文件中的条款，通过本标准的引用而成为本标准的条款。凡是注明日期的引用文件，其随后的所有修改单（不包括勘误的内容）或修订版均不适用于本标准，然而，鼓励根据本标准达成协议的各方研究是否可使用这些文件的最新版本。凡是不注明日期的引用文件，其最新版本适用于本标准。

GB/T 16766　　　　旅游业基础术语

GB/T××××　　　　旅行社服务通则

3. 术语和定义

GB/T 16766 和 GB/T ××××确立的以及下列术语和定义适用于本标准。

3.1

组团旅行社(travel agents)

组团社

从事招徕、组织旅游者，并为国内旅游、入境旅游、出境旅游的旅游者提供全程导游服务的旅行社。

3.2

接待旅行社(tour operator)

接待社

受组团社委托，实施组团社的接待计划，委派地方陪同导游员，安排旅游团（者）在当地参观游览等活动的旅行社。

3.3

导游员(tour guide)

符合上岗资格的法定要求，接受旅行社委派，直接为旅游团（者）提供向导、讲解及相关旅游服务的人员。导游员包括全程陪同导游员和地方陪同导游员。

3.4

全程陪同导游员(national guide)

全陪

受组团社委派，作为其代表，监督接待社和地方陪同导游员的服务，以使组团社的接待计划得以按约实施，并为旅游团（者）提供全旅程陪同服务的导游员。

3.5

地方陪同导游员(local guide)

地陪

受接待社委派,代表接待社实施旅游行程接待计划,为旅游团(者)提供当地导游服务的导游员。

4. 导游员的素质要求

4.1 政治素质

导游员应热爱祖国,遵纪、守法,恪守职业道德,自觉维护国家利益、民族尊严和旅游者与旅行社的合法权益,自觉抵制团队运作过程中的违法行为。

4.2 思想素质

导游员应具有优秀的道德品质和高尚的情操,讲文明,遵守社会公德,尽职敬业,为旅游者提供热情、周到的服务,完成旅游接待计划所规定的各项任务,按照旅游合同的约定兑现旅游服务。

4.3 技能素质

4.3.1 语言能力

导游员应具备过硬的语言表达能力、娴熟的导游讲解技巧和强烈的礼貌语言使用意识。

4.3.2 接待操作能力

导游员应符合法定的上岗资质,并具备独立工作能力、组织协调能力、人际交往能力和应急问题处理能力。

4.3.3 知识要求

导游员应掌握法律法规常识、旅行常识、政治经济和社会知识、旅游地历史、地理、文化和民俗知识和心理学与美学知识。

4.4 心理素质

导游员应心胸开阔、善解人意、耐心细致,并具有良好的观察能力和感知能力、调整旅游者情绪的能力、自我心理平衡能力、承受能力和沉着冷静与有条不紊的处事能力。

4.5 身体素质

导游员应具有健康的体魄和充沛的体力。

4.6 职业形象

4.6.1 仪容仪表

导游员应仪表端庄,并按照旅行社的要求着装。服装要整洁、大方、得体。

4.6.2 仪态

导游员应表情稳重自然、态度和蔼诚恳、富有亲和力,言行有度,举止符合礼仪规范。

4.7 继续教育

导游员应参加继续教育培训学习(尤其是相关应急预案培训),不断提高自己的业务知识和操作技能。

4.8 职业等级

导游员的职业等级是导游服务能力的标记,导游员应通过不断的学习考核和实操锻炼,获得更高的职业等级。

5. 导游服务通用要求

5.1 准备工作

5.1.1 熟悉接待计划与团队情况

上团前,导游员应认真查阅团队接待计划及相关资料,熟悉掌握旅游团(者)的全面情况,团队行程安排、特殊要求或注意事项等细节内容,注意掌握其重点和特点。

5.1.2 必需物品的查核与准备

上团前,导游员应做好证件、交通票据、资金,以及有关资料等必需资料物品的准备。从计调人员处接收团队资料时应做好核查登记,以确保团队的相关资料与票据是适宜和可用的。对不适用的票据或资料应及时提请计调人员处理。团队资料交接记录应予保存。

5.1.3 知识准备

导游员应熟悉旅游地的旅游及文化资源、风土人情、法律、法规等情况。

5.1.4 联络与沟通

全陪导游员或地接社等相关接待单位应建立并保持有效沟通,互通情况,以确保团队接待的相关事宜得到妥善安排。

地陪导游员应:

(a)与食宿、交通、游览等有关部门落实、核查旅游团(旅游者)的交通、食宿、行李运输等事宜;

(b)确认旅游团(旅游者)所乘交通工具及其准确抵达时间;

(c)与司机确认车辆停放的位置,需要时,在旅游团出站前与行李员取得联络,落实行李运输事宜。

5.2 团队出发与迎接

导游员应提前到达团队出发/迎接地点展示旅行社团队标志迎候旅游团/者,致欢迎词并简要介绍本次旅游行程。

团队出发时,全陪导游员应:

(a)清点团队人数,引导旅游者乘坐约定的交通工具;

（b）发放本次行程的相关资料；

（c）乘坐飞机时，协助旅游者办妥登机、安检和行李托运等相关手续，并适时引导旅游者从正确的登机口依次登机；

（d）乘坐火车时，全陪导游员应协助办好铺位的登记和分派等手续。

团队抵达时，地陪导游员应：

（a）旅游团（旅游者）出站后，确认应接的旅游团，有全陪的，及时与全陪接洽；

（b）及时引导旅游团（旅游者）前往停车场，在车门旁恭候旅游者上车，并协助旅游者就座；

（c）开车前礼貌地清点人数，以确保不落下旅游者；

（d）需要时，协助旅游者与全陪核对行李件数无误后将行李移交给行李员；

（e）行车途中，做好途中讲解，包括介绍本地概况、沿途主要景观、相关注意事项等。

5.3 在途服务

5.3.1 导则

导游员应在交通服务、食宿服务、游览服务、购物服务、娱乐服务等环节注意保护旅游者人身及财产安全，及时有效地处理各类问题和突发事件。

注：应急情况处理见附录A。

5.3.2 交通服务

在乘坐飞机或火车的途中，全陪导游员应：

（a）提醒旅游者注意人身和财物的安全；

（b）取得乘务人员的支持，照顾好旅游者的旅途生活；

（c）安排好火车卧铺座位，并引导旅游者依次登车休息，单位集体包团时火车铺位可交由该单位代表分派；

（d）可行时，组织适当的娱乐活动，以活跃气氛；

（e）交通工具不正常运行时，与交通部门和旅行社保持有效沟通，并稳定旅游者情绪，适时安排引导旅游者登机/车；

（f）因交通工具原因被迫在当地过夜时，协助相关部门/方面安排或请示旅行社安排好旅游者的住宿；

（g）旅游者有需要时，提供必要的帮助和协助。

5.3.3 食宿服务

5.3.3.1 住宿

旅游团（旅游者）抵达饭店时，导游员应及时办妥住店手续，热情引导旅游者进入房间和认找自己的大件交运行李，并进行客房巡视，处理旅游团（旅游者）入住过程中可能出现的各种问题。

全陪导游员应做好分房方案,并按照方案办妥入住登记手续。属于单位集体包团或入境游团队中有境外旅行社代表的,分房方案应分别交由包团单位代表或境外旅行社代表制定。

地陪导游员应:

(a)与饭店保持有效沟通和联系,落实住宿安排,取得客房钥匙;

(b)告知旅游者:

(1)饭店基本设施和住店注意事项;

(2)饭店名称、位置和入店手续,有关服务项目和收费标准;

(3)当天或次日游览活动的安排,以及集合的时间、地点;

(4)饭店内就餐形式、地点、时间。

(c)掌握全陪和旅游者的房间号,便于联系;

(d)需要时,等待行李送达饭店,核对行李,督促行李员及时将行李送至旅游者房间;

(e)必要时,安排次日的叫早服务。

5.3.3.2 饮食

导游员应按照旅游合同约定的安排饮食。全陪导游员应对此实施监控。

旅游团(旅游者)就餐时,地陪导游员应:

(a)提前与餐厅联系,核实订餐情况;

(b)简要介绍餐馆及其菜肴的特色;

(c)引导旅游者到餐厅入座,并介绍餐馆的有关设施;

(d)旅游者如需另加酒水或菜肴,应向旅游者说明类别和价格;

(e)满足有宗教习惯的旅游者的用餐需求;

(f)随时关注用餐情况,解答旅游者在用餐过程中的提问,解决出现的问题。

5.3.4 行程游览服务

5.3.4.1 导则

全陪、地陪导游员应认真核实旅游行程,行程宜以组团社的为准。如遇现场难以解决的问题,应及时请示组团社。

在景点游览过程中,导游员应:

(a)在计划的时间与费用标准内,使旅游者充分地游览、观赏,做到讲解与引导游览相结合,适当集中与分散相结合,劳逸适度,并应特别关照老、弱、病、残的旅游者;

(b)应注意旅游者的安全,并随时提醒旅游者自己注意安全,自始至终与旅游者在一起活动,并随时清点人数,以防旅游者走失或意外事故的发生;

(c)在服务过程中始终佩戴导游证,携带接待计划,旅游团人数超过10人时打导游旗；

（d）积极配合执法部门的检查和监督，遵纪、守法，不吸烟、酗酒。

5.3.4.2 全陪导游员

全陪导游员应：

（a）与各站保持有效沟通，使旅游接待计划得以全面顺利实施，并监督各站服务适时到位；

（b）适时向接待社和地陪提出相应的建议与意见，确保各站按旅游合同约定兑现旅游服务，确保团队接待服务质量符合要求；

（c）在乘坐交通工具向异地移动途中，提醒旅游者注意人身及财物的安全，安排好旅游者的旅途生活，适时组织娱乐活动或专题讲解，努力使旅游团（旅游者）在旅途中感到充实、轻松、愉快；

（d）游览过程中，协助和配合地陪导游员做好其各项工作；

（e）在地陪导游员缺位或失职的情况下，兼行地陪导游员职责。

5.3.4.3 地陪导游员

地陪导游员应：

（a）提前到达集合地点，并督促司机做好出发前的各项准备工作；

（b）团队出发及每次移动前清点人数；

（c）向旅游者报告当日重要新闻、天气情况及当日活动安排，包括午餐、晚餐的时间、地点。

（d）在前往景点的途中，向旅游团（旅游者）介绍本地的风土人情、自然和人文景观，回答旅游者提出的问题，主动与旅游者进行交流。

（e）抵达景点前，向旅游者介绍该景点的简要情况，尤其是景点的背景、价值和特色；

（f）抵达景点时，告知旅游者在景点停留的时间，以及参观游览结束后集合的时间和地点，以及游览过程中的注意事项；

（g）游览过程中，尽量使用生动、风趣、吐字清晰易懂，富有感染力的讲解语言，对景点作繁简适度的讲解，包括该景点的历史背景、特色、地位、价值等内容，使旅游者对游览点的特色、价值、风貌、背景等及旅游者其他感兴趣的问题有基本的了解；

（h）当日游览活动结束时，询问旅游者对当日活动安排的反映，并预报次日的活动日程、出发时间及其他有关事项。

5.3.5 购物服务

导游员应严格按照旅游合同的约定，安排统一的购物活动，非经旅游者主动要求，不应擅自增加旅游合同约定以外的购物安排或者强迫旅游者购物。

旅游团(旅游者)购物时,导游员应:

(a)向旅游团(旅游者)介绍商品的主要品种及特色;

(b)需要时,向旅游者提供购物过程中所需要的服务,如翻译、介绍托运手续等。

5.3.6 娱乐服务

5.3.6.1 计划内娱乐节目

旅游团(者)观看计划内的文娱节目时,导游员应:

(a)陪同前往并简要介绍节目内容及其特点;

(b)按时组织旅游者入场,倡导旅游者文明观看节目;

(c)在观看节目过程中,导游员自始至终坚守岗位;

(d)提醒旅游者在大型娱乐场所注意安全,统一集中活动,并随时注意其动向和周围的环境,以防不测;

(e)剧终散场时,提醒旅游者不要遗留物品,并依次退场。

5.3.6.2 计划外娱乐节目

旅游者要求自费观看计划外文娱节目时,导游员宜予以协助,如帮助购买门票、要出租车等,但不必陪同前往。若在旅游者盛意邀请下应邀前往,导游员应注意适度,且无陪舞的义务。

5.3.7 离/末站服务

5.3.7.1 离店服务

离店当天,地陪导游员应做好以下工作,全陪导游员应予以协助:

(a)集中交运行李;

(b)办理退房手续,并协助饭店结清与旅游者的有关项目;

(c)提醒旅游者带好身份证件及贵重物品;

(d)清点人数并集合登车。

5.3.7.2 送行前服务

团队送行前,地陪导游员应做好以下工作,全陪导游员应予以协助:

(a)提前确认或落实联程/返程交通票据,以确保团队能按时起程;

(b)商定并宣布行前集中行李、叫早、早餐,以及集合出发的时间;

(c)宣布有关离站注意事项。

5.3.7.3 离站送客服务

离站送客时,导游员应代表各自的旅行社向旅游者致欢送词,向旅游者派发《游客意见表》,征询旅游者对旅游接待服务的意见。

地陪导游员应做好以下工作,全陪导游员应予以协助:

(a)带领团队及时抵达机场(车站、码头);

(b)办妥航班登机手续,向全陪导游员移交机票及登机牌,并引导旅游团/者依次通过机场安检。

全陪导游员应:

(a)提醒旅游者保管好自己的物品和证件;

(b)引导旅游团(旅游者)在候机楼或候车室休息等候,并按机场/车站的安排按时组织登机/车。

5.3.8 其他相关服务及工作

5.3.8.1 处理遗留问题

下团后,导游员应认真、妥善处理旅游团遗留下的问题,按有关规定办理旅游者临行托办的事项。必要时应向旅行社领导请示。

5.3.8.2 总结工作

接团任务完成后导游员应:

(a)填写并向旅行社递交《导游日志》,详细报告接团经过、突发事件;

(b)尽快结清有关账目;

(c)做好带团总结。

6. 入境游导游服务特别要求

入境游团队进、出中国边境口岸时,导游员应提供必要的协助。入境时,应提醒旅游者做好需复带出境贵重自用物品的海关登记,必要时应为入境团队办理入境签证。

离境前,导游员应向旅游者说明我国海关通关的有关规定,介绍办理出境手续的程序,如中国海关的有关规定、托运行李的要求等。需要时,协助旅游者办好离境通关手续。

7. 导游员服务质量的改进

导游员应不断总结和交流带团经验,针对自身的服务各方面存在的薄弱环节,或者旅游者的投诉(抱怨),分析问题存在的根本原因,并采取纠正与预防措施,消除该根本原因,达到服务质量的持续改进。

附录 A

(规范性附录)

若干问题的处理原则

A.1 路线或日程变更

A.1.1 旅游团(者)要求变更计划行程

旅游过程中,旅游团(者)提出变更路线或日程的要求时,导游员原则上应婉拒,如有特殊情况,应请示组团社核定。

如入境旅游者要求在全团旅行结束后延长在华时间,又不需要延长签证期限的,经请示接待社或组团社同意后,可同意延长,延长期间费用由旅游者本人自理。需要延长签证期限的,应经组团社同意并履行手续。如入境旅游全团持团体签证,个别旅游者需要延长或中途离团,应尽早办理分离签证,以免贻误全团出境。

A.1.2 客观原因需要变更计划行程

旅游过程中,因客观原因需要变更路线或日程时,导游员应向旅游团(者)作好解释工作,及时将旅游团(者)的意见反馈给组团社和接待社,并按照组团社或接待社的安排执行。

A.2 丢失证件或物品

当旅游者丢失证件或物品时,导游员应稳定旅游者的情绪,详细了解丢失情况,尽力协助寻找,同时报告组团社或接待社,协助旅游者向有关部门报案,补办必要的手续。

A.3 丢失或损坏行李

当旅游者的行李丢失或损坏时,导游员应详细了解丢失或损坏情况,协助旅游者向承运人索赔。当难以找出责任者时,导游员应尽量协助当事人开具有关证明,以便向投保公司索赔,并视情况向有关部门报告。

A.4 旅游者伤病、病危或死亡

A.4.1 旅游者伤病

旅游者意外受伤或患病时,导游员应及时探视,如有需要,导游员应陪同患者前往医院就诊,并报告组团社和接待社。严禁导游员擅自给患者用药。

A.4.2 旅游者病危

旅游者病危时,导游员应立即协同患者亲友送病人去急救中心或医院抢救,或请医生前来抢救。患者如系某国际急救组织的投保者,导游员还应提醒领队及时与该组织的代理机构联系,并立即报告组团社和接待社。

在抢救过程中,导游员应:

(a)要求患者亲友在场,并详细地记录患者患病前后的症状及治疗情况,尽量保留相关诊断证明副本;

(b)随时向当地接待社反映情况,并及时通知患者亲属;

(c)如患者系外籍人士,通知患者所在国驻华使(领)馆;

(d)妥善安排好旅游团其他旅游者的活动,地陪应继续带团旅行。

A.4.3 旅游者死亡

导游员应立即向接待社和组团社报告,由当地接待社按照国家有关规定做好善后工作,同时,导游员应稳定其他旅游者的情绪,并继续做好旅游团的接待工作。如系非正常死亡,导游员应注意保护现场,并及时报告当地有关部门。

A.5 自然灾害及骚乱

当旅游团(者)遭遇火灾、自然灾害、社会骚乱等重大突发事件时,导游员应按以下原则处置:

(a)以人为本,根据现场的条件,运用相关科学知识引导旅游团(者)开展自救和互救,及时带领团队脱离险境,全力保护旅游团(者)的生命和财物安全;

(b)及时将事件发生的时间、地点、原因、经过等情况报告旅行社和相关部门,取得指导和帮助;

A.6 接待纠纷

(a)遵循合同,防止矛盾扩大化,处理问题讲求有理、有利、有节;

(b)做好记录,保存证据,以利善后工作;

(c)尽量保障旅游团(者)后续行程的执行,减少企业经济损失。

参考文献

[1] 全国导游员资格考试教材编写组. 导游实务. 北京:旅游教育出版社,2001.
[2] 陶汉军,等. 导游业务. 北京:旅游教育出版社,2003.
[3] 北京旅游局. 出境领队实务. 北京:旅游教育出版社,2002.
[4] 侯志强. 导游服务实训教程. 厦门:福建人民出版社,2003.
[5] 毛福禄,等. 导游概论. 天津:南开大学出版社,1999.
[6] 王连义. 怎样做好导游工作. 北京:中国旅游出版社,1997.
[7] 徐堃耿. 导游实务. 北京:中国人民大学出版社,2001.
[8] 杜炜,等. 导游业务. 北京:高等教育出版社,2002.
[9] 张力仁. 导游业务. 北京:高等教育出版社,2003.
[10] 王玉宝. 导游业务. 郑州:河南省旅游局,2011.

责任编辑:郭珍宏

图书在版编目(CIP)数据

导游实务/胡华主编. —北京:旅游教育出版社,2012.8 (2014.1)
新编高职高专旅游管理类专业规划教材
ISBN 978-7-5637-2471-0

Ⅰ.①导… Ⅱ.①胡… Ⅲ.①导游—高等职业教育—教材 Ⅳ.①F590.63

中国版本图书馆 CIP 数据核字(2012)第 195046 号

新编高职高专旅游管理类专业规划教材
谢彦君 总主编

导游实务

胡华 主编

出版单位	旅游教育出版社
地　　址	北京市朝阳区定福庄南里1号
邮　　编	100024
发行电话	(010)65778403 65728372 65767462(传真)
本社网址	www.tepcb.com
E-mail	tepfx@163.com
印刷单位	河北省三河市灵山红旗印刷厂
经销单位	新华书店
开　　本	787×960　1/16
印　　张	18.5
字　　数	290 千字
版　　次	2012 年 8 月第 1 版
印　　次	2014 年 1 月第 2 次印刷
定　　价	32.00 元

(图书如有装订差错请与发行部联系)